Katharina Ley

Die Kunst des guten Beendens

Das Buch

Das Herz will Wachstum und Entwicklung. Dennoch verharren viele Menschen in einer Beziehung, in einer Wohnung, in einer Arbeit, die nicht mehr stimmt und unter der sie leiden. Denn Beenden fällt schwer, erzeugt Gefühle der Angst und Trauer, oft auch Schuld und Scham. Diese gilt es zu überwinden, damit wir etwas Unerledigtes, eine Aufgabe äußerlich und innerlich gut beenden, vollenden können. Denn zum richtigen Zeitpunkt und mit Würde Abschied nehmen, heißt auch frei werden – für neue Energien und für ein neues Leben.

Wie positives Beenden gelingen kann, zeigt die renommierte Psychoanalytikerin einfühlsam und mit vielen Fallbeispielen.

Die Autorin

Katharina Ley ist Psychoanalytikerin und Psychotherapeutin in eigener Praxis in Bern, Soziologin und Gruppenanalytikerin. Von 2001-2004 war sie als Traumatherapeutin in Südafrika tätig. Ihre Themen sind Frauen, Fortsetzungsfamilien, Geschwister, Versöhnung. Sie hat zahlreiche Bücher veröffentlicht.

Katharina Ley

Die Kunst des guten Beendens

Wie große Veränderungen gelingen

FREIBURG · BASEL · WIEN

HERDER spektrum Band 6381

Titel der Originalausgabe: Die Kunst des guten Beendens
© Verlag Kreuz GmbH Stuttgart, 2008
ISBN 978-3-7831-3083-6

Umschlagkonzeption: Agentur RME Roland Eschlbeck
Umschlaggestaltung: Verlag Herder
Umschlagmotiv: © plainpicture/Onimage – disoscheisze/photocase.com
Foto Katharina Ley: © Julia Weber

Satz: de·te·pe, Aalen
Herstellung: fgb · freiburger graphische betriebe
www.fgb.de

Printed in Germany

ISBN 978-3-451-06381-7

Inhalt

Einleitung

In unserer Kultur werden Abschied, Trennung und Beenden oft mit Schmerz, mit Schuld- und Schamgefühlen und mit Trauer assoziiert, also mit Gefühlen, denen man gerne ausweicht. Es geht um das Ende einer Beziehung – zu einem Menschen, zu einer Beschäftigung, zu einer Gewohnheit, zu einem Lebensstil. Auch die eigene Verletzlichkeit und Vergänglichkeit wird damit berührt, selbst der Tod als das endgültige Beenden des irdischen Lebens schwingt mit. Erinnerungen an eigene, nicht selten ganz frühe, kindliche Trennungserfahrungen werden vielleicht geweckt.

Kann man etwas beenden, das einem guttut? Vielleicht sogar das Herz erfreut, dessen Beendigung aber unumgänglich ist? Kann ein Abschied gut sein? Wann macht Beenden Sinn? Und wenn es Sinn macht – unter welchen Bedingungen? Was spielen erlernte Verbote und Unmöglichkeiten für eine Rolle? Was blockiert das Beenden? Was unterstützt es? Wie gestalten wir den Umgang mit Schmerz und Trauer? Ist das Beenden-Können oder eben Nicht-beenden-Können etwas für ältere Menschen oder ist es etwas, das bereits ein Kind oder einen jungen Menschen beschäftigt? Es sind viele wichtige Fragen, die im folgenden Text beantwortet werden sollen.

Es gibt ein positiv erlebtes Beenden. Eine Frau erzählt, dass sie ihre Scheidung als ebenso ehrenwert erlebt habe wie damals die Hochzeit, trotz des Schmerzes und der Trauer. Das Beenden einer Psychoanalyse oder Psychotherapie kann zu einem erhebenden Augenblick im Leben werden: Eine Entwicklung ist vollbracht und ein Mensch ist dadurch mehr er selbst geworden. Ein alter, schwerkranker Lehrer meint, dass der Tod ein Leben beende, jedoch nicht eine Beziehung. Er hatte im Jahr seines Todes seine Familie und seine Freunde zu einer »lebendigen Beerdigung« eingeladen. Alle trugen etwas vor, ein Gedicht, ein Lied, ein paar Worte der Dankbarkeit, der

Anerkennung für den Todkranken. Alle weinten und lachten, eben beides. Und der Todkranke konnte erleben, wie ihm nahestehende Menschen noch zu Lebzeiten ihre tiefen Gefühle mitteilen und wie sie gemeinsam erleben konnten, wie viel sie einander bedeuten. Auf seiner Beerdigung wäre es dafür zu spät.[1]

Im täglichen Leben will vieles immer wieder beendet werden. Die Nacht bzw. Bettruhe wird beendet, damit der neue Tag beginnen kann. Die Dusche, das Frühstück, die Zeitungslektüre werden beendet, weil der Tag ruft. Und dann kommen die Hunderte von Tätigkeiten, die einen Anfang und ein Ende haben, wo begonnen und beendet wird. Das jeweilige Beenden kann übergangen oder wahrgenommen werden. Die Tatsache, dass alltägliches Beginnen und Beenden meist automatisch und unbewusst vor sich geht, verdeckt, dass es Aktivitäten sind. Erst wenn der Alltag Risse bekommt – durch eine Krankheit, eine Bedrohung etc. – werden die Aktivitäten als solche bewusst.

Menschen können große Veränderungen im Leben ganz und gar unterschiedlich erleben. Es gibt das eine Extrem, dass das Beginnen und das Beenden sehr bewusst gestaltet wird. Jemand will etwas Neues erst beginnen, wenn das Bisherige abgeschlossen ist. Das andere Extrem verkörpern Menschen, die nicht bewusst etwas beginnen und abschließen. Das eine läuft ins andere über. Die Energien verteilen sich auf verschiedene Bereiche. Wenn eine Beziehung zu Ende geht, ist die andere bereits im Gang. Und viel alltäglicher noch: Die Küche wird erst aufgeräumt, wenn wieder gekocht wird. Zwischen diesen Extremen liegt die ganze Vielfalt menschlicher Gestaltung oder Vermeidung von Beginnen und von Beenden. Dem Beginnen wird im Leben und in der Literatur mehr Beachtung geschenkt als dem Beenden.

Weshalb *Kunst des guten Beendens?* Die *Kunst* setzt Neugier, Phantasie und Kreativität voraus – und sie ist ein Geschenk, eine Gnade. Die *Kunst* des Beendens widmet sich der Gestaltung der großen Lebensfragen wie Liebe und Tod sowie auch dem Alltäglichen. Es interessiert mich, auf welche

Weise Menschen unterschiedlichster Art und Prägung ihrem Leben eine Gestalt geben, also Leben, Liebe und Tod zu ihrem eigenen, unverwechselbaren Dasein formen. Es geht darum, einer Beziehung, einer Handlung, jedem einzelnen Akt eine Form zu geben, damit sie sich runden und vollenden und ihren eigenen, einzigartigen Wert erhalten können. Um diese Einzigartigkeit geht es. Und um die Vielfalt dieser Gestaltgebungen, die – wie das Wasser der Flüsse ins Meer – schließlich als Lebensfluss in den Tod münden.

Um etwas beenden zu können, muss man es zuerst beginnen. Man kann ins Beginnen verliebt sein. Das Beginnen ist ein spannendes Abenteuer, wenn man mit der Angst vor dem Neuen einen guten Umgang finden kann. Etwas beginnen war und ist für mich in meinen sämtlichen Lebensbereichen existentiell wichtig, sei es in Beziehungen, in der Arbeit, im familiären Bereich oder in der Küche. Jemand kennenzulernen, etwas zu entdecken, ein neues Projekt zu beginnen oder ein neues Rezept auszuprobieren: alles ist interessant und äußerst verlockend. Ich lebte in jüngeren Jahren fast ausschließlich nach vorne. Das Leben lag vor mir, ich hatte es bloß zu packen. Wenn ich etwas Neues begann, eine neue Liebesbeziehung, eine neue Arbeit, dann hatte ich in der Regel das Bisherige zu beenden. Ein Beenden war vor allem in Beziehungen oft schmerzhaft und herausfordernd, erforderte Geduld für den Heilungsprozess. Oft war es überstrahlt vom Glanz des Beginnens. Dort lag die Aufmerksamkeit.

»Beenden« wurde für mich mit zunehmendem Älterwerden ein bewusstes Thema. Natürlich war es immer schon präsent gewesen. Ich erlebte Todesfälle, die mir sehr zu schaffen machten, Verluste und Abschiede, die ich lange nicht verwinden konnte. Beenden war dazu da, um dem Gewesenen seinen Wert zu geben, um anzuerkennen, was Teil meines Lebens und jetzt unwiderruflich zu Ende war. Beenden wurde wichtig, um etwas Neues zu beginnen und zu entwickeln. Immer wieder. Auch jetzt noch. Beginnen und beenden sind ebenbürtige Themen. Das dachte ich jedenfalls.

Doch dann ergaben sich beim Schreiben dieses Buches schwer erklärliche Störungen. Die Thematik war mir auf einmal viel zu komplex – und vor allem viel zu negativ. Beendet man denn etwas, was positiv erlebt wird? Wo blieb dabei das Beginnen, das mich mehr faszinierte als das Beenden? Beenden war für mich unabdingbar mit Trauer verbunden. Ich fing an zu recherchieren, stellte Themen zusammen, machte Notizen. Es wollte mir schließlich gar nichts mehr einfallen. Zum Beginnen hätte ich leicht und gern schreiben mögen. War Beenden wirklich mein neues Thema? In den letzten Jahren hatte ich mich mit Versöhnung beschäftigt und mit der Fähigkeit und Notwendigkeit, sich selbst zu lieben. Es wurde mir bewusst, dass es nötig ist, etwas zu Ende zu bringen, um sich versöhnen zu können. Und man kann sich sich selbst erst dann in Liebe zuwenden, wenn die Selbstvorwürfe, die Schuldgefühle, die Ängste und Nöte immer wieder neu beendet werden können. Zum Thema »Beenden« gibt es Synonyme, die den Bedeutungskreis erweitern:

Abschließen: den Kreis schließen, zu einem Abschluss bringen.

Fertigstellen: ein Abschließen, bis zum Ende führen. Auf Schweizerdeutsch sagen wir: »fertiglustig«, ja, vielleicht ist es lustig oder komisch, wenn etwas fertig ist. Oder aber es ist zu Ende mit dem »lustig sein«, wenn es »fertig« ist.

Vollbringen: voll machen, ›voll bringen‹. Voll und bringen deuten auf eine Fülle hin.

Vollenden: Im Vollenden ist wie beim Vollbringen ›voll‹, ›erfüllt sein‹ enthalten. Ebenso, das Ende zu einem vollen, erfüllten Ende zu bringen.

Loslassen: Loslassen ist heute eines der meist gebrauchten Wörter im Bereich des Beendens. Loslassen: Personen, Gefühle, vor allem Wut und Hass. In der Trauer loslassen. Nicht halten, nicht klammern. Loslassen ist eine Phase im Prozess des Beendens. Das Beenden ist umfassender und bewusster, enthält aber das Loslassen als Komponente.

Trennung: sich trennen ist auch ein Beenden. Es kann ein Bruch sein oder eine Vereinbarung. Die Betonung liegt auf dem Resultat, nicht auf dem Prozess.

Aufhören, »ufhöre« (Schweizerdeutsch): Aufhören. Beenden. Vielleicht auch hören auf etwas, das vor dem Beenden unerhört, nicht erhört blieb – das könnte eine Interpretation des Aufhörens sein.

Abbrechen: Ein Abbruch ist eine unvollständige Form von Beenden, jemand steigt aus, bricht ab, will oder kann nicht aktiv beenden, schleicht weg, flüchtet.

Abschied nehmen: Abschied nehmen ist ein langsamer, bewusster Prozess, ähnlich wie das Beenden.

Diese Synonyme sind wichtig, um den Bedeutungshorizont des Beendens zu verstehen. Das »Vollbringen« und »Vollenden« scheint mir auf ein Kunstwerk hinzudeuten, auf etwas, das zum Gelingen führt. Es ist eine Bedeutung, die in der Kunst des Beendens enthalten ist.

Beenden: In den letzten acht Monaten sind fünf nahe Freundinnen von mir an Krebs gestorben. Ich war auf den Beerdigungen, nahm Abschied, trauere immer noch, erinnere mich, vermisse sie und erschaudere, weil sie in einem ähnlichen Alter waren wie ich. Weitere Freunde sind krank. Meine Mutter ist sehr alt und schwach. Ich realisierte, dass das Thema des Abschieds, das in meinem Leben so dominant geworden war, es mir schwermachte, gleichzeitig an diesem Buchthema zu arbeiten. Und dennoch spürte ich die Notwendigkeit, dies zu tun, und zwar mit Achtsamkeit und Hingabe.

Beim längeren Nachdenken über konkrete Menschen und Situationen, die ich kannte, wurde mir bewusst, wie ich tief in die Themen Angst, Trauer, Schuld und Scham einzusteigen hatte, um dem Thema Beenden gerecht zu werden. Es geht um einen Perspektivenwechsel. Das Dunkel, das über dem Beenden zu lasten scheint, kann verwandelt werden. Es gibt kein Dunkel ohne Licht. Und kein Licht ohne Dunkel.

1. Bewahren und halten

> Es geht darum, alle Erscheinungen
> als Spiel zu begreifen.
> *Dalai Lama*

Bevor wir im Leben das *Beenden* wagen, versuchen wir das *Bewahren und Halten* zu leben – aus ganz unterschiedlichen Regungen heraus. Dem Bewahren und Halten sollen die nächsten Abschnitte gewidmet sein, wobei das Beenden-Wollen immer auch eine Rolle spielt. Wer als Leserin und Leser unmittelbar ins Thema des Beendens einsteigen möchte, soll dies tun und ins zweite Kapitel *Beenden als Prozess* einsteigen.

Das Verbotene und das Unmögliche

Darf und kann man eine Beziehung, in der man nicht mehr wachsen kann, beenden? Darf und kann man eine Arbeitsstelle, an der man sich nicht mehr entwickeln kann, aufgeben? Ist es unmöglich, gar verboten?

Von früh an in unserem Leben müssen wir uns mit dem Verbotenen und dem Unmöglichen beschäftigen. Was verboten ist oder unmöglich erscheint, reizt, es weckt Lust und Neugier, macht Angst, stimmt ärgerlich oder deprimiert. Der Umgang mit dem Verbotenen und dem Unmöglichen ist ein Teil in der Entwicklung unserer Identität. Ein Leben lang suchen wir Lösungen für unsere verbotenen Regungen oder unmöglichen Wünsche.

Das *Verbotene* im Leben eines Menschen bezieht sich auf erste Erfahrungen in der Kindheit: du darfst nicht, das sollst du nicht. Das gehört sich nicht. Das ist verboten, und wenn du es trotzdem tust, dann gibt es eine Strafe.

Natürlich ist das Verbotene grundsätzlich realisierbar. Wir können lügen und stehlen und betrügen. Wir wissen, dass es uns als Kind von den Eltern und Bezugspersonen verboten wurde. Als Erwachsene wird von uns erwartet, dass wir diese Verbote verinnerlicht haben. Doch mit dem Alter erweitert sich unser Handlungsspielraum, es kommen weitere Verbote dazu. Es ist verboten, betrunken Auto zu fahren, in Läden zu stehlen, Drogenhandel zu betreiben und Steuern zu hinterziehen.

Die Verbote sind letztlich entstanden, weil Menschen Triebregungen haben, die das gemeinschaftliche Zusammenleben gefährden. Gewisse Verbote sind sich in verschiedenen Kulturen und Religionen ähnlich: zum Beispiel das Inzesttabu. In unseren Breitengraden sind wir vom christlichen und jüdischen Gedankengut – von den zehn Geboten und der Bergpredigt – geprägt. Es geht darum, ein Verbot nicht zu überschreiten (hassen, morden, ehebrechen etc.) und die Überschreitung, wenn sie stattfindet, *zu beenden* und entsprechend Reue zu zeigen.

Wenn wir von der Kunst des Beendens sprechen, sollen wir auch über das, was bewahrt und eingehalten werden soll, reden: die Gesundheit, der Anstand, eine Beziehung, die eingegangen wurde, eine Arbeit, zu der man sich verpflichtet hat.

Bleiben wir bei der Gesundheit als Beispiel. Wenn wir sie bewahren wollen, sollen wir gesund leben, das heißt nicht zu viel oder zu wenig und nichts Ungesundes im Übermaß essen und trinken, möglichst keine Suchtmittel konsumieren und uns regelmäßig bewegen. Hier sind wir dem Verbotenen schon ganz nahe. Die Erfahrung zeigt, dass gerade die verbotenen Dinge locken. Wer sich angewöhnt hat, regelmäßig und über längere Zeit ungesund zu leben, wird Mühe haben, diese schlechten Gewohnheiten zu beenden.

Ein Mensch kann in einer Beziehung oder an einer Arbeitsstelle seelisch und körperlich krank werden. Um die Gesundheit nicht weiter zu gefährden, müsste etwas beendet werden.

Das *Unmögliche* fordert uns von früher Kindheit an: Das

Kind kann nicht mit der Mutter eins sein, es kann den Vater bzw. die Mutter nicht heiraten, es ist entweder männlich oder weiblich, aber nicht beides, es ist noch klein und wird erst allmählich groß. Wenn wir erwachsen werden, erkennen wir weitere Unmöglichkeiten: Männer können keine Kinder gebären, und wir alle werden älter und werden eines Tages sterben. Es ist unmöglich, das zu verändern. Diese narzisstischen Kränkungen kompensieren die meisten Menschen mit unbewussten Phantasien und Träumen. Dort sind sie ewig jung und unsterblich, allmächtig und bisexuell.

Wir Menschen haben unbewusst oder bewusst diese unmöglichen, verwegenen narzisstischen Wünsche. Im Unbewussten streben wir danach, sie in Anlehnung an die frühesten Verschmelzungs- und Befriedigungserlebnisse zu erfüllen. Erst die Bewusstmachung der Wünsche ermöglicht es, einen Umgang mit ihnen zu finden. Mit den verbotenen (psychoanalytisch ödipalen, Schuld erzeugenden) und mit den unmöglichen (narzisstischen, beschämenden) Wünschen fertig zu werden erfordert Einsicht, Verzicht und Trauer.

Trauer darum, nicht alles haben zu können. Trauer um die eigene Beschränktheit, Trauer um die eigene Sterblichkeit. Trauer darüber, im Leben immer wieder einige Dinge beenden und loslassen zu müssen.

Da sowohl die Phantasien von totaler Verschmelzung als auch jene von totaler Trennung den psychischen Tod bedeuten, hat sich die menschliche Phantasie einen sogenannten Übergangsraum zwischen Phantasie und Wirklichkeit, zwischen Innen- und Außenwelt, erschaffen. In diesem Übergangsraum findet das kindliche, aber auch das erwachsene Spiel statt. Phantasie und Realität gehen ineinander über und wechseln einander ab. Es ist für alles Raum und Zeit da. Mehr noch: Raum und Zeit können im Spiel transzendiert werden.[2]

In einem Übergangsraum zwischen Realität und Phantasie werden die Künste erschaffen: Musik, Malerei und Zeichnen, gestaltende Kunst, Literatur und Filme. In einem Wechselspiel von Phantasie, künstlerischer Imagination und Kompetenzen werden Raum und Zeit innovativ erschlossen und kunstvoll gestaltet. Künstlerische Produktion verzaubert die Wahrnehmung und die sinnliche Erfahrung, erhebt in ungeahnte Höhen und lässt in Abgründe blicken.

Auch die Psychotherapie bildet einen Übergangsraum. Im geschützten Rahmen darf über alles gesprochen werden. Es finden Phantasien und Erlebnisse, Wünsche und ihre Versagungen und Erfüllungen ihren Platz. Das Sprechen wird probiert und geübt und bildet einen Raum für Probephantasien und Probehandeln.

Übergangsräume und Übergangsobjekte sind eine Möglichkeit, mit dem Verbotenen und dem Unmöglichen einen Umgang zu finden. Sei es das Halten und Bewahren, sei es das Loslassen und Beenden. Immer wieder für sich herauszufinden, was ansteht, ist wahrlich eine Kunst, eine Lebenskunst.

Alles hat seine Zeit

Stirb und werde!

Anfangen hat seine Zeit, und beenden hat seine Zeit. Auf die Welt kommen hat seine Zeit, und sterben hat seine Zeit. Sich verheiraten hat seine Zeit, und sich scheiden lassen hat seine Zeit. Gesund sein hat seine Zeit, und krank sein hat seine Zeit. Fröhlich sein hat seine Zeit, und traurig sein hat seine Zeit. Lachen hat seine Zeit, und weinen hat seine Zeit.

Es ist mir eine tröstliche Aussage, dass alles seine Zeit hat. Anfang und Ende sind darin eingebettet. Wir Menschen brauchen diesen Trost, weil sowohl ein Anfang wie ein Ende meistens mit Schmerzen und Anstrengungen verbunden sind. In naturverbundenen Kulturen gehört das Wissen um Anfang und Ende immanent zur Kultur. Es gibt Rituale, die diese Anfänge und Enden gestalten und ihnen damit Sinn verleihen. Alles hat seine Ordnung. Alles hat seine Zeit.

Die Natur mit ihren Zyklen von Werden und Vergehen gibt diesen Rhythmus vor. Eine Heilerin der australischen Aborigenes erzählt der fremden weißen Frau, die als Ärztin ihr Vertrauen gefunden hatte:

»Alle Menschen sind Geister, die auf dieser Welt nur zu Besuch sind. Und alle Geister sind ewige Wesen. Alle Begegnungen mit anderen Menschen sind Erfahrungen, und alle Erfahrungen sind ewige Verbindungen. Die Menschen schließen den Kreis einer jeden Erfahrung. Wenn du einen Menschen verlässt und in deinem Herzen noch Groll gegen ihn hegst, ist dieser Kreis noch nicht geschlossen, und die Erfahrung wird sich später in deinem Leben wiederholen. Du wirst nicht nur einmal leiden, sondern immer wieder, bis du etwas gelernt hast. Man soll beobachten, aus dem Geschehenen lernen und weiser werden. Es ist gut, für die Erfahrung zu danken oder sie zu segnen und dann in Frieden weiterzugehen.«[3]

Die weiße Ärztin befand sich mit einer Gruppe von Aborigines auf einer langen Wanderung durch die australische Wüste. Ein Aborigine war am Tag zuvor schwer gestürzt und hatte ein Bein gebrochen. Er war auf wundersame, der weißen Ärztin unerklärliche Weise geheilt worden. Am Morgen danach schienen die tags zuvor beträchtlichen Verletzungen keine Nachwirkungen mehr zu zeigen. Für den Verletzten und die Gruppe war die Erfahrung abgeschlossen, und die Wanderung ging weiter. Der Kreis war geschlossen. Jetzt verwendete man auf ihn, den vormals Verletzten, keine Aufmerksamkeit und keine Zeit mehr.

Am selben Abend ergaben sich Gespräche darüber, wie der sterbliche Körper und der unsterbliche Teil des Wesens zueinander stehen. Es war die Rede davon, welche Rolle die Gefühle und Gemütsverfassungen für Gesundheit und Wohlbefinden spielen. Die Aborigines glauben – so berichtet die weiße Frau –, dass die gefühlsmäßige Einstellung einen Menschen prägt. So hatten die eingeborenen Heiler den gebrochenen Knochen des verletzten Mannes gerichtet, indem sie dem Körper die Vorstellung der Perfektion vermittelten. Mit ihren

Köpfen und Herzen hatten sie dabei genauso viel gearbeitet wie mit ihren Händen. Der Patient war offen für eine Heilung und bereit, die Gesundheit zu empfangen. Er glaubte daran, sofort und vollständig geheilt werden zu können. Was der weißen Ärztin wie ein Wunder vorkam, war für die Stammesmitglieder völlig selbstverständlich.

Es lässt sich phantasieren, dass das nicht immer gelingt. Und wenn es nicht gelingt, dann ist der betreffende Mensch zum Sterben bereit. Dann wäre auch ein Kreis geschlossen.

Die Aborigines können sich auch nicht vorstellen, in der Wüste umzukommen, weil sie kein Wasser finden und deshalb wütend und mutlos werden. Für sie sterben (fremde) Menschen an ihren Emotionen, an ihrer Verzweiflung, wenn sie aufgegeben haben. Und was wäre das für eine Welt, fragt sich die weiße Frau, die solche Einsichten zum Mittelpunkt des menschlichen Bewusstseins machen würde?

Eines Tages wollte der Werkzeugmacher dieser Gruppe die weiße Frau sprechen. Er war ein älterer Mann, der sich auf die Herstellung von Werkzeugen, Pinseln, Kochgerät und vielen anderen Gebrauchsgegenständen spezialisiert hatte. In der letzten Zeit hatte er unter großen Muskelschmerzen gelitten, die seine Arbeit beeinträchtigten. Eines Nachts hatte er von einer Schildkröte geträumt, die ganz schief ging, weil sie auf der einen Seite keine Beine mehr hatte. Als die weiße Frau diesen Traum mit dem Werkzeugmacher besprach, kam dieser zum Entschluss, dass es an der Zeit war, jemand anderen sein Handwerk zu lehren. Der selbsterzeugte Druck, sein Handwerk gut und mit Freude auszuführen, war zu groß geworden. Deshalb die Schmerzen – erzählt die weiße Frau. Wie die Schildkröte in seinem Traum befand er sich nicht mehr im Gleichgewicht – bei ihm ging es um das Gleichgewicht – zwischen Arbeit und Spiel. In modernen Termini ausgedrückt: seine ›work-life-balance‹ stimmte nicht mehr; das Verhältnis von Arbeit und Leben war gestört.

In den folgenden Tagen beobachtete die weiße Frau, wie der Werkzeugmacher anderen sein Handwerk beibrachte. Als sie sich bei ihm nach seinen Schmerzen erkundigte, lächelte er und sagte: »Wenn das Denken beweglich wird, werden auch die Gelenke beweglich. Ich habe keine Schmerzen mehr.«[4]

Bewahren und halten hat seine Zeit – bis es nicht mehr so gut geht. Bewahren und halten – bis zum »Gehtnichtmehr«, dies ist eine Redewendung. Dann ist es gut, wenn ein Traum, ein anderer Mensch, eine Fehlleistung einem zeigen, dass ein weiterer Schritt notwendig wird. Doch zuvor will der Kreis geschlossen werden.

Alles hat seine Zeit. Gewohnheiten haben ihre Zeit, und Veränderungen haben ihre Zeit. Verletzungen haben ihre Zeit, und Heilungen haben ihre Zeit. Cees Nooteboom lässt eine Figur in einem Roman in die australische Wüste aufbrechen. Zuvor war sie auf einem anderen Kontinent Opfer einer mehrfachen Vergewaltigung geworden, und nun sucht sie Heilung im Land ihrer Kindheitsträume. Und dort, in der Leere, in der Stille der Wüste, wird sie der Wüste gleich, der Stille gleich. Sie ist angekommen. Ein Kreis ist geschlossen. »Und wenn ich wieder gehe, brauche ich nichts mitzunehmen, ich habe alles bei mir.«[5] Es ist schließlich die Begegnung mit einem »schwarzen Mann«, einem Aborigine, der sie, die weiße Frau, annimmt. Mit ihm holt sie ihren Schatten ein und erlebt sich dunkel und hell zugleich. Und sie denkt, dass sie ein Leben lang herumziehen wird, um aus der Welt ihre Wüste zu machen. Eine Stille und Weite, die sie mit sich selbst, mit ihrem Leben versöhnt. Sie spürt, dass sie auf diese Weise überleben kann.

»Alles hat seine Zeit« verweist auf die Gegenwart. Was im Hier und Jetzt geschieht, hat seine Zeit. Es lässt uns das sehen und fühlen, was ist. Sehen, was wirklich ist, ist eine anspruchsvolle Lebenshaltung. Sie lässt einen versöhnlichen Blick auf die Vergangenheit werfen, denn damals hatte alles seine Zeit und damit seinen Sinn. Ich habe schon an mehr als einer Beerdigung das berühmte Lied von Edith Piaf singen hören: *Je ne regrette rien* – ich bereue nichts. Alles hat seine Zeit gehabt und gehört zur Einzigartigkeit eines Lebens. »Alles hat seine Zeit« wird im Blick auf die ungewisse Zukunft zu dem, was seine Zeit haben wird. Die Zukunft entsteht aus der Gegenwart und verweist damit wiederum auf die jetzige Wirklichkeit, auf den aktuellen Augenblick.

Was macht die Gewohnheit?

> Die Ketten der Gewohnheit sind so schwach,
> dass man sie kaum bemerkt – bis sie zu stark
> geworden sind, um gesprengt zu werden.
> *Samuel Johnson*

Choisir, c'est abandonner: Wählen heißt verlassen. Wenn die Tatsache, eine Wahl zu treffen, etwas zu verlassen bedeutet, dann schützt die Gewohnheit vor der täglichen Qual der Wahl. Und auch davor, zu verlassen. Gewohnheit schützt vor Entscheidungen, davor, zu wählen, zu verlassen.

Die meisten Menschen möchten bewahren und behalten, was sie haben: eine Partnerin oder einen Partner, Kinder, eine Arbeit, Besitztümer, das Leben. Nicht grundlos spricht man von der *Macht* der Gewohnheit. Gewohnheiten geben Sicherheit, und das brauchen die meisten Menschen. Gewohnheiten können einem lieb werden. Man ›wohnt‹ in den Gewohnheiten wie in einem schönen, stabilen, sicheren Haus. Es kann einem scheinbar oder wirklich nichts passieren. Der Gedanke, dass etwas die schönen Gewohnheiten erschüttern könnte, wird gern verdrängt. Das Sichere und Vertraute wird nicht freiwillig aufgegeben. Da müsste eine andere Macht in ein Leben eindringen, die sich gegen die Macht der Gewohnheit stellt.

Eva erzählt: »Es war vor zehn Jahren. Ich hatte mich in meinem Leben gut eingerichtet. Unsere drei Kinder waren im jugendlichen Alter und wohlgeraten. Mein Mann und ich hatten eine Beziehung, in der sich viel in einem lebenswerten Sinn eingependelt hatte. Wir hatten viele Stürme und Kämpfe in unserer Liebe überstanden. Wir arbeiteten beide in befriedigenden Berufen, genossen das Aufwachsen unserer Kinder und hatten unseren Haushalt nach vielen Sturmjahren so organisiert, dass wir uns alle wohl dabei fühlten. Ich erinnere mich, als wäre es gestern gewesen, wie damals eine Freundin, die ich schon lange nicht mehr gesehen hatte, zu uns zu Besuch kam. Wir saßen auf der Terrasse beim Tee, als sie mich fragte, wie ich mir die nächsten Jahre vorstellen würde. Ich antwortete ihr, dass ich das jetzige Leben gern so weiterführen möchte. Ich hätte ein reiches Leben, fände es spannend mit älter werdenden Kindern und ich würde meinen erweiterten beruflichen Spielraum genießen. Ich war tief überzeugt von meinen Wünschen.

Es verging kein halbes Jahr, bis ich mich völlig unerwartet in einen Arbeitskollegen verliebte. Wir kannten uns schon lange und hatten uns immer gemocht. Ich war nie in ihn verliebt gewesen. Die Liebe schlug ein wie ein Blitz. Es war bei einer Sitzung, wo sich unsere Blicke auf einmal anders begegneten. Es berührte mich zutiefst. Ich fühlte mich auf eine völlig neue Weise erkannt und gesehen. Das verwirrte mich, und ich wusste vorerst nicht, ob das nur für mich so war oder auf Gegenseitigkeit beruhte. Die Blickkontakte der ganz neuen Art wurden häufiger und meine Verwirrung nahm zu. Gleichzeitig erfüllte mich ein tiefes Glücksgefühl: ich wurde geliebt und begehrt.

Ich hatte diese Liebe nicht angestrebt, nicht erwartet und nicht gesucht, doch ich war offen und bereit dazu. Ich wehrte mich nach Kräften, um der Macht der unverhofften Liebe die andere Macht des bisher aufgebauten eigenen und Familienlebens – dieser schön und sicher gewordenen gewohnten (bewohnten) Wirklichkeit – entgegenzusetzen. Es stand viel, zu viel auf dem Spiel. Ich dachte damals viel über Gewohnheiten, über das Gewohnte, Vertraute, Bewährte nach. Ich hatte an das vertraute Bewährte geglaubt und nun war alles völlig anders geworden. Die Gewohnheit zerbrach, fiel in Trümmer, hielt mich nicht mehr. Dabei hatte ich halten und bewahren wollen. Es ging nicht mehr.«

Menschen halten viel aus, wenn sie sich in lieb gewordenen und Sicherheit spendenden Gewohnheiten eingerichtet haben. Es mag ihnen so vertraut und gewohnt erscheinen, dass sie gewissen Aufbruchsphantasien und Sehnsüchten gar keinen Raum geben. Sie haben sich eingerichtet und scheinen sich sicher zu sein, dass sie nichts anderes wollen. Doch dieses »andere« kann unerwartet und unerwünscht die Macht des Gewohnten brechen. Und auch dann noch hält man daran fest. Es ist ja nicht so, dass Gewohnheiten einfach schlecht oder einengend wären.

Eva spricht im erwähnten Beispiel vom Vertrauten und Bewährten, mit dem sie gut lebte. Sie konnte sich entfalten und entwickeln, konnte halten und genießen. Trotzdem ist etwas in ihr Leben eingebrochen, das die Macht alles bisher Erarbeiteten ausschaltete. Sie wollte das Alte halten und bewahren, aber es gelang ihr nicht mehr.

Wenn Gewohnheiten einengend und einschränkend erlebt werden und wenn Sehnsüchte und Ausbruchsphantasien einen Menschen umtreiben, ist es zum einen oft eine Frage der Zeit, bis ein Mensch wagt, das Verharren im Gewohnten zu beenden, den Kreis zu schließen, um einen neuen Kreis beginnen zu können. Zum anderen ist es eine Frage des Mutes und der Ehrlichkeit sich selbst und dem/den anderen gegenüber, dazu zu stehen, dass die Gewohnheit keinen Sinn mehr macht – aber Macht hat. Die Macht der Gewohnheit ist nicht zu unterschätzen. Sei es, dass sie einen Menschen in einer Beziehung, in einer Arbeit, in einer Wohnung verharren lässt, obwohl das Leiden im Verharren immer größer wird, sei es, dass ein Mensch Hals über Kopf mit der Gewohnheit bricht und nie mehr zurückschauen will. Beides, das Verharren und das überstürzte Aufbrechen, sind Zeichen dafür, dass ein Mensch etwas nicht beenden kann. Ich denke, dass es oft eher ein Nicht-Können als ein Nicht-Wollen ist.

Der Zauber des Anfangs

Jedem Anfang wohnt ein Zauber inne.

Hermann Hesse

Aller Anfang ist schwer, sagt der Volksmund. Ein Trost, wenn man sich vielleicht in der Komplexität einer neuen Aufgabe zu verlieren droht und verzweifeln will. Wenn man fast aufgeben will, weil es einen zu überfordern droht.

Gleichzeitig spricht der Volksmund vom Zauber des Anfangs. Ein Widerspruch? Man ist verliebt und verzaubert, man spürt die Anziehungskraft eines Menschen. Man ist ins Beginnen einer neuen Beziehung verliebt. Der Zauber ist trügerisch, weil er den Blick verschleiert und das Bewusstsein trübt. Weil er einen Dinge übersehen lässt, die man eigentlich sehen müsste und die man erst dann realisiert, wenn der Zauber verflogen ist.

Es gibt eben beides: den zauberhaften, verliebten und den pragmatischen, nüchternen Anfang.

In der Psychoanalyse und Psychotherapie gilt die Erfahrung, dass in einer ersten Sitzung bereits alles enthalten ist: wie ein Mensch geprägt wurde, wie er mit Problemen umgeht, was ihn beflügelt und was ihm Angst macht. Es ist jedoch kaum möglich, das alles bereits am Anfang zu erkennen. Eine erste Begegnung ist immer hochkomplex und überfrachtet mit Zeichen, die man noch nicht einordnen kann. Nötig ist die langsame, behutsame und vielleicht jahrelange Entfaltung der Beziehung, um den vielschichtigen Anfang zu verstehen. Die Lebensthemen werden in einer ersten Sitzung gestreift, um viel später erkannt und bearbeitet zu werden. »Misstraue dem ersten Eindruck, denn er ist meistens richtig«, sagte einmal Fritz Morgenthaler, ein Zürcher Psychoanalytiker.

Otto erzählt von seiner langjährigen Liebesbeziehung mit einer verheirateten, kinderlosen Frau, Rita:

»Als ich Rita erstmals erblickte, wünschte ich mir, dass sie meine Frau würde. Da erfuhr ich, dass sie verheiratet war. Bald darauf begannen wir eine innige Liebesbeziehung. Ich wünschte mir seit dem Beginn unserer Liebe, dass Rita zu meiner Lebenspartnerin werde und sich ganz und gar für mich entscheide. Sie machte mir immer wieder Hoffnungen. Wir führten unzählige Gespräche über uns und unsere Lebens- und Liebesvorstellungen. Ich hatte noch ein Leben vor mir und wünschte mir eine Familie. Rita auch. Sie wohnte mit ihrem Mann in einem selbstgebauten Haus, das sie pflegte und liebte. Sie half ihm neben ihrer politischen Tätigkeit bei seinen beruflichen Pflichten. Kinder hatten sich bis dahin nicht eingestellt.

Doch da gab es mich und uns, und wir waren einander vom ersten Moment an verfallen. Ich erinnere mich gut an die Gespräche, in denen mir Rita von ihrer Kindheit erzählte. Es war ein ganz schwieriges und schmerzhaftes Kapitel für sie. Ich versuchte nachzuvollziehen, wie es damals für die sechsjährige Rita gewesen war, als die Mutter die Familie unvermittelt und für Rita nicht nachvollziehbar verließ. Es war ein traumatisches Erlebnis. Rita begann zu stottern und wurde zur Bettnässerin. Ein Jahr später erhielt sie eine Stiefmutter.

Ich begann zu begreifen, dass Rita mir zwar Hoffnungen machte, sich aber von ihrem Mann nicht trennen konnte. Ihre Verlassenheitsangst saß tief. Ich begann zu grübeln, weshalb ich mich in eine bereits gebundene Frau verliebt und ihren Versprechen geglaubt hatte. Manches Mal war ich drauf und dran, mich von Rita zu trennen. Natürlich gelang es mir nicht, weil ich es gar nicht wollte. Ich war einfach immer wieder sehr verletzt. Meine Wünsche nach einer Frau und Familie waren groß. Ich erinnerte mich oft an jenen verliebten Abend, an dem ich erfuhr, dass Rita bereits gebunden war.

Ich wurde immer unglücklicher. Unsere Liebestreffen wurden mehr und mehr überschattet von unseren Ängsten und Nöten. Wir waren beide gefangen und verstanden uns selbst nicht mehr. Keiner von uns wusste weiter.

Ich war derjenige, der zuerst von Trennung gesprochen hatte. Aber es war Rita, die die Trennung durchzog. Mit vielen entsetzlichen Rückfällen. Es war ein Alptraum, der nicht enden wollte.

Seit einem Monat sehen wir uns nicht mehr und hören auch nichts voneinander. Ich bin todunglücklich und weiß noch nicht, wie mein Leben weitergehen soll.«

Solange eine Beziehung zu einem Menschen, zu einer Arbeit, einer Wohnung oder einem Lebensstil befriedigend und bereichernd ist, wird die Macht der Gewohnheit im vertrauten, versichernden und bewährten Sinn erlebt. Wir gehen eine Liebesbeziehung oder eine Freundschaft ein, weil wir lieben, geliebt werden und wachsen möchten. Der Zauber des Anfangs wird so lange wie möglich beschworen, auch dann, wenn er gar nicht mehr wirkt. Wenn Menschen jedoch in einer Beziehung oder an einem Arbeitsplatz leiden, wenn sie krank werden und es fast nicht mehr aushalten in unbefriedigenden, vielleicht gar entwürdigenden Verhältnissen, in krankmachenden Beziehungen: dann steht möglicherweise eine Veränderung an.

Menschen möchten halten und bewahren, an den ursprünglichen Zauber glauben. Wie Rilke es ausgedrückt hat: »Wir haben, wo wir lieben, ja nur dies, einander lassen. Denn dass wir uns halten, das fällt uns leicht und ist nicht erst zu lernen.« Das Halten und Bewahren lernen wir von klein an. Wenn wir uns sicher fühlen, können wir auch loslassen.

Khalil Gibran, der libanesische Dichter, drückt es in seinen Worten aus: »Lasset Raum zwischen eurem Beieinandersein. Und lasset Wind und Himmel tanzen zwischen euch. Liebet einander, doch macht die Liebe nicht zur Fessel. Singet und tanzet zusammen und seid fröhlich, doch lasset jeden von euch auch allein sein.«[6]

Der Zauber des Anfangs bildet gewissermaßen den Anfangsmythos einer Beziehung – sei es zu einem Menschen, zu einem Beruf, zu etwas, das einem ganz wichtig ist. Die stetige Vergegenwärtigung dieses Anfangsmythos kann dazu verhelfen, den Sinn der Beziehung lebendig zu halten und den anfänglichen Zauber zu beschwören.

Sich verlieben und sich entlieben

Doch alle Lust will Ewigkeit –
Will tiefe, tiefe Ewigkeit!

Friedrich Nietzsche

Im Zustand der Verliebtheit spielt die Phantasie eine entscheidende Rolle. Die Wirklichkeit der Begegnung und die Wahrnehmung des anderen Menschen und seiner selbst werden phantastisch überhöht. Das gibt beiden Verliebten die einzigartige Möglichkeit, ein Stück weit in die Idealisierung durch den anderen hineinzuwachsen. Die Verliebtheit ist immer ein verzaubernder, einzigartiger Zustand. Sie ist eine übermächtige, exklusive Bindung an eine Person. Sie nährt sich aus sich selbst. Erfahrene Paartherapeuten unterscheiden klar zwischen Verliebtheit und Liebe. Sie weisen darauf hin, dass es entscheidend ist für das Gelingen einer Beziehung, dass die ausschließliche und andere ausschließende Verliebtheit nach einigen Monaten in Liebe verwandelt werden kann. Liebe ist eine Form des Seins, ein Geben und ein Nehmen, sie steht in einem größeren Zusammenhang und ist nicht auf eine einzige Person beschränkt. Die Verliebtheit mit ihrem phantastischen Charakter ist exklusiv, doch schließt sie die Liebe zu anderen Menschen nicht aus.

Ist Verliebtheit ein schöner Ausnahmezustand, dem die Macht der Gewohnheit droht und der schließlich in eine erneute Verliebtheit oder in ein Entlieben mündet? Eiguer und Ruffiot haben den Begriff Entlieben kreiert. Entlieben gibt die tiefe psychische Realität auseinanderbrechender Paare wieder, die nochmals das erleben, was sie in der Verliebtheit erlebt haben, nur mit negativen Vorzeichen. Sie erleben dieselben Phänomene wie zu Beginn, indem sie auf das Aussehen, die Art, das Lachen reagieren – und sie machen es auf dieselbe Art wie damals: sie idealisieren, sie verleugnen, sie spalten ab. Doch beim Entlieben leiden sie nun an dem, was sie zuvor verzaubert und bezaubert hat.

Nina erzählt in der Psychotherapie: »Mein Mann und ich haben uns seit Jahren auseinandergelebt. Wir leben unausgesprochen der Kinder wegen weiter miteinander. Die Familie ist uns beiden wichtig. Wir wohnen in einem schönen Haus und ich liebe den Garten. Aber ich kann mit meinem Partner nicht mehr schlafen. Er hat mich über alle die Jahre zu sehr verletzt, und trotzdem komme ich nicht von ihm los. Ich weiß nicht, was ich machen soll. Er stößt mich körperlich ab. Ich habe ihm kürzlich gesagt, dass er mehr zu sich schauen und seine Figur und sein Gewicht mehr beachten solle. Das ergab wiederum einen Riesenkrach. Ich kann überhaupt nichts mehr sagen, ohne dass es Streit gibt.«

Die Therapeutin weist Nina darauf hin, dass es möglicherweise eine übergriffige und einmischende Bemerkung gewesen sei, dem Partner, der sie körperlich nicht mehr anzieht, körperbezogene Empfehlungen abzugeben. Sie fragt Nina, wie es denn gewesen sei, als sie sich in ihren Partner verliebt habe, was sie damals angezogen habe. Nina erinnert sich an die Verliebtheit. Sie war körperlich stark angezogen von diesem stattlichen Mann. Sie konnte sich an seinen Bärenkörper anlehnen, er gab ihr Sicherheit und Ruhe. Das Zusammensein mit ihm war ihr Zuhause, wo sie sich wohl und aufgehoben fühlte. Es war der Bärenkörper, der sie damals angezogen hat – und der sie nun abstößt.

Mit der Zeit wird Nina klar, dass sie in den früheren Umarmungen des geliebten Mannes ihre eigene Bedürftigkeit umarmen konnte, dank des anderen. Es war das Kind in ihr, das sich nach Zärtlichkeit und Geborgenheit sehnte, das umarmt sein wollte. Es war nicht die erwachsene Frau, die umarmt wurde und umarmte. Nina erinnert sich auch ungern daran, dass ihr Vater auch so einen Bärenkörper gehabt hatte. Sie hatte diesen stattlichen Vater immer geliebt und sich in seiner Nähe geborgen gefühlt. Sie hatte bisher nie einen Zusammenhang gesehen zwischen der Liebe zu ihrem Vater und der Liebe zu ihrem Mann.

Nina realisierte mehr und mehr, dass sie bisher in ihrem Leben nicht allein sein konnte. Sie gab sich bewusst unabhängig und war doch unbewusst zutiefst abhängig, war immer noch das Kind, das seinen Vater bewunderte und sich mit ihm wohl und sicher fühlte. Sie hatte auch während der Ehe immer wieder Liebhaber gehabt. Doch jetzt, wo sie es mit ihrem Mann kaum mehr aushielt und doch nicht weggehen konnte, hatten auch Liebschaften keinen Reiz mehr. Sie musste sich selbst stellen, sich selbst entdecken und finden. Es gab kein Ausweichen mehr. Sie wollte die Geborgenheit in sich selbst finden, wollte in sich selbst ruhen. Die erlebten und nun bewussten Parallelen ihres Sich-Verliebens und des Entliebens hatten sie auf den Weg zu sich selbst geführt.

Und nun war der Weg offen zum Halten und Bewahren – oder zum Beenden.

Das Entlieben ist in der Regel nicht einfach das Fehlen von Liebe, ist nicht Gleichgültigkeit. Es ist ein Leiden, eine Verlorenheit, eine Wehmut, eine Abstoßung. Es ist eine Erregung und ein Heimweh, ein Abschied und eine Trauer. Und es ist immer wieder die Frage, was denn passiert ist, dass es so weit kam. Zum Verstehen dürfte die Phantasieebene hilfreich sein, denn es geht tatsächlich um die Phantasien. Beim Entlieben ist der gemeinsame Phantasieraum verloren gegangen bzw. verstümmelt. Man träumt nicht mehr davon, gemeinsam Berge zu versetzen. Der Horizont ist versperrt. Man entliebt sich auf dieselbe Weise wie man sich verliebt hat: es ist eine Leidenschaft, die Leiden schafft. Der seelische Schmerz ist da: anfangs gemildert vom Zauber des Beginnens, am Schluss in der Regel verstärkt durch Schuld- und Schamgefühle, durch Ängste und die unvermeidliche Trauer. Urteilskraft und Wille sind bei beiden Erlebensweisen vorerst geschwächt, bei der Verliebtheit und beim Entlieben. Es ist sinnvoll, in solchen Situationen den eigenen Gedanken und Phantasien intensiv nachzugehen, auch den Phantasien um den Partner und gegebenenfalls um die Familie. Was drängt sich in den Vordergrund? Wie war es zu Beginn, und wie ist es jetzt? Was waren und sind die Wünsche, die Träume, die Verzweiflungen, die Ängste? Was denke ich am Tag, was träume ich in der Nacht?

So wird es langsam möglich, die eigenen Phantasien bewusst wahrzunehmen. Das bin ich, das macht mich aus. Habe ich beim geliebten Menschen gesucht, was ich mir nicht selbst geben konnte? Das Erkennen der je eigenen und gemeinsamen Phantasiewelt bzw. ihr Verlust machen das Entlieben wahrnehmbar und verständlich. Dann kann auch der Trauerprozess möglich werden.

Es gibt Paare, die sich nicht oder einseitig verlieben. Es gibt praktische Gründe, sich mit jemand zusammenzutun. Es gibt die Torschlusspanik, die zwei Menschen zueinanderfinden lässt. Und es gibt starke Anziehungen, die sich dem Begriff der Verliebtheit entziehen wollen. Immer kann es ein Entlieben geben, ein Aus-der-Liebe-Fallen, eine Ernüchterung, eine Abstoßung. Sie wollen verstanden werden, damit Trauer möglich wird.

Ehren und ernten

> Wenn du Abschied nehmen musst, dann frage
> dein Herz, wovon es berührt wurde, und danke
> für diese Berührung.
> *Safi Nidiaye*

Ehrendenkmäler, Ehrentafeln, Ehrenparaden, Ehrenkränze – der Begriff der Ehre hat heute einen altmodischen Klang. Er lässt an einen Krieg denken und an die Ehre des Siegers. Gibt es auch eine Ehre des Verlierers? Werden die alltäglichen Kämpferinnen und Kämpfer des ganz gewöhnlichen Lebens geehrt? Wird ihnen überhaupt für ihre Dienste gedankt und von wem? Woran denken wir, wenn wir das Wort »Ernte« hören? Vielleicht sehen wir einen voll beladenen Heuwagen in die Scheune einfahren? Oder ein Bauernmädchen zeigt uns stolz seinen Korb, der voll mit Äpfeln oder Pflaumen oder Kirschen ist? Bei solchen Bildern scheint die Welt in Ordnung zu sein.

Ehren und ernten sind sinnliche Begriffe, die auf etwas Handfestes schließen lassen. Es geschieht etwas, wir sehen und hören und riechen und fühlen und schmecken. Da ist etwas in einer Ordnung, in Ordnung, geordnet. Wer sät, der erntet. Im besten Fall.

Heutzutage scheint der Sinn für Ehre und Ernte nicht mehr ausgeprägt. Es fehlt vielfach der Sinn dafür, etwas zu würdigen, was geschehen ist, im Guten wie im weniger Guten. Natürlich, die Stars in Politik, Sport, Film, Theater und Musik werden gewürdigt, wenn sie eine große Leistung erbringen. So sehr sie auch wissen, dass sie am Tag darauf zerstört und beschimpft werden können, wenn ihnen etwas misslungen ist.

Reden wir vom ganz und gar gewöhnlichen Leben. Zum Beispiel von einer Ehe, bei der sich beide Partner innerlich und äußerlich voneinander entfremdet haben. Doch sie können sich beide nicht vorstellen, sich voneinander zu trennen.

Sie: »Jedes Mal, wenn ich im Keller etwas holen gehe, sehe ich mich um, sehe unsere Schätze, unsere Gemeinsamkeiten, und dann denke ich, dass ich eines Tages alles das aufräumen muss, weil ich ausziehen will. Der Keller ist für mich zum Symbol unseres ›Eingemachten‹ geworden, es sind nicht nur die vollen Einmachgläser, die Marmeladengläser, der Wein. Es ist das ›Eingemachte‹ unseres gemeinsamen Lebens, das mich dann rührt und bewegt. Es ist so viel. Und ich denke dann, dass wir das alles zu wenig würdigen, zu wenig ehren, uns viel zu wenig unserer Ernte bewusst sind. Vielleicht müssten wir einmal ein Erntedankfest feiern, um uns dessen bewusst zu werden.«

Und er, von ihr auf diesen Keller und das, was sie dort empfindet, angesprochen: »Ja, ja, unser Keller. Was du dir immer so viele Gedanken machst. Jedes Haus hat seinen Keller. Das unsrige auch. Ehren? Ernten? Ich verstehe nicht recht, was du damit sagen willst. Wir haben uns aneinander gewöhnt, wir leben zusammen und ich kann mir nichts anderes vorstellen. Du bist meine Frau und ich bin dein Mann.«

Sie versuchte unzählige Male, mit ihm über diesen Keller zu reden. Es war nicht möglich. Es genügte ihr schon lange nicht mehr, einfach seine Frau zu sein. Sie fühlte sich eingeschlossen in eine Beziehung, die ihr zu wenig Luft zum Atmen gab. Sie musste sich trennen: von ihrem Mann und damit auch von diesem Haus.

Und dann spürte sie, dass es ihr ganz eigenes Anliegen war, diesen Keller zu ehren und das »Eingemachte« zu würdigen. Sie entschloss sich, die Ernte der gemeinsamen Jahre allein einzufahren. Sie nahm Abschied von allem, von ihrem Mann, von Haus und Keller. Und sie räumte diesen Keller und das Haus mit unerwarteter und unverhoffter Freude auf. Sie spürte bald, was zum Haus gehörte und was sie da lassen wollte; was sie entsorgte, aus ihrer Sorge entließ und verschenkte oder wegwarf. Und es waren wenige Dinge, die sie mitzunehmen beschloss. Sie fühlte sich innerlich reich und brauchte nicht mehr viele äußere Andenken.

Sie hatte noch viel vor in ihrem Leben. Sie erlebte ihren Mann als träge und letztlich undankbar. Doch das war nicht mehr ihre Sorge. So konnte sie sich dankbar, wehmütig, aber entschieden zu einem Stück eigenes Leben aufmachen. Sie spürte, dass es das Richtige war.

Wer ehren und ernten kann, wird sich auch verabschieden können, wenn kein Wachstum mehr möglich ist. Es gibt in jedem Lebensabschnitt etwas zu ehren, etwas zu ernten. Es liegt oft nicht auf der Hand, oder es scheint unter schmerzvollen Erinnerungen verborgen. Es ist eben nicht so, dass alles ebenso gut anders hätte verlaufen können. Jedes einzelne menschliche Leben ist einzigartig und will darin erkannt werden. Was ein Mensch tut oder nicht tut, hat seine eigene Logik. Darüber hinaus teilen Menschen die Endlichkeit des Lebens; sie teilen die Liebe, die immer auch mit Verlust zu tun hat; die Freiheit, die mit Angst verbunden ist, und das Wachsen, das immer auch mit Trennung einhergeht. Die Augenblicke, in denen ein Mensch sich selbst zu ehren vermag, in denen er sich seiner Ernte bewusst wird, bilden einzigartige Momente in einem Leben.

Bewahren und beenden

> Bis heute ist diese Angst geblieben vor den
> Abschieden … eine Schwelle, ein Bahnsteig,
> eine Abflughalle, ein letztes Winken vor dem
> Verschwinden. Ein Nie-wieder-Gefühl.
>
> *Jürgen Becker*

Beenden scheint etwas vom Schwierigsten zu sein, das es
gibt. Wir erhalten diesen Eindruck, wenn wir Menschen ihre
Geschichte erzählen hören, Menschen leiden sehen, wenn
wir aufmerksam unsere Mitwelt betrachten. Beenden bedeutet Abschied, ein Winken vor dem Verschwinden. Ein Nie-
wieder-Gefühl. Das macht Angst.

Es gibt viele Gründe, bewahren zu wollen. Bewahren bedeutet, dass es immer noch eine Hoffnung gibt. Oder zumindest ein Quäntchen von Hoffnung. Noch ist nicht alles verloren. Oder man wartet auf ein Wunder. Das Wunder wird
vermutlich nicht kommen. Oder erst dann, wenn sich jemand
entscheidet, das Gewesene zu würdigen, anzuerkennen und
zu ehren. Es gibt immer eine Ernte einzufahren. Es gibt immer etwas zu würdigen. Zumindest gilt es den Einsatz zu
würdigen, den man geleistet hat – bevor der Hagel die ganze
Ernte zerstört hat. Der Einsatz bleibt und hat seinen Wert,
selbst wenn er nicht zum Ergebnis geführt hat, das sich jemand vorgenommen hat. Wir sind nicht immer »Herr und Frau
in unserem Haus«.[7] Es spielen andere Kräfte mit: unbewusste
Tendenzen, die Natur mit ihren Kaprizen, die menschliche
Natur mit ihren Einschränkungen und Begrenzungen und
nicht zuletzt die Gesellschaft, in die wir uns einzufügen
haben. Wer zu ehren und ernten weiß, kann besser beenden.
Es ist dann nicht nur der Verlust, der schmerzt, sondern es
gibt auch die Freude über den Einsatz und bestenfalls die
Ernte, die bewusst wird.

Bewahren- und Beenden-Wollen werden meistens sehr
lange zermürbend gegeneinander ausgespielt. Es ist ein Ban-

gen und Hängen und man weiß nicht, wie es weitergehen soll. Das Fällen einer Entscheidung ist das Wichtige. Wenn sich ein Mensch dafür entscheidet, bei seiner Partnerin, seinem Partner zu bleiben, fühlt sich die Beziehung anders an als vor der Entscheidung. Wenn ein Mensch sich entscheidet, zu bewahren oder zu beenden, ist das Lebensgefühl anders als vor der Entscheidung. Es ist das bewusste Ja-Sagen zu dem, was ist. In der Ambivalenz kann man sich nicht für eine Beziehung engagieren, weil die Lebensenergie für das Hin und Her, durch das ambivalente Abwägen, verbraucht wird.

Viele Menschen können sich ein notwendiges, aus der Not entstandenes Beenden schwer vorstellen. Vielleicht haben sie es nie gelernt, vielleicht schrecken sie zurück vor dem Danach, vor einer Leere. Oder vor dem Neuen – weil sie nicht wissen, was kommt, und was sie nicht kennen, das fürchten sie. Vielleicht sind sie durch frühere Verluste verletzt. Sie haben wenig Vertrauen in sich selbst und in die Mitmenschen, in das Leben mit seinen Höhen und Tiefen. Sie haben wenig verlässliche Vorstellungen darüber, was es bedeuten könnte, etwas wirklich, mit Überzeugung, zu beenden. Beenden bedeutet in ihrer Vorstellung nur Negatives: Absturz, Abbruch, Untergang, Sterben und Tod, Scham und Schuld – alles Furcht erregende Konnotationen. Danach ginge es einem wahrscheinlich noch schlechter als jetzt, im »falschen« Leben. Wunschloses Unglück.

»Ich halte es nicht mehr aus in meiner Ehe, aber wegzugehen ist unmöglich, ich könnte diese Schuld nie ertragen.« »Mein Mann bringt sich um, wenn ich ihn verlasse«. – »Ich habe große Zweifel, dass ich in meinem Alter noch eine neue und bessere Arbeitsstelle finde.« – »Anderswo wohnen – undenkbar, ich bin hier daheim.« – »Was ich getan habe, ist nicht wiedergutzumachen, nie. Nie werde ich diese Schuld, diese Scham überwinden können.«

Solche Sätze weisen darauf hin, dass es Verbotenes und Unmögliches zu geben scheint, das hemmt und blockiert. Vermeintliche Verbote und Unmöglichkeiten bewirken, dass ein

Mensch aufgrund seiner Geschichte eher unglücklich im Bestehenden und im Bewahren verharrt, als dass er sich auf den Weg zu etwas Neuem zu machen vermag. Der Weg zum Neuen ist durch Widerstände und Rechtfertigungen und Entschuldigungen versperrt. Der Grundton lautet: Es kann gar nicht besser werden mit mir. Vielleicht auch: Es darf nicht besser gehen mit mir. Ich habe es so verdient, wie es ist.

Die Lebenskräfte sind gebunden, gefangen, blockiert, nicht brauchbar für ein eigenes Gestalten eines guten Lebens. Das lähmt, macht schwer und mutlos, gefangen und depressiv. Es erzeugt seelische und mit der Zeit auch körperliche Schmerzen. Keine verlockende Lebensperspektive. Doch offenbar scheint das Verharren gewisse Sicherheiten zu geben, die nicht aufgegeben werden können oder nicht aufgegeben werden wollen.

Ich erlebe in meiner Arbeit mit Menschen und in meinem persönlichen Umfeld immer wieder, wie Menschen leiden, wenn sie überfällige Beziehungen zu Menschen, zu Gütern, zu eigener oder übernommener Schuld und Scham nicht beenden können. Das Bewahren wird zum Verharren, zum Klammern, zum angstvollen Nicht-aus-dem-eigenen-Unglück-aussteigen-Können. Es gibt keinerlei Vorstellung, mit dem Beenden einen befreienden Umgang zu finden. Aber eines ist klar: die Lebensenergien versiegen dabei.

Bewahren oder beenden – wenn sich die Frage erst einmal gestellt hat, kann ein innerer Sturm ausbrechen. Es kann sich ein innerer Abgrund öffnen. Es ist in jedem Fall eine Entscheidung fällig, für das eine oder für das andere. Beispielsweise die Entscheidung, eine Psychotherapie zu beginnen, um der Ambivalenz zwischen Bewahren und Beenden endlich in Ruhe nachgehen zu können, um herauszufinden, was für einen selbst das Richtige und Notwendige ist, um die eigenen Wünsche herauszufinden. Es gibt Menschen, die ihre Wünsche nicht kennen oder in ihren Wünschen blockiert sind und sie unterdrücken. »Als das Wünschen noch geholfen hat« – war da eine echte, befreiende Veränderung möglich? Wir kennen die Geschichte, in der eine Fee einem Menschen drei Wünsche zugestanden hat. Doch es war für diesen eine völlige Überforderung, sich etwas Sinnvolles zu wünschen. Wünsche haben ihre eigene Sprengkraft und können daher Angst machen. Oft erzählen Menschen, wie sie erschraken, als sie erstmals in einer Beziehung Trennungswünsche verspürten.

Beenden-Können ist eine wichtige Kompetenz, um gestaltend ins eigene Leben eingreifen zu können, wenn das Unglück zu einschränkend wirkt auf die eigenen Entwicklungs- und Lebensmöglichkeiten. Ein Beenden-Wollen stellt die eigenen Bedürfnisse nach Sicherheit auf die Probe. Das ist immer ein Wagnis. Der Lebensweg hat für eine kürzere oder längere Strecke kein Geländer mehr. Selbst sich einen Sündenbock zu suchen, dem man die Schuld für das eigene Unglück zuschieben kann, verleiht eben eine gewisse Sicherheit. Die Schuld, die man nicht mehr dem anderen zuschieben kann, fällt auf einen selbst zurück. Das erleben alle Menschen, die ambivalent und unglücklich in einer Beziehung verharren und sich nicht entscheiden können. Vielleicht wird auch erhofft, die andere Person entscheide sich.

Ich werde oft gefragt, wie man denn erkenne, ob es das Richtige sei, zu bewahren oder zu beenden. Oder: wie und wann man es erkenne. Es sind gute Fragen, die an dieser Stelle noch nicht zu beantworten sind. Eine Entscheidung bedarf der Reifung, der Intuition und des Vertrauens in sich selbst. Das Vertrauen in sich selbst ist der Schlüssel. Es ist eine individuelle Frage, wie viel Zeit dafür benötigt wird, dieses Vertrauen zu entwickeln.

Die Wiederholung des Schrecklichen

> Aber was so unverstanden geblieben ist, das
> kommt wieder; es ruht nicht, wie ein unerlöster
> Geist, bis es zur Lösung und zur Erlösung
> gekommen ist.
>
> *Sigmund Freud*

Es geschieht immer wieder: in Tagebuchnotizen, im vertrau-
lichen Gespräch mit Freunden, in der Psychotherapie. Jemand wird gewahr, dass er in seinem Leben das Schreckliche
wiederholt hat und wiederholt. Immer wieder. Weshalb? Wieder hat sich ein Mann eine Partnerin gewählt, die alle Wesenszüge der Mutter aufweist und sie voll auslebt. Dominante
Wesenszüge, die das damalige Kind (das ein Leben lang in
einem lebt) leiden ließen. Das Kind fühlte sich unterdrückt,
unverstanden, nicht geliebt, gebraucht – damit die Mutter ihr
Leben leben konnte. Und nun hat sich bereits die dritte Partnerin in dieser Weise entpuppt, nachdem der Zauber der Verliebtheit abgeklungen war. Und das Kind im Mann erstarrt
oder trotzt oder geht weg, oder alles nacheinander, nachdem
er das erkannt hat. Die Wiederholung des Schrecklichen.

Eine Frau ist mit der übergroßen Angst und Panik groß geworden, ihre Mutter könnte ihr abhanden kommen, einfach
verschwinden, eines Tages weg sein. Die Mutter lebt heute
noch. Es waren früher kleinste Beobachtungen und Ge-
sprächsfetzen, die im kleinen Mädchen diese Angst wachsen
ließen. Es war eine schreckliche, lebensbedrohende Angst,
die sich im alltäglichen Leben in den vielfältigsten Facetten
zeigte. Als erwachsene Frau erlebte sie große Leidenschaf-
ten. Sie lebte in der ständigen Angst, von einem Tag auf den
anderen vom geliebten Menschen verlassen zu werden. Es
waren jedes Mal symbiotische Beziehungen, die sie jeweils
Knall auf Fall beendete. Sie war es, die aus der Beziehung
ausbrach, weil die Angst, verlassen zu werden, zu groß
wurde. Und es wiederholte sich immer wieder.

Das Tückische an den Wiederholungen ist, dass sie nicht so klar und auf den ersten oder zweiten Blick erkennbar sind. Sie verhüllen sich in immer wieder anderen Verkleidungen. Eine erste und eine zweite große Liebe entpuppen sich erst nach Jahren als Wiederholung der Beziehung zum Vater. Im Ehepartner »versteckt« sich die Mutter. Doch das wird erst nach vielen schmerzlichen Jahren offensichtlich. Und die weiteren Lieben sind jedes Mal ganz andere Männer mit anderen Ausrichtungen, anderen Wesenszügen. Verliebtheiten werden reflektiert und geprüft und doch passiert es wieder.

Warum? Weshalb? Diese Fragen bringen keine schlüssige Antwort. Es sind Kinderfragen wie eben die Frage eines kleinen Mädchens an die Mutter, ob die Sonne es, das kleine Mädchen, kenne.

Mit dem Begriff des Wiederholungszwangs hat Freud die psychische Tendenz benannt, die eingeprägten, unbewussten Muster psychischer Konflikte in aktuellen Beziehungen stets neu zu inszenieren. In Variationen wiederholt sich immer wieder dasselbe. Der Wiederholungszwang zeugt von der Lebendigkeit und Widerstandsfähigkeit der ins Unbewusste verdrängten Wünsche und Vorstellungen. Dort geben sie keine Ruhe. Jede Interaktion wird unter dem Druck des Wiederholungszwangs nach dem Muster frühkindlicher Erfahrungen gestaltet. Abwehr und Widerstand in einer Beziehung richten sich gegen verinnerlichte reale oder phantasierte verpönte oder verbietende Erfahrungen. Es sind nicht alles reale Verinnerlichungen. Auch die Phantasie nimmt in unserem Seelenleben einen großen und auf eine andere Weise realen Platz ein. Auch das Verpönte oder Verbotene sind Erfahrungen oder Phantasien. Kein Wunder also, wenn das Verbotene und das Unmögliche den Menschen so magisch anzieht.

Wichtig ist zu erläutern, dass reale frühere Verbote oder Unmöglichkeiten – von den Eltern oder anderen Bezugspersonen ausgesprochen – im Laufe der Entwicklung von einem Kind übernommen und verinnerlicht werden, um sich vor wiederkehrender Enttäuschung zu schützen. Aus dem äußeren Konflikt wird ein innerer Konflikt. Die Wünsche lassen sich weder auflösen noch vernichten. Sie kehren immer wieder, und zwar im Wiederholungszwang, dem Drang oder Zwang, die konfliktvollen Wünsche im Leben umzusetzen. Ein Vater hat neben der autoritären Art möglicherweise auch Sicherheit ausgestrahlt. Eine Mutter hat mit ihrer emotionalen Stärke auch viel Verständnis gezeigt. Für die Seele könnte das bedeuten, dass das eine nicht ohne das andere zu haben ist. So verliebt man sich ins Gewünschte, und die Kehrseite zeigt sich erst später.

Das eine *ist* aber ohne das andere zu haben. Doch das erkennt ein Mensch erst nach vielen schmerzlichen Erfahrungen und Wiederholungen. Psychoanalytische Verfahren sind eine exzellente Möglichkeit, durch die Bearbeitung von Abwehr und Widerstand die unbewussten Wünsche ans Tageslicht zu bringen und zu erkennen. Doch auch Menschen, die eine Psychoanalyse hinter sich haben, tragen in der sogenannten Restneurose weiterhin unbewusste Wünsche mit sich, die es zu erkennen und zu bearbeiten gibt. Es ist eine lebenslange Arbeit, die erst mit dem Tod zu Ende geht.

Wozu? Wenn anstatt der Warum-Frage nach dem Wozu gefragt wird, dann wird klar, dass es einen Sinn zu erkennen gibt. Dass möglicherweise etwas Neues gelernt werden kann. Darum geht es.

Der Bestseller mit dem erfrischend provozierenden Titel *Liebe dich selbst – und es ist egal, wen du heiratest* trifft – und verpasst – diese Erkenntnis.[8] Der Titel trifft dort, wo es in jeder Liebe grundsätzlich darum geht, sich selbst lieben zu können, um einen anderen Menschen lieben zu können. Eine Beziehung kann beendet werden, weil die Selbstliebe nicht ausreicht, um den anderen zu lieben. In einem solchen Fall ist der Wiederholungszwang naheliegend. Mit »und es ist egal« verpasst der Titel die Tatsache, dass mit einem neuen Partner tatsächlich weitere Möglichkeiten der eigenen und der gemeinsamen Entwicklung genutzt werden können. Jeder Mensch – das betrifft auch freundschaftliche und familiäre

Beziehungen – stimuliert in einer Begegnung im anderen neue und manchmal ungeahnte Möglichkeiten: es gibt andere Diskussionen, man hört andere Musik, die Sexualität ist anders, der Alltag gestaltet sich unterschiedlich – und so weiter.

Eine Frau, die gerade die dritte Scheidung durchlebt, erzählt: »Letztlich habe ich in jedem meiner drei Ehemänner gewisse Wesenszüge meiner Eltern wiedergefunden, die mir schon in meiner Kind- und Jugendzeit schwer zu schaffen gemacht haben. Es war mir nie möglich, dies rechtzeitig zu erkennen und auf eine neue Art darauf zu reagieren. Das nehme ich auf mich. Möglicherweise hat es auch mit meinen Gefühlen und Handlungen zu tun. Ich bereue nichts. Ich habe mit jedem Mann eine neue Welt entdeckt. Dafür bin ich dankbar. Dass ich mich nun ein drittes Mal scheiden lasse, hängt damit zusammen, dass ich zu keinem weiteren Leiden mit einem Partner bereit bin. Ich übernehme die Verantwortung für das, was mir möglich war, und für das, was ich nicht realisieren konnte. Mein weiteres Leben möchte ich in Unabhängigkeit verbringen.«

Ein Mann, der laut eigenen Aussagen in seinen Vorstellungen viele Male seine Frau verlassen hat, sagt Folgendes aus: »Ich bin froh, dass ich bei Rahel geblieben bin. Ich liebe sie und ich lebe nach mehr als dreißig Jahren immer noch gern mit ihr zusammen. Nicht jeden Tag, aber grundsätzlich. Ich bin in dieser Ehe einige Male an meine persönlichen Grenzen gestoßen. Wahrscheinlich wir beide. Ich weiß selbst nicht, wieso ich geblieben bin. Vielleicht hatte ich den Mut nicht wegzugehen. Heute ist es richtig so. Vermutlich hätte ich mit einer anderen Frau eben auch meine Schwierigkeiten gehabt. So sind wir heute beide stolz und zufrieden, dass wir noch zusammen sind.«

»Halten und bewahren« – hier geht es um die eigene, lebenslang zu gestaltende Identität und Integrität. Und um die Möglichkeit, in einer Beziehung zu wachsen. Dies sind die Voraussetzungen für eine gelingende Beziehung. Ob dann die Beziehung gehalten und bewahrt oder aber beendet wird, hängt von vielerlei ab. Es ist also ziemlich egal, wen man heiratet, welchen Beruf man auswählt– und eben doch nicht.

2. Beenden als Prozess

Die Kunst des Beendens

> Der wunderbarste Glanz eines Meisterwerks ist
> der Schmerz, der nicht mehr schmerzt.
> *Walter Muschg*

Respektvolles und würdiges Beenden ist eine Lebenskunst.
Versuche, Annäherungen, Bearbeitungen – ein Wissen darum, dass nicht alles in unserer Hand liegt. Gelingendes
Beenden ist ein Geschenk, ist Gnade. Es ist in jedem Fall ein
In-Ordnung- und ein Zu-einem-Ende-Bringen auf der äußer-
lichen Seite und ein innerer Prozess – eine Loslösung im
Trauerprozess, ein Abschließen. Im besten Fall in Dankbarkeit und Vertrauen, in der innerlichen Verbundenheit der
Erinnerungen. Das Bekenntnis »Ja, das ist Teil meines Lebens« – sei es ein Mensch, eine Beschäftigung, ein Haus, was
auch immer – gehört dazu. Verinnerlichte Beziehungen – zu
einem Menschen oder zu einem Ort – bleiben damit als wert-
voller Bestandteil des Lebens erhalten und können für die
weitere Entwicklung genutzt werden.

Die Kunst des Beendens in Beziehungen bedeutet, aus
einem Glück oder Unglück auszusteigen. Es weist hin auf die
Möglichkeit eines eigenen, persönlich geprägten, selbst-
gestalteten Lebens, auf einen eigenen Lebensentwurf, der
gelebt werden will – so wie darauf, Ballast abzuwerfen und
einige Sicherheiten aufzugeben, weil sie das Leben ersticken.
Eine Beziehung bleibt so lange sinnvoll, wie sie für alle Beteiligten Wachstumschancen bietet.

Fast zu jedem menschlichen Leben gehören existentielle
Krisen, Verletzungen und Kränkungen: lebensbedrohende
Krankheiten, Unfälle, die Verluste von nahen Menschen, Kri-
sen des mittleren Lebens, körperlicher und geistiger Abbau

der späten Jahre, Trennungen, Scheidungen. Sowohl die Persönlichkeit als auch der kulturelle und gesellschaftliche Hintergrund formen die Art des Umgangs mit diesen Krisen. Das wahre existentielle Dilemma, die menschliche und tief subjektive Erfahrung des Menschen aus Fleisch und Blut, mit Herz, Geist und Seele, will angemessen gewürdigt und beschrieben werden. Die Kunst des Beendens gehört unabdingbar dazu.

Die Kunst des Beendens weist auf einen Lebensbogen hin, der Trennung und Bindung umfasst. Bindung hat mit Liebe zu tun: Liebe in den unzähligen Ausformungen von Zärtlichkeit, Verbundenheit, Sexualität, Hingabe, Begehren, Freundschaft, Selbstliebe, Leidenschaft. Bei Bindung sind wir geneigt, positive, lustvolle und tröstliche Aspekte im Sinn zu haben. Bei der Trennung überwiegen oft Angst und Schmerz.

Trennung verweist, wie die Liebe, auf die Anfänge und auf das Ende unseres Lebens.

Trennungsängste ziehen sich in unterschiedlichen Ausformungen und Intensitäten durch unser ganzes Leben, von der Geburtsangst bis zur Todesangst. Trennungsängste wirken mit im Kampf gegen die Vergänglichkeit, im Zeugen, Gebären und Aufziehen der nächsten Generation, im Wunsch nach Ewigkeit, der sich oft im Schaffen von Kunstwerken manifestiert. Trennungsängste haben zur Gründung von Religionen aller Ausprägungen geführt, die die Ängste auffangen und Wiedervereinigung oder Wiederkommen in Aussicht stellen.

Loslassen ist seit Jahren ein sehr beliebter, häufig gebrauchter Begriff. Loslassen von negativen Gedanken, von Spannung und Stress, Loslassen von negativen Beziehungen. Loslassen, geht das einfach so, wie man etwas fallen lässt, was man in der Hand hält? Loslassen – fallen lassen? Aber wie denn? Lassen wir einen Gedanken los oder lässt er uns los? Wenn wir einem Gedanken mit Verständnis begegnen und wenn wir ihn prüfen, dann lässt er uns bei ausreichender Geduld und Übung los. Es ist wie beim Beenden: auch das Loslassen bedarf der Zuwendung und Bearbeitung.

Die Kunst des Beendens macht es möglich, dass Bindungen und Trennungen eine Gestalt erhalten. Sie zeigt uns, dass wir in gewissen Lebenssituationen – an einer Kreuzung, wo verschiedene Wege in unterschiedliche Richtungen gehen – eine Wahl haben. Wählen können ist ein großes Privileg. Dazu gehört, eine Beziehung, eine Verpflichtung, eine Aufgabe äußerlich und innerlich zu beenden, abzuschließen, sich zu trennen, zu lösen, loszulassen: und gleichzeitig, und das ist ganz wichtig, die Erinnerung an das Gehabte und Erhaltene, Verschwendete und Gegebene – nach Abschluss der Abschieds- und Trauerphase – für das eigene Leben zu bejahen und zu nutzen. Wir lernen ein Leben lang zu beenden, um immer wieder neu zu beginnen und uns neu binden zu können. Es werden intuitive Fähigkeiten wach, die über das Beenden hinausreichen und das zu Beendende gleichzeitig voll und ganz zu würdigen wissen. Es geht um eine eigene Wahrheit, um derentwillen etwas beendet werden soll, damit etwas Neues möglich wird.

Positiv Erlebtes beenden

> Ist ein Fest schöner, weil es länger ist?
> *Paula Modersohn-Becker*

Wünscht man sich, dass ein schönes Fest nie aufhört? Schließt man freiwillig etwas ab, das einem als positiv erscheint, das einen belebt und bereichert, das einem gehört? Schneidet man sich damit den Lebensnerv durch oder tut man sich etwas Gutes? Beraubt man sich aus freiem Willen einer Freude, eines Genusses, einer Bereicherung – weil es genug ist?

Es gibt diese Situationen, in denen jemand durchaus auch eine Beziehung zu einem Menschen, zu einer Arbeit, zu einem Haus, zu etwas, das als wachstumsfördernd und sinnvoll erlebt wird, beendet – ohne sich den Lebensnerv zu durchschneiden, nein, um frei zu werden.

Der Zwang bzw. die Einsicht, etwas positiv Erlebtes zu beenden, stellt sich – in der Regel – in Psychotherapien und Psychoanalysen. Davon wird im nächsten Abschnitt die Rede sein. Eine Psychotherapie und ihr Ende können als Prototyp eines Beendens betrachtet werden, bei dem aus Lernen und Sich-Entfalten innerhalb einer Beziehung ein unabhängiges, selbständiges Lernen wird, wo sich durchaus eine Dankbarkeit über das Erlebte einstellen kann. Und eine Erleichterung, jetzt den Weg selbst zu gehen.

Psychotherapie und ihr Ende

Es gibt heilende Verfahren, die von Beginn an auf ein Ende angelegt sind. Das Beenden ist während des gesamten Prozesses ausgesprochen oder unausgesprochen gegenwärtig – so wie der Tod unausweichlich zum Leben gehört. Es kann eine lange Zeit dauern, bis dieses Beenden zum Thema wird. Dieser Prozess braucht seine Zeit. Das bewusste, reflektierte Abschließen ist höchst wichtig, weil etwas anderes, Neues angestrebt wird, das sich von den bisherigen Beendigungen im Leben unterscheidet.

Beenden weckt unabdinglich Trennungsängste. Sie zeigen sich bereits während des therapeutischen Prozesses in verschiedenen Formen: So sind Angst, Eifersucht, Neid, Ohnmacht und Wut unterschiedliche Ausprägungen der Trennungsangst. Es werden Stunden vergessen, kurzfristig abgesagt, man kommt verspätet, vergisst, das Honorar zu bezahlen, oder irrt sich bei der Summe – auch wenn es für solche Fehlleistungen meistens triftige Gründe zu geben scheint, spielt doch die Trennungsangst immer auch eine Rolle. Es sind Versuche, Kontrolle zu gewinnen oder sich allenfalls für etwas, das im Prozess geschehen ist, unbewusst an der Analytikerin, am Analytiker zu rächen.

Pascal erzählt: »In den Jahren meiner Psychoanalyse war ich immer wieder damit konfrontiert, wie ich in meinem bisherigen Leben aus Beziehungen weggegangen war. Ich hatte immer jeweils abrupt Freundinnen und Freunde verlassen. Ich war Hals über Kopf und mit einer großen Wut im Bauch aus meinem Elternhaus geflohen. In meiner ersten Ehe hatte ich es zehn Jahre ausgehalten, um mich dann auf Nimmerwiedersehen zu verabschieden. Es waren allesamt Abbrüche gewesen, keine Abschiede, und die Abbrüche waren vollständig und irreversibel. Es war mir auch nie möglich gewesen, eine Liebesbeziehung in eine Freundschaft oder eine Freundschaft in eine Kollegenschaft zu verwandeln. Manchmal beneidete ich Freunde darum, dass sie das konnten. Mir war es nicht möglich, denn ich war jeweils zu gekränkt und zu verletzt. Ich hatte jeweils zu lang gewartet und ausgeharrt, und ich hatte zu wenig gesprochen. Ich hatte mich versteckt, wenn Probleme auftauchten, und dann war ich abgehauen.

Ich war froh, in meiner Psychoanalyse über alle diese Abbrüche zu reden. Es war schwierig, jeweils so, wie ich mir eine schmerzvolle Geburt vorstelle, aber es war immer wieder möglich. Nun war ich beim Thema meiner existentiellen Ängste angelangt. Ich hatte Angst vor dem Leben und Angst vor dem Tod. Und nun sagte mir meine Analytikerin mehr als einmal, dass in diesen Ängsten meine Weisheit und meine Erfüllung verborgen seien.

Im fünften Jahr musste ich eine große Krise, den Unfalltod eines Freundes, allein bewältigen. Ich weilte mit ihm und anderen in langen Ferien und war weit weg. So musste ich diesen Verlust ohne meine Analytikerin bewältigen. Erstmals konnte ich mir vorstellen, wie es nach Abschluss der Analyse sein könnte. Ich als passionierter Surfer erlebte auf dem Surfbrett der Psychoanalyse ein neues, faszinierendes Gefühl: ich stand auf dem Brett und spielte mit den Wellen. Ich holte mir den Schwung aus dem Erfassen der Wellen und glitt mit einem Gefühl, das Freiheit verhieß, über das Wasser dahin. Ich spürte die Herausforderung, meine Waghalsigkeit und meinen euphorischen Übermut, die mir danach, auf der Couch, wieder abhanden kamen.

Doch ich fasste nun langsam ein Ende meiner Analyse ins Auge. Es tat gut, in den Stunden darüber zu sprechen. Ich konnte jetzt besser Abschied nehmen als früher, das heißt, ich konnte überhaupt Abschied nehmen, ich musste nicht fliehen wie bisher. Ich konnte mir vorstellen, wie es danach sein könnte – auf dem Surfbrett meines eigenen Lebens.

Wir vereinbarten in der Analyse ein Abschlussdatum in fünf Monaten. Ich hatte in diesen Monaten viele somatische Probleme: Angstanfälle mit Herzrasen, tagelangen Durchfall, oft auch eine große Verlorenheit und Mutlosigkeit. Es folgten intensive Trauerphasen, in denen ich begann, den endgültigen Abschied zu erproben. Mit wem würde ich danach reden? Wollte ich überhaupt diesen Prozess beenden? War ich standhaft und flexibel genug auf dem Surfbrett meines Lebens? Was würde ich in Situationen großer Angst machen? Wie würde ich mit meiner Sehnsucht nach der Geborgenheit auf der Couch umgehen? Ich wusste, dass ich diese Unsicherheit auszuhalten hatte. Es gab auch die Phasen, wo ich mir nicht so viele Gedanken um das Ende machte, sondern offen dafür war, wie es werden würde.

Diese Monate waren eine große Übung darin, mir selbst immer mehr zu vertrauen. Anhand meines Tagebuches schrieb ich in wochenlanger Knochenarbeit den jahrelangen Analyseprozess auf und verzweifelte fast dabei. Der Ansturm der Erinnerungen und Gefühle war immens. Doch die Arbeit lohnte sich, weil mir nun mehr und mehr bewusst wurde, welche Entwicklung ich bisher durchgemacht hatte und in welchen Themen ich noch mittendrin war. Es tröstete mich ein bisschen, nicht ganz, weil ich aus Erfahrung wusste, dass ich mit ganz angstvollen und verzweifelten Momenten, auch mit meinen Fluchttendenzen, immer würde rechnen müssen. Und doch: ich hatte zum ersten Mal in meinem Leben nicht flüchten müssen. Ich konnte standhalten.

Ich erinnere mich so gut an die letzte Stunde. Ich kam an diesem Morgen mit einer großen Neugier und wenig Angst in die Stunde. Ich war bereit. Ich kann mich nicht mehr genau erinnern, worüber wir sprachen. Es ging darum, was in diesen Jahren mit mir geschehen war und wo ich jetzt, heute Morgen, in meinem Leben stand. Ich erinnere mich, dass ich in dieser letzten Stunde nicht erzählte, dass ich mich zuvor um eine neue Stelle beworben hatte. Das war nun mein eigenes Leben. Und ich weiß noch glasklar, als wäre es gestern gewesen, mit welchem Gefühl ich mich verabschiedete, es blieb wochenlang präsent. Ich erlebte ein tiefes Gefühl von Dankbarkeit, Verbundenheit und von Ebenbürtigkeit mit meiner Analytikerin. Wir verabschiedeten uns auf gleicher Augenhöhe, beide mit nass schimmernden Augen. Ich war wehmütig und glücklich zugleich. Es war ein Hochgefühl, und es dauerte sehr lange bis zum nächsten Absturz in schlimme Gefühle. Nun fühlte ich innerlich, dass ich genug standfest war, um in meinem Leben bestehen zu können. Das schönste Gefühl, das ich heute noch spüre, war jenes der Ebenbürtigkeit.«

Sigmund Freud hat das Erreichen von Lebens-, Arbeits- und Genussfähigkeit als Leitziel einer psychoanalytischen Behandlung formuliert. Diese Lebensziele werden auch heute grundsätzlich angestrebt, selbst wenn es nicht allen Menschen gelingt, sie zu erreichen. Freud hat auch geschrieben, dass er in Psychoanalysen versuche, das neurotische Elend in ein allgemein menschliches Elend zu verwandeln.

Das allgemein Menschliche in seiner Beziehung zur Analytikerin hat Pascal im obigen Beispiel in der letzten Stunde erfahren. Er spürte sich mit ihr im menschlichen Streben, mit Liebe und Tod, mit Angst und Schrecken, mit Trennung und Verlust einen Umgang zu finden, ebenbürtig. Nicht mehr das »Warum lebe ich?« war ihm wichtig, sondern das »Wie lebe ich?«. Hier war sein Gestaltungsraum.

Eine Psychotherapie ist wie das Leben von endlicher Dauer. Wie dieses eröffnet sie einen riesigen Spielraum von Gestaltungsmöglichkeiten. Die Vielfalt des Erlebens von Zeit und von Raum in Beendigungsprozessen ist eine großartige Herausforderung, sich selbst auf eine neue Art kennenzulernen. Selbstverständlich sind solche Prozesse mit Schmerzen und mit Trauer verbunden. Es gibt keinen Grund, Abschiede zu idealisieren. Sie jedoch bloß als grausame Notwendigkeit, als tiefen Schmerz und endlose Trauer zu beklagen, nimmt der Fülle des Lebens und der aktuellen Wirklichkeit – dem Köstlichsten, was wir haben – die Tiefe und die Würze.

Auf die endliche Psychotherapie oder Psychoanalyse folgt die unendliche, also die lebenslange Arbeit an sich selbst. Eine Psychotherapie ist keine Reparatur, die ein für alle Mal Schäden behebt und vor Rückfällen schützt. Sie ist eine lebendige und wandelbare Entwicklung eines Menschen, der weiteren Schwankungen, Veränderungen und Rückfällen ausgesetzt ist. Die Heilung ist immer eine vorläufige und teilweise. Es ist ein lebenslanges Üben nötig, um auf dem Surfbrett des Lebens mit den Wellen spielen zu können und nicht von ihnen beherrscht zu werden.

Es ist genug

Es ist genug. Welche Gefühle empfinden wir dabei? Was verstehen wir darunter? Was möchten wir darunter verstehen? Reicht ein »Es ist genug« dazu, um etwas zu beenden? Unter welchen Umständen könnte ein »Es ist genug« zu einem sinnvollen Beenden führen?

Es gibt im Leben tatsächlich Beispiele dafür, dass ein Mensch auch Beziehungen zu einem Menschen oder einer Sache, die ihm ganz wichtig sind, beendet. Das mag paradox klingen. Es stellen sich dabei Fragen: Welches sind die Beweggründe? Wie wird beendet? Ist es eine äußerliche oder eine innerliche Beendigung? Kann es beides sein? Was bedeutet »wichtig sein«?

Serena erzählt: »Mein Mann und ich haben uns im Laufe unseres Familienlebens ein kleines Chalet in einem Bergdorf erworben. Wir verbrachten fast alle unsere Ferien dort, sahen unsere Kinder dort aufwachsen, und wir waren immer sehr glücklich in diesem Dorf, auch mit den dortigen Menschen. Als mein Mann und ich uns trennten, beschlossen wir, das Chalet gemeinsam zu behalten und abwechselnd zu benutzen. Auch unsere Kinder sollten die Möglichkeit haben, weiterhin dort Ferien zu machen.

Über zehn Jahre war es für mich eine gute Lösung. Es war auch schön zu erleben, wie die Dorfbevölkerung uns weiterhin akzeptierte, auch dann, als wir beide uns mit neuen Partnern im Chalet aufhielten. Unsere Kinder schätzten die Möglichkeit, dort weiterhin Wochenenden und Ferien zu verbringen. Mein früherer Mann hatte immer sehr viel für das Chalet gemacht wurde zunehmend aktiver. Oft kam ich in den letzten Jahren hinauf und sah, was er wieder drinnen und draußen verändert hatte – ohne mich zu fragen und ohne mich zu informieren. Ich begann mich fremd zu fühlen. Ich fühlte mich übergangen und ärgerte mich immer wieder maßlos darüber, dass mir nicht selbstverständlich der Respekt entgegengebracht wurde, den ich erwartet hätte. Das war natürlich ein altes Thema aus unserer ehelichen Beziehung. Nun war ich wieder damit konfrontiert. Und doch war es weiterhin einzigartig schön, dort oben in den Bergen am vertrauten Ort zu weilen, die Berge zu besteigen, im Bach zu baden und mit den dortigen Menschen zu plaudern. Es war eine Heimat für mich. Ich konnte mir nicht vorstellen, ohne diesen vertrauten und lieben Ort zu leben.

Es dauerte ein, zwei, drei Jahre, bis ich mich mit dem Gedanken anzufreunden begann, dieses kleine Paradies aufzugeben. Doch es fiel mir schwer, mir ein Leben ohne diesen schönen Ort, ohne dieses geliebte Chalet, ohne die Menschen hier vorzustellen. Als ich dann einer Freundin erzählte, was ich alles diesem Ort und diesen Menschen verdankte, was ich erfahren und gelernt, genossen und ausgekostet hatte, ja, als mir dieser Reichtum und diese Fülle bewusst wurden, da erkannte ich, dass ich mich von diesem Ort verabschieden konnte. Ich trug ihn in meinem Herzen, ich fühlte Dankbarkeit und gelegentlich spürte ich schon ein bisschen Lust, meine Ferien wieder einmal an einem anderen Ort zu verbringen. Würde mein früherer Mann diesen Ort weiterhin halten können? Mir wurde bewusst, dass das nicht mein Problem sein konnte, zumal er nie verstehen konnte, dass mir seine ständigen Veränderungen Probleme bereiteten.

In den weiteren Ferien im Chalet wuchs mein Wunsch – jetzt war es ein Wunsch geworden –, mich aus diesem gemeinsamen

Projekt zu verabschieden. Es war genug – ich hatte so viel Schönes und auch weniger Schönes erlebt, dass es Zeit war, zu gehen. Es war mein freier Wille, meine eigene Entscheidung, und dies erfüllte mich mit Erleichterung.

Meiner Ankündigung folgten schwierige Phasen des Verhandelns. Doch schließlich wurde klar, dass und wie ich mich zurückziehen konnte. Wir hatten einen guten Kompromiss ausgearbeitet. Nun kamen meine letzten Ferien an diesem Ort, in diesem Haus, in diesem Dorf. Ich hatte mich von allem zu verabschieden. Ich fühlte mich offen für alles, was auf mich zukommen würde. Eine sehr liebe Nachbarin aus dem Dorf starb in meiner letzten Ferienwoche, und ich hatte von ihr auf meine Weise Abschied nehmen können. Es wurde danach ein glücklicher, erfüllter und ganz leise auch ein wehmütiger Abschied von diesem Flecken Heimat. Der Abschied erinnert mich noch heute an den Auszug der Kinder aus dem Familienhaushalt: auch dort hatten sich Wehmut und Freude gepaart. Etwas war für immer verloren. Und etwas Neues konnte beginnen. Auf diese Weise möchte ich einmal mein Leben beenden können.«

Dies ist ein einzigartiges Beispiel für einen Abschied im richtigen Moment. Serena berichtet von der Kunst, ein Projekt im richtigen Augenblick zu beenden. Die Ernte kann eingefahren werden. Der schließlich leichte, dankbare Abschied war ihr nicht in den Schoß gefallen. Wie es einmal ein Künstler ausgedrückt hat: Die Kunst eines Werkes liegt im Glanz und Klang der Vollendung, die die vorangegangenen Schmerzen nicht mehr fühlen lässt.

Äußerliches und inneres Beenden stehen in einem Wechselverhältnis. Etwas, was (noch) befriedigend erlebt wird, kann intuitiv einen Beendigungsprozess erforderlich machen. Innerlichen Schritten folgen äußerliche, die wiederum ein innerliches Echo ermöglichen.

Ein Gymnasiallehrer in einer Schweizer Stadt verlässt intuitiv, impulsiv, inmitten einer Unterrichtsstunde in Latein, seine Schulklasse und sein Schulhaus ohne eine Erklärung.[9] »Gregorius wandte sich um und ging langsam in Richtung Kirchenfeldbrücke. Als die Brücke in Sicht kam, hatte er das sonderbare, ebenso beunruhigende wie befreiende Gefühl, dass er im Begriff stand, sein Leben im Alter von siebenundfünfzig Jahren zum ersten Mal ganz in die eigenen Hände zu nehmen.« Später am Tag besteigt er den Nachtzug nach Lissabon. In dieser Stadt ergibt sich für ihn eine ganze Abfolge von weiteren Abschieden, die ihn sein plötzliches Weggehen langsam erklären lassen. Er schreibt einen Abschiedsbrief an den Rektor und bangt um die Antwort. Er lässt sich von einer früheren Schülerin Bücher schicken und versichert ihr immer wieder, dass er glücklich sei am neuen Ort. Er versucht sich seine Schüler der letzten Jahrzehnte zu vergegenwärtigen, was ihm nicht ganz gelingt. Er geht stundenlang in Lissabon spazieren, damit er seine Ankunft und seine Veränderung spüren kann. Und er versucht immer wieder neu, nicht dem Wunsch nachzugeben, noch am selben Abend einen Rückflug zu buchen. Er probt Abschied und Neuanfang, und der Schluss des Buches lässt offen, ob es ihm schließlich gelungen ist.

»Um von etwas Abschied nehmen zu können, musste man ihm (dem Abschied) auf eine Weise entgegentreten, die inneren Abstand schuf. Man musste die unausgesprochene, diffuse Selbstverständlichkeit, mit der es einen umfangen hatte, in eine Klarheit verwandeln, die erkennen ließ, was es einem bedeutete.« Gregorius spürte eine »neue Art von Wachheit, eine neue Art, in der Welt zu sein, von der er bisher nichts gewusst hatte«.

Und jedem Menschen in Lissabon, dem er seine Geschichte vom Verlassen des Klassenzimmers erzählte, bringt er eine etwas andere Version bei. Das war seine Art des Abschiednehmens und Beendens. Gregorius musste sein Weggehen aus immer wieder neuen Gesichtswinkeln und Erlebensweisen beleuchten. Der Weggang war so abrupt gewesen, dass er nachträglich viel Zeit brauchte, um sich selbst zu verstehen.

Wir ermessen die inneren und äußeren Aspekte eines frei gewählten Beendens. Wir können uns fragen, wie freiwillig und freiheitlich ein Beenden ist, das intuitiv und impulsiv gewählt wird und erst im Nachhinein in vielen verschiedenen

Schritten nachvollzogen werden kann. Entscheidend scheint jedoch das, was Gregorius selbst schildert: es ist die neue Art, in der Welt zu sein, die neue Wachheit, das Gefühl, zum ersten Mal das Leben in die eigenen Hände zu nehmen. »Es ist genug« – das ist in diesen beiden Beispielen ein Beenden eines Unbehagens und einer zunehmenden Fremdheit, die lange nicht eingestanden werden können. Die Macht der Gewohnheit wirkt beharrlich. Doch schließlich spürt Serena, dass sie sich verabschieden kann. Demgegenüber geht Gregorius unvermittelt, ungeplant, abrupt und ohne Abschied – weil er es sonst nie geschafft hätte zu gehen.

Es ist genug: Es geschieht in Gruppen, in Freundschaften, dass eine Person sich verabschiedet. Sie hat genug. Und diejenigen, die weiter bleiben, sind möglicherweise vor den Kopf gestoßen, fühlen sich ungerecht behandelt und verlassen. Es ist immer auch eine Kunst, das eigene Weggehen-Wollen so zu erklären, dass es die anderen verstehen können. Man kann dabei sein Möglichstes tun, ohne dass es für die anderen ausreicht. Damit haben beide Seiten zu leben.

Sich binden – sich trennen

> Wir haben, wo wir lieben, ja nur dies, einander lassen. Denn dass wir uns halten, das fällt uns leicht und ist nicht erst zu lernen.
> *Rainer Maria Rilke*

Trennung ist dort möglich, wo eine Bindung besteht. In einer Beziehung kann eine Trennung von einer Seite, von beiden Seiten oder von keiner Seite angestrebt werden. Sowohl Bindung als auch Trennung übersteigen in ihrer Dramatik und Tragweite immer auch den individuellen Willen, die Rationalität eines Menschen. Beide reichen tief ins Unbewusste, ins Schicksalhafte, in den existenziellen Bereich von Leben und Sterben. Trennung und Bindung können gesund oder krank sein, beide können positiv oder negativ erlebt werden. Beide können Angst auslösen, doch wird die Angst meistens mit Trennung verbunden. Bindung suggeriert eher positive Gefühle.

Die Natur macht es uns vor: Zerstörung und Wiederherstellung, Trennung und Bindung, Anziehung und Abstoßung, Vereinigung und Destruktion, Leben und Tod. Bisher ist nach jedem Winter immer wieder ein Frühling gekommen. Die Abfolge der Jahreszeiten bedeutet eine Geschichte von Bindung und Trennung, von Tod und Auferstehung.

Wir essen – und im Essen zerstören wir die Nahrung, das sorgfältig zubereitete Essen, wir verleiben es uns ein und geben die Reste in verarbeiteter Form wieder von uns. Oder: Sexualität enthält im innigen Wunsch nach Verbindung und Verschmelzung andrerseits auch Aggression. Ein Sexualakt kann zur Schwangerschaft führen, zur Bindung an ein Kind, das im Körper der Frau heranwächst und durch die Geburt von diesem Mutterkörper getrennt wird. Die erste Erfahrung von Trennung in einem Menschenleben ist die Geburt, die Ent-Bindung des Kindes von der Mutter. Freud bezeichnete den Geburtsakt als »das erste Angsterlebnis und somit Quelle und Vorbild des Angstaffektes«.[10]

Bindung und Trennung sind eng miteinander verschränkt. »Die Melodie des Abschieds kann aus leise-sehnsüchtig rufenden Tönen oder aus ohrenbetäubenden Dissonanzen bestehen. In ihr mischen sich Libido und Aggression, wie in der Liebe.«[11] Wenn es nicht um den Tod – den endgültigen – geht, dann geht es beim Beenden auch um ein Freiwerden für neue Bindung(en).

Trennung bedeutet immer auch Entwicklung, wenn wir uns ihr wirklich stellen.

Beenden ist ein Bejahen, sich eine Trennung zu erlauben und sich eine Trennung zuzumuten. Beenden ist psychische Arbeit im Vertrauen in die eigenen Fähigkeiten und in die eigene Entwicklung. Es ist immer mit Ängsten und Schmerzen verbunden, es ist eine Erfahrung von Verlust und Trauer.

Trauern ist eine Fähigkeit, einen Menschen, etwas Geliebtes loszulassen. Anzunehmen, was ist. Loszulassen, was ist. Offen sein für Wandlung. Offen sein für die Liebe, die eine Leere langsam, langsam zu füllen vermag. Beenden und darum trauern bedeuten das Akzeptieren einer Trennung.[12]

Trennungserfahrungen zu verarbeiten ist ein wichtiger Bestandteil der psychischen Entwicklung des Menschen. Trennung bedeutet Entwicklung und ist ein Potential. Trennung kann auch ein Trauma sein. Bei frühen kindlichen Bindungsstörungen können sich Trennungen traumatisch auswirken. Bindungsgestörte Kinder und Erwachsene sind bei anstehenden Trennungen verletzlicher und gefährdeter.

Kindliche Bindungsmuster

Das unselbständige Neugeborene wie auch das Kleinkind brauchen Schutz, Fürsorge, Geborgenheit und Liebe. Die Bindung an eine oder mehrere Personen, die diese Fürsorge und Liebe gewähren, ist überlebenswichtig. Bindungen zu entwickeln wird als eine Fähigkeit sowohl des Kindes als auch des Erwachsenen angesehen, die zu einer seelisch gesunden und funktionierenden Persönlichkeit gehört. Das Bedürfnis nach Geborgenheit und Sicherheit durch zuverlässige Personen bleibt lebenslang bestehen.

Bei Erwachsenen werden vor allem in bedrohlichen Situationen die in der frühen Kindheit gemachten Bindungs- und Trennungserfahrungen aktiviert und lösen ein entsprechendes schutzsuchendes Bindungsverhalten aus. Es ist daher sinnvoll, auf die kindlichen Bindungsmuster einzugehen, um die späteren, erwachsenen Bindungs- und Trennungsmuster besser zu verstehen. Trennung im Kindesalter »geschieht« und kann Gefühle von Angst, Ohnmacht und Hilflosigkeit auslösen. Beenden ist ein bewusster Akt. Es macht deshalb Sinn, zwischen Trennung und Beendigung zu unterscheiden. Das Beenden-Können entsteht aus der erworbenen Fähigkeit heraus, mit Trennung umzugehen.

Bindung ist in der Psychologie ein wichtiges Konzept, das in den letzten Jahren zunehmend erforscht worden ist. Folgende Muster von kindlichem Bindungs- und Trennungsverhalten bei einjährigen Kindern wurden betrachtet. Das Verhalten bei kurz dauernden, mehrmaligen Trennungen und beim Wiedersehen mit einer wichtigen Bezugsperson, meist der Mutter, gibt Aufschluss auf das sogenannte *Bindungsmuster*. Mit einem Jahr haben Kinder bereits ein beträchtliches Wissen über sich gesammelt und verhalten sich in Trennungssituationen auf gleiche Weise. Das Wissen ist noch vorsprachlich, also nicht in sprachlichen und symbolischen Vorstellungen vorhanden, sondern als erlebte Interaktionserfahrung internalisiert.[13]

Die sichere Bindung eines Kindes beruht auf der Erfahrung ausreichender Nähe, Verfügbarkeit und Hilfsbereitschaft der ersten Bezugspersonen. Sicher gebundene Kinder zeigen ein eindeutiges Bindungsverhalten bei der Trennung von der Bezugsperson. Sie suchen die weggegangene Mutter, rufen nach ihr, weinen und sind gestresst. Doch sie kommen mit der Trennung zurecht und freuen sich über das Wiederkehren. Sie suchen Körperkontakt, wollen getröstet werden, können sich beruhigen lassen und wieder ihrem Spiel zuwenden.

Die Fähigkeit, bei Schmerzen, Kummer, Angst und Ärger den Bezugspersonen seine Gefühle zeigen oder mitteilen zu können, ist für die Entwicklung einer sicheren Bindung entscheidend.

Die sichere Bindung im Kindesalter ist die Voraussetzung für ein späteres Vertrauen in andere Menschen.

Eine unsichere Bindung entsteht, wenn häufig auf die kindlichen Bedürfnisse gar nicht, nicht genügend oder unberechenbar eingegangen wird. Neben dem Verhalten der ersten Bezugspersonen spielen auch das Temperament des Kindes, seine Gesundheit und zudem genetische Faktoren eine Rolle. Es werden verschiedene Formen einer unsicheren Bindung beschrieben.

Eine unsicher-ambivalente Bindung entsteht dann, wenn ein Kind aufgrund seiner Erfahrungen hinsichtlich der Verfügbarkeit und Zugänglichkeit der ersten Bezugsperson(en) unsicher ist. Aufgrund dessen reagiert es ängstlich und heftig auf Trennungen, ist untröstlich und weint heftig. Es erkundet nur zögerlich die Welt, von Angst begleitet. Der Bewegungsradius ist klein. Es ist ein meist gesteigertes ängstliches und teilweise auch ärgerliches Bindungsverhalten. Nach der Rückkehr der Bezugsperson können unsicher-ambivalent gebundene Kinder kaum beruhigt werden. Sie drücken einerseits den Wunsch nach Nähe und Körperkontakt aus, anderseits sind sie aggressiv, schlagen, strampeln und wenden sich ab.

Ambivalenz der Mutter schafft Ambivalenz beim Kind.

Eine unsicher-vermeidende Bindung findet man bei Kindern, die eine grundlegende Unerwünschtheit oder Verlassenheit erfahren haben, verbunden mit schmerzlicher und verletzender Abweisung bei Hilfe suchender Annäherung. Solche Kinder reagieren auf Trennung mit wenig Protest und zeigen kein deutliches Bindungsverhalten. Auf die Rückkehr der Bezugsperson reagieren sie eher mit Ablehnung. Es erfolgt ein zwanghafter äußerer und innerer Rückzug bzw. sie zeigen scheinbare Gleichgültigkeit, unangemessenen Ärger, Gefühlsregungen sind kaum wahrnehmbar. Es ist eine defensive Reaktionsbildung gegen die Wiederholung der Abweisung und die Erinnerung an erlittene Abweisungen. Die Gefühle werden überspielt. In der Regel kommt es auch zu keinem Körperkontakt.

Eine *unsicher-desorganisierte Bindung* ist Folge einer Traumatisierung eines Kindes. Bei Trennung und Wiederkehr ereignen sich kurz oder länger dauernde psychische Zusammenbrüche des Verhaltens. Angst ist dabei ein alles beherrschendes Gefühl. Weiter tritt Erstarrung auf, die Kinder sind stumm, schaukeln, sinken zusammen, wenden sich ab.

Solche Kinder wirken unsicher und desorientiert. Das Bindungssystem ist zwar aktiviert, aber desorganisiert und äußert sich in nicht-konstanten und nicht eindeutigen Verhaltensweisen.

Unsichere Bindungsmuster sind Adaptationen des Kindes an bestehende, ungenügende Bindungsverhältnisse. Sie bilden einen Risikofaktor für die sozio-emotionale Entwicklung des Kindes, weil sie wieder und wieder in neue Beziehungen übertragen und damit die schlechten Erfahrungen wiederholt werden. Heute wissen wir, abgesehen von der Sicherung des Überlebens, um die Bedeutung der Bindung für die Entwicklung der Sprache, der reflexiven Funktion und der Symbolisierung, also dafür, zu verstehen und verstanden zu werden, wahrzunehmen und dies ausdrücken zu können. Verstanden zu werden begründet das Verstehen der anderen. Das Verstehen der anderen ermöglicht das Verstehen seiner selbst. Es gibt auch das andere: Ein Kind wird nicht oder nicht gut genug verstanden und es wird in der Entwicklung der Sprache, der Reflexion und der Symbolisierung blockiert. Das bedeutet, wie wir zeigen werden, eine schwere Hypothek für das weitere Leben.

Gedanken und Sprachentwicklung werden durch bindungsrelevante Erfahrungen maßgeblich beeinflusst. Im zweiten, dritten Lebensjahr wird mit der Entwicklung der Sprache ein zunehmendes Erkennen von seelischen Zuständen bei sich und anderen möglich. Es ist die Voraussetzung für die Entstehung von Dreierbeziehungen (Triade von Mutter – Vater – Kind). Entwicklungspsychologisch bahnt das Etablieren einer psychischen Triade in der inneren Erlebniswelt den Weg in alle nachfolgenden sozialen Beziehungen.

Bei der unsicheren, insbesondere bei der unsicher-desorganisierten Bindung, kann das Kind der anderen Person keine unabhängige seelische Existenz zubilligen, weil die Angst zu groß ist. Damit wird die Entwicklung der reflexiven, symbolisierenden Funktionen gestört. Im späteren Leben werden in der Regel schwere Pathologien festgestellt.[14]

Ein wichtiger Teil der Entwicklung der reflexiven Funktion ist die Regulierung der Affekte wie Ärger, Zorn, Wut und

Verzweiflung. Beim sicheren Bindungsmuster lässt sich das Kind von seinen Affekten leiten. Bei der unsicheren-ambivalenten Bindung wird das Kind vom Affekt beherrscht. Bei der unsicheren-vermeidenden Bindung beherrscht das Kind den Ausdruck seiner Affekte, allerdings auf Kosten seiner eigenen Entwicklung. Bei der unsicher-desorganisierten (auch unsicher-verstrickten) Bindung dominieren Angst und Abwehrvorgänge. Wichtig ist zu wissen, dass leichtere oder schwerere Bindungsstörungen aus der frühen Kindheit auch im Erwachsenenalter weiterbestehen können, Störungen, die sowohl das Bindungs- als auch das Trennungsverhalten beeinträchtigen. Wenn es diesen frühen Schatten von kindlichen, vorbewussten und vorsprachlichen Bindungserfahrungen gibt, der auf aktuelle, erwachsene Bindungen fällt, mag es notwendig sein, dem frühen Erleben nochmals nachzugehen. Das wird uns weiter beschäftigen.

Die Fähigkeit, zu beenden, wird von frühen Bindungserfahrungen geprägt

> Man kennt einen Menschen nur dann wirklich, wenn man seine Kindheit kennt.
>
> *Georges Simenon*

Immer wieder die Kindheit? Natürlich kommen Menschen mit einem Problem ihres Erwachsenenlebens in die Therapie, meistens bei einer Kumulation der Probleme in privaten Beziehungen und bei der Arbeit. Diese Probleme wollen gelöst werden. Doch im Laufe der Arbeit kommt in den meisten Fällen die Kindheit direkt oder indirekt ins Spiel, die bewusst erlebte und die unbewusste, frühe. Sie wirft ihr Licht und ihre Schatten auf ein Erwachsenenleben. Allerdings ist es nach erfolgter Bearbeitung ein milderer Schatten, ein helleres Licht. Es werden neue Entwicklungen möglich, wenn die Kindheitsprägung zuvor bearbeitet werden konnte.

Ob wir es wollen oder nicht, wir sind in Kreisläufe des Beendens und Beginnens eingebettet. Der Mensch ist von Natur
aus ein soziales Wesen und damit auf Beziehungen zu anderen angewiesen. Die neuere Säuglingsforschung betont, dass
sich Mutter und Kind gemeinsam in einem Prozess befinden,
bei dem sie sich auf subtile, hochwirksame Weise wechselseitig beeinflussen.[15] In den ersten Lebenswochen gibt es für
das Neugeborene noch keinen Unterschied zwischen ihm
selbst und seiner Umgebung. Und es gibt keinen Unterschied
zwischen Innen und Außen. Die ersten Spuren einer Unterscheidung von Ich und Nicht-Ich zeigen sich im zweiten
Lebensmonat.

Eine zu große Distanz (durch Vernachlässigung, durch
eine depressive Mutter etc.) in jener Zeit, in der der Säugling
auf symbiotische Verschmelzung angewiesen ist, erleben die
späteren Erwachsenen als Gefühl eines ›schwarzen Lochs‹,
eines innerlichen Abgrundes bzw. einer inneren Leere, einer
tiefen Angst, emotional verlassen zu werden.[16] Ein Leben
lang können sich früh vernachlässigte Menschen nach der
Geborgenheit sehnen, die sie in der Mutter-Kind-Beziehung
vermisst haben. Von Bedeutung sind nicht nur die tatsächlichen Beziehungen des Kindes zu seinen ersten Bezugspersonen, sondern die Erfahrungen, die in jener Zeit in ihm
ausgelöst wurden. Auch wenn eine Mutter, ein Vater, die
Eltern ihr Bestes tun, kann sich ein Kind vernachlässigt
oder überfordert fühlen; beides kann als Verlassenheit erlebt
werden.

Die frühen Bindungs- und Beziehungserfahrungen prägen
das Selbsterleben und die Art der Beziehungsgestaltung. In
den ersten drei Lebensjahren erwerben Kinder – oder sie erwerben sie eben nicht – die Fähigkeit, sich einerseits zu binden und anderseits Trennungen zu überstehen und zu bewältigen. Wenn ein Mensch in seiner frühen Kindheit keine
positiven Beziehungsqualitäten erfahren konnte oder später
in Beziehungen immer wieder verletzt und enttäuscht wurde,
wird er in nahen Kontakten und bei Trennungen immer wie-

der in Schwierigkeiten kommen. Wächst ein Kind mit überforderten Eltern auf oder in einem Klima von Misstrauen, Gewalt, Bedrohung und Angst, so wird es später Beziehungen vermeiden, weil damit unangenehme und bedrohliche Gefühle verbunden sind. Wir sprechen dann von Beziehungs- und Bindungsschwäche. Das hat negative Auswirkungen auf die Fähigkeit, loszulassen und beenden zu können.

Jede Bindung, die eingegangen wird, trägt natürlicherweise schon die Loslösung in sich. Erst wenn eine Loslösung geschieht, kann eine neue Beziehung eingegangen werden. Eine Loslösung ist immer mit Angst, Schmerz und Trauer verbunden. Das kleine Kind strebt im Normalfall von sich aus zur Unabhängigkeit. In der zweiten Hälfte des ersten Lebensjahres beginnt sich das normale Kind von der Mutter zu lösen. Gelingt diese Ablösung nicht, weil nie eine wirkliche Bindung bestand oder weil die Mutter das Kind festhält, so wird es sich nie wirklich von ihr trennen können und auch später in Abhängigkeitsstrukturen leben.

Trennungsangst gehört unabdingbar zur menschlichen Entwicklung. Extreme Trennungsangst weist auf eine mangelnde Bindungsfähigkeit und nicht gelebte Trauer hin. Auf jeder neuen Entwicklungsstufe (gehen lernen, sprechen lernen, zunehmend selbständiger werden) sieht sich das Kind mit dem Bindungs- und Trennungskonflikt bzw. dem Abhängigkeits- und Autonomiekonflikt mit wieder anderen, neuen Inhalten und Anforderungen konfrontiert.

Die Entwicklungsphasen im Verlauf eines Lebens können im Lichte dieses Abhängigkeits- und Autonomiekonflikts betrachtet werden. Bindung in Eigenständigkeit zu erleben ist der Glücksfall. Bindung um den Preis der Selbstaufgabe zu erleben ist eine lebenslange Hypothek. So wie frühe Bindungserfahrungen einen Menschen prägen, tun es die frühen Trennungserfahrungen. Frühe traumatische Trennungen erzeugen Angst vor neuen Bindungen und neuen Trennungen. Deshalb ist es in einer solchen Situation für das betreffende Kind oder den späteren Erwachsenen so wichtig, schmerzliche Erfahrungen für sich selbst, in einer tragfähigen Beziehung oder in einer Psychoanalyse oder -therapie aufzuarbeiten.

Wenn nichts mehr geht – Krisen des mittleren Alters

> Ich werde nie lernen, Abschied zu nehmen, dachte er. Niemals. Jeder Abschied birgt eine Bedrohung.
>
> *Henning Mankell*

Nicht alle Menschen erleben in der Mitte des Lebens eine Krise. Es ist aber unübersehbar, dass die Lebensmitte bei vielen Menschen Sehnsüchte und Ängste weckt, die sich zu einer Krise verdichten. Die einen erleben sie in den Jahren zwischen dreißig und vierzig, die anderen erst gegen fünfzig. Die Jahre um vierzig sind für die meisten Frauen und Männer eine große und neue Herausforderung. Die Hälfte der zu erwartenden Jahre ist abgelaufen. In der Regel stehen die Menschen persönlich und beruflich auf dem Gipfel ihrer Verantwortung und Arbeitsauslastung oder empfinden es als schmerzlich, wenn es nicht so ist. Es gehen persönliche Beziehungen in die Brüche und manche tun sich mit den anstehenden Veränderungen meist schwer. Sich verlieben und sich entlieben wie auch Depression, Burnout und Arbeitslosigkeit sind dabei die zentralen Themen.

Es kann sich herausstellen, dass gewisse Träume, die bisher bestanden haben, möglicherweise nicht mehr realisiert werden können. Gewisse Sehnsüchte sind immer noch nicht in Erfüllung gegangen. Es ist eine Zeit des Bilanzierens und des Abwägens dessen, was bisher möglich war und was noch möglich werden könnte. Es kann die Einsicht entstehen, dass man nicht das Leben lebt, das einem immer vorschwebe.

Die Mitte des Lebens ist ein Wahrheitstest. Etwas beginnen und etwas beenden erscheinen in einem neuen Licht. Da

Beschränkungen am Lebenshorizont sichtbar werden, wollen die bisherigen Bindungs- und Trennungserfahrungen neu geordnet werden.

Vergegenwärtige ich mir die Leiden, mit denen Menschen in eine Beratung, in eine Therapie kommen, so liegt das Thema des Beendens sehr oft in der Luft, ist zum Greifen nahe. Da sind Verstrickungen in Beziehungen, ein Leiden an festgefahrenen Konflikten, ein dumpfes Unglück, eine völlige Blockade. Oder es ist ein Schicksalsschlag, der einen Menschen auf eine Weise reagieren lässt, die er schon längst überwunden glaubte.

Obwohl das Beenden zu jeder Lebensgeschichte gehört, wehren sich viele dagegen. Der Sinn von Beenden-Können muss einleuchten, dann kann es erlernt und umgesetzt werden. Ein Mensch nimmt sein Schicksal in die eigenen Hände. Er übernimmt die Verantwortung für sein eigenes Leben und projiziert die Erfüllung nicht auf andere Menschen.

»Es ist genug«, »Ich kann nicht mehr« oder »So geht es nicht mehr weiter« oder »Meine Kräfte verlassen mich«, »So kenne ich mich nicht mehr«: das alles sind Signale, die auf die Notwendigkeit hinweisen, dass etwas beendet werden muss. Oder es handelt sich um Wünsche und Bedürfnisse, die nicht weiter aufgeschoben werden dürfen, wenn ein Mensch nicht krank werden soll. Irgendetwas ist zu viel. Und um ein Zuviel angehen zu können, sind innere und äußere Beendigungen notwendig. In langsamen, inneren Prozessen kann ein Mensch zu verstehen suchen, wie es so weit kommen konnte. Das innere Gewahrwerden geht jeder äußeren Veränderung voraus, es sei denn, jemand stecke in einer destruktiven, selbstschädigenden Situation. Dann geht das äußere Beenden vor. Es gibt Lebenssituationen, in denen ein Beenden notwendig wird – aus der Not gewendet. Doch es kann sehr lange dauern, bis dies erkannt wird, selbst wenn die Not groß ist. Dazu zwei Beispiele:

Anna: Sie ist eine 40-jährige Frau, berufstätig, allein erziehende Mutter eines 10-jährigen Sohnes. Sie kommt in die Therapie, und ihre große Überlastung und Verzweiflung sind deutlich spürbar. Sie ist seit zwei Jahren mit einem Mann in platonischer Beziehung zusammen. Das platonische Element ist sein Anliegen, er könne nicht anders. Anna liebt ihn und macht ihm regelmäßig Szenen, weil ihr Berührungen, Umarmungen und Sexualität fehlen. Sie kritisiert sich, dass sie ihrem Sohn keine Familie bieten kann. Im Beruf lässt sie sich schikanieren, ausnützen und kann sich nicht abgrenzen. In jede Stunde kommt sie mit neuen Katastrophenmeldungen aus dem privaten und beruflichen Bereich. Sie fühlt sich rundum im Chaos.

Werner: Er ist vierzigjährig, allein lebend, nach längerer Arbeitslosigkeit wieder berufstätig. Doch auch die neue Stelle befriedigt ihn nicht. In seiner letzten Beziehung hat sich die Frau von ihm zurückgezogen und ihm erklärt, sie liebe ihn nicht mehr als Mann, wolle aber mit ihm befreundet bleiben. Er hängt verzweifelt an dieser Frau, wissend, dass die Beziehung sehr schwierig bis unmöglich war. Er versucht über Monate, die Liebe dieser Frau wiederzugewinnen, erfolglos. Er ist verzweifelt und redet stundenlang über seine große Sehnsucht nach dieser Frau. Seine Lebensenergie ist blockiert. Werner ist verzweifelt und hilflos.

Anna und Werner stecken je auf eigene Weise in ihrem Leben fest und leiden sehr darunter. Jeder Tag bringt neue Enttäuschungen, neue Kränkungen und Entwertungen. Ein Teufelskreis. Sie spüren beide, dass ihre Kräfte nachlassen. Die Sorgen stehen ihnen ins Gesicht geschrieben.

Beide sind im mittleren Alter und weder persönlich noch beruflich in einer befriedigenden Situation. Im mittleren Alter wiegen solche Krisen schwer und können Torschlusspanik auslösen. Es ist schwierig, am besseren Verständnis schwieriger Lebenssituationen zu arbeiten, wenn täglich neue Verletzungen geschehen. In den Beispielen von Anna und Werner scheint es auch unmöglich, die Sehnsucht nach dem geliebten Menschen zu beenden, der sich einem fortwährend entzieht. Die blockierte Situation erfordert eine Veränderung, aber welche?

Beenden kann im besten Fall Trennung, Abschied und Loslassen beinhalten. Im Wort *beenden* liegt das »Ende« und das »enden« drin: etwas bewusst zu einem Ende bringen, abschließen, um wieder in Bewegung zu kommen. Beenden als Entblockierung und wieder in Gang setzen von Entwicklung und Wachstum. Anna und Werner bemühen sich nach Kräften, ihre Situation zu verbessern. Das allein genügt offenbar nicht. Dann ist ein tieferes Verstehen dessen nötig, was diese Frau und diesen Mann in diese Situation gebracht hat bzw. welche ihre frühen Bindungs- und Trennungserfahrungen sind.

Anna ist als Einzelkind südeuropäischer Arbeitsmigranten in der Schweiz aufgewachsen. Ihre Eltern arbeiteten hart. Anna war viel allein, eingeschlossen in der kleinen Wohnung, ohne Kontakt zu Gleichaltrigen. Es herrschte ein fremdenfeindliches Klima in der Schweiz. Anna erlebte hautnah die Demütigungen, die ihre Eltern an ihrem Arbeitplatz und im Leben einzustecken hatten, und sie erlebte auch deren Angst, die in eine Überanpassung führte. Diese Angst prägt bis heute auch Anna. »Nur ja nicht auffallen« war und ist die Devise. Wir können uns die frühen Jahre von Anna als eine Zeit der Angst und Entbehrung, der Deprivation, der Unsicherheit und Anpassung vorstellen. Das hat ihre Persönlichkeit geprägt; sie ist unsicher, ängstlich, abhängig. Sie sehnt sich nach dem, was sie nicht haben kann. Gleichzeitig hat sie vieles geschafft: sie ist berufstätig und erzieht ihren Sohn. Doch ihr Gefühl bleibt, dass das Leben an ihr vorbeigeht. Ihre Liebeswünsche sind unerfüllt.

Werner ist mit einem jüngeren Bruder in einer Mittelschichtfamilie aufgewachsen, mit einer ängstlichen Mutter und einem Vater, der viel weg war und Beziehungen zu anderen Frauen hatte. Werner hat früh seine eigenen Vorstellungen vom Leben entwickelt, die ganz anders waren als jene der Eltern. Er wollte Musiker werden und ein ungebundenes Leben führen. Er fühlte sich immer anders als seine Eltern, anders als sein Bruder. Er will mehr vom Leben als sie, und das möchte er ihnen beweisen.

Mit vierzig Jahren beginnt mit der Arbeitslosigkeit und der unerfüllten Liebe eine tiefe Krise. Nun interessiert er sich für das Leben seiner Eltern. Er will mit ihnen, die er immer ein bisschen verachtet hat, zu einem Frieden kommen. Es tauchten Erinnerungen daran auf, dass die Mutter Antidepressiva schluckte. Werner sieht noch heute vor seinem inneren Auge die Tablettenpackungen und das Glas Wasser in der Wohnung stehen. Seine Mutter war durch ihre Depression über lange Jahre emotional kaum für ihn verfügbar. Der Vater ging seine eigenen Wege. Werner beginnt sich zu fragen, ob in der Sehnsucht nach seiner verlorenen Freundin die kindliche Sehsucht nach seiner damals verlorenen Mutter steckt. Heute sind ihm die Eltern zugewandt. Sie erzählen von sich und hören ihm zu. Doch die frühe Wunde schmerzt noch immer und bewirkt, dass er sich an die verlorene Liebe anklammert.

Langsam werden Annas und Werners Sehnsüchte nach dem Unerreichbaren verständlich. Beide sind mit Entbehrungen aufgewachsen. Die Sehnsüchte, die von früh an da waren, konnten über lange Jahre hinweg kompensiert werden. Und dann ging es in der Mitte des Lebens auf einmal nicht mehr. Die Lebensmitte stellt neue Aufgaben. Sie ist eine Zeit der Bilanz dessen, was bisher möglich war und was man nun noch möchte im Leben. Das vermag große Angst, ja Panik auszulösen, die die frühkindlichen Ängste wieder neu und akut zum Leben erweckt. In der Mitte des Lebens begehrt ein Mensch anders als an der Schwelle des Erwachsenenlebens. Beginnen und beenden stehen in einem anderen Licht. Es macht Sinn, wenn von der Krise der Lebensmitte gesprochen wird. Bindungs- und Trennungserfahrungen wollen neu geordnet werden.

Anna bewirbt sich mit erwachendem Selbstbewusstsein für eine neue Stelle. Sie wird angenommen und wird in ihrer neuen Arbeit glücklich. Ihr Sohn gedeiht. Sie verliebt sich. Ihre Familienwünsche erwachen neu und gehen mit großen Verlustängsten einher. Nach wenigen Monaten zieht sich der Mann zurück. Er will keine verpflichtende Beziehung. Nach kurzer Zeit wiederholt sich dieselbe Situation mit einem anderen Mann. Anna ist verzweifelt. Mit der Zeit kann sie ihre übergroße Anklammerung in Beziehungen erkennen und sie kritisch betrachten. Sie hat immer versucht, die Männer entsprechend ihrer immensen Sehnsüchte und Ängste zu formen. Nun beginnt sie sich ihren inneren Konflikten zuzuwenden und erkennt, dass sie sich selbst finden und sich selbst lieben möchte. Ihre berufliche Zufriedenheit verleiht ihr ein besseres Gefühl ihrer selbst. Die Sehnsucht nach einem verlässlichen Partner begleitet sie weiter, und sie trauert darum, dass ihr die Liebe (noch) nicht gelingt.

Werner ist zutiefst erschöpft, depressiv und wieder arbeitslos. So kann er auch die Sehnsucht nach der verlorenen Liebe nicht mehr halten. Er lässt sich in die Klinik einweisen. Hier beginnt eine intensive Erforschung seiner Sehnsüchte und Ängste. In seinen Alpträumen versinkt er lange Zeit in tiefen Schlünden. Dann kommt er ganz unten im Abgrund an und beginnt Boden zu spüren. In dieser Zeit sind ihm die Gespräche mit den Eltern und Schwestern ganz wichtig. Im Kontakt mit den Mitpatienten erkennt er seine sozialen Fähigkeiten. Durch ein Klavier in der Klinik knüpft er an seine musikalischen Träume wieder an, erfolgreich. Er beginnt ganz sachte die Hoffnung zu entwickeln, in den kommenden Monaten wieder Fuß zu fassen in seinem Leben.

Wenn nichts mehr geht, macht sich Verzweiflung breit. Zumal in einem Alter, in dem die Möglichkeiten einer neuen Beziehung und einer neuen Berufsstelle zu schwinden scheinen. Wenn »außen« nichts mehr gelingen will, ist ein Mensch auf das »Innen«, auf sich selbst zurückgeworfen. Anna und Werner erleben den schmerzvollen Rückzug bzw. die Trennung von ihrer Fixierung auf unerreichbare Liebesobjekte und wenden sich aus der Not heraus sich selbst zu. In der Übernahme der Verantwortung für ihr eigenes Leben entwickeln sie Ressourcen: Anna wechselt die Stelle und wendet sich ihren inneren Konflikten zu. Werner entschließt sich aus einer tiefen Erschöpfung heraus zu einer Auszeit in der Klinik und entwickelt im Schonraum die Arbeit an sich selbst und an seinen verschütteten Möglichkeiten. Beenden-Können signalisiert Entwicklung.

Das Wort »Midlife-Crisis« hat sich im deutschen Sprachgebrauch durchgesetzt, selten spricht jemand von der »Lebensmitte-Krise«. Der englische Begriff scheint eine wohltuende Distanz zu schaffen.

Die Beispiele von Anna und Werner zeigen, dass es in dieser Krise um Trennungsangst, ja Todesangst geht, darum, von den Freuden des Lebens und von geliebten Menschen getrennt zu werden. Vielleicht wird in der Mitte des Lebens das Ende des Lebens gefürchtet. Es rückt näher, und die Erfüllung ist nicht in Sichtweite. Trennungsangst blockiert – auch notwendiges – Beenden. Die Psychotherapie kann in solchen Verzweiflungen nicht zuletzt durch die Anerkennung und Würdigung des Lebensprinzips und der Einzigartigkeit jedes Menschen ermutigend wirken. Beide, Anna und Werner, sind dabei, in intensiver Auseinandersetzung mit ihrer Herkunft und im Gespräch mit ihren Eltern die Verletzungen und Ressourcen der frühen Lebensjahre Revue passieren zu lassen und neue Flexibilitäten einzuüben.

Beenden: Schritt für Schritt

> Schritt für Schritt – nichts
> kann übersprungen werden.

Das Beenden einer Beziehung – zu einem Menschen, zu einem Ort, zu einem Beruf, zu einer Lebensform – geschieht in der Regel nicht abrupt, sondern in Phasen und über die Zeit. Es kann damit beginnen, dass man in gewissen Momenten dumpf ahnt, dass eine Beziehung nicht mehr stimmt. Diese *Ahnung* kann jahrelang mehr oder weniger erfolgreich verdrängt werden. Man mag sich einreden, dass es doch gar nicht so schlimm ist. Vielleicht hat man zwischendurch Krisen, die wieder vorübergehen. Jeder Mensch erlebt Krisen.

Man muss deswegen nicht alles wegschmeißen. Was käme überhaupt danach?

Wenn die Ahnungen häufiger auftauchen und intensiver werden, will etwas wahrgenommen werden. Ein Unglück will gesehen werden. Etwas, das ganz und gar unerträglich geworden ist, will anerkannt werden. Einem Menschen wird bewusst, dass er in seinem Leben etwas beenden müsste, damit das Leben weitergeht, damit er sich weiterentwickeln kann. Dieses *Wahrhaben* einer blockierten Entwicklung, eines gehemmten Wachstums ist ein weiterer Schritt. Auch das Wahrhaben kann lange verdrängt werden, weil die Angst vor dem Beenden zu groß ist.

Diese Angst kann von *Zorn und Wut* darüber abgelöst werden, dass es so ist, wie es ist. Es können viele Fragen auftauchen, weshalb es so gekommen ist. Fragen, die sich auf das ganze bisherige Leben beziehen. Das kann zu einem *Hadern* führen, dazu, dass man mit dem Schicksal verhandeln will. Muss es sein? Muss ich diese Beziehung beenden, damit ich weiterkomme mit mir selbst? Muss ich dieses Haus verlassen, weil es meine Kräfte und meine finanziellen Möglichkeiten übersteigt? Muss ich trotz tausender Ängsten die Stelle oder vielleicht sogar den Beruf wechseln, weil ich am jetzigen Ort nicht nur keine Entwicklungschancen mehr sehe, sondern jeden Tag neue Niederlagen und Misserfolge einstecken muss?

Zum Beenden gehört möglicherweise *Depression* – wenn sich Zorn, Wut und Hader gegen einen selbst richten. Es kann versucht werden, die Depression zu behandeln: mit selbstverordneten Schlafmitteln, mit exzessivem Rauchen, mit Alkoholkonsum, mit Antidepressiva und einer Psychotherapie. C. G. Jung hat einmal das Bild der Depression als eine schwarz gekleidete Dame verwendet, die bei der depressiven Person an die Tür klopft und Einlass und Gehör finden möchte. Die schwarz gekleidete Dame bringt eine Botschaft mit, die der depressiven Person möglicherweise Aufschluss darüber zu geben vermag, was mit ihr los ist. Depression macht unendlich müde und völlig mutlos. Manchmal muss ein Mensch ein extremes Maß an Müdigkeit und Mutlosigkeit erreichen, um zu begreifen, dass es so wie bisher nicht weitergeht. Es muss etwas verändert werden im Leben. Diese *Einsicht in eine notwendige Veränderung* ist ein weiterer Schritt.

Eine Veränderung macht meistens *Angst*. Oft ist das aktuelle Unglück eben doch immer noch vertrauter und sicherer als eine Veränderung. Veränderung erfordert einen Antrieb, bedarf einer gewissen Neugier und ist immer ein Risiko. Etwas will beendet und etwas Neues will angepackt werden.

In solchen Situationen werden frühere schmerzliche und angsterfüllte Bindungs- und Trennungsmuster aktiviert. Die damit verbundenen Ängste, eine übergroße Ambivalenz und die Schuldgefühle sind ernst zu nehmen und bedürfen einer eingehenden Bearbeitung, wenn eine Veränderung der Lebenssituation gelingen soll. Es wird angeraten, professionelle Hilfe in Anspruch zu nehmen.

Zum Beenden-Können gehören Wehmut und *Trauer*. In der Trauer wird innerlich Abschied genommen. Der anstehende Verlust will anerkannt und gewürdigt werden. Man versöhnt sich im besten Fall mit dem Verlust und mit sich selbst. Auch der Trauerprozess folgt einer Abfolge von Phasen – von Verleugnung über Zorn, Verhandeln, Depression bzw. Abschiednehmen bis hin zur Zustimmung und der Integration des Verabschiedeten und Betrauerten ins eigene Leben. Melancholie entsteht, wenn der drohende Verlust nicht betrauert werden kann.

Zum Beenden-Können gehört schließlich eine bewusste *Entscheidung* – auch die Bejahung von Zorn, Wut, Hader, Depression, Angst und Trauer. Beenden-Können ist ein integraler Akt, eine Entscheidung von Kopf und Herz. Was verabschiedet wird, will geehrt sein, denn es bildet einen Teil des eigenen Lebens.

Auf die Entscheidung hat eine *Handlung* zu folgen. Auch das ist leichter gesagt als getan. Eine Stelle will gekündigt, ein Haus verkauft, eine Beziehung aufgelöst werden. Das sind alles Prozesse, die ein nochmaliges Durchgehen durch die oben erwähnten Phasen notwendig machen können.

Bei einem Beenden vermag sich mit der Zeit Erleichterung einzustellen. Etwas Fälliges ist bedachtsam und respektvoll abgeschlossen worden. Die Hände sind frei. Etwas Neues kann angepackt werden.

Die Phasen können sich überschneiden. Eine neue Beziehung hat vielleicht schon begonnen, und deshalb muss die alte beendet werden. Ein Mensch hat aus der Not des Beenden-Müssens eine Situation erzeugt, die ihn nun wirklich zum Beenden des Bisherigen drängt. Die Trauer mag dabei übersprungen werden und stellt sich erst viel später ein.

Es ist hilfreich, das Beenden als einen Prozess mit verschiedenen Phasen wahrzunehmen. Sie können auch in anderen Reihenfolgen ablaufen und sich überschneiden. Einige Phasen können sehr lange dauern, andere nur kurz angetippt werden. Es ist klar, dass im Erkennen der verschiedenen Phasen auch eigene Gestaltungsmöglichkeiten zu entdecken sind, Wachstum möglich wird.

Lebensübergänge gestalten

> Aspekte der Persönlichkeit, die im Laufe des Lebens verloren gegangen sind, können durch die Herausforderungen eines Lebensüberganges wieder ins Leben hereingeholt werden.
> *Verena Kast*

Nehmen wir einmal einen Perspektivenwechsel vor – Manfred Lütz hat die Zeiten ausgerechnet, in denen ein Mensch selbstständig seinen wesentlichen Beschäftigungen nachgehen kann, jenen Dingen, die ihm Lust und Freude bereiten und Befriedigung geben: nicht eingeschränkt von Behinderungen, Krankheiten, psychischen und physischen Schmerzen. Er ist bei einer angenommenen Lebenszeit von 75 Jahren auf knappe zehn Prozent der ganzen Lebenszeit gekommen und spricht von einer »erschütternden Bilanz«.[17] Schließlich dreht er den Spieß um und erklärt die unausweichlichen Grenzsituationen menschlicher Existenz und die schmerzlichen Phasen des menschlichen Daseins als Herausforderungen, in denen sich entscheidet, *wie* ein Mensch ihnen begegnet. Daran bemesse sich schließlich, ob ein Leben existentiell gelingt oder nicht.

In der Psychotherapie beginnt man die Sicht auf die *Probleme* eines leidenden Menschen mehr und mehr durch den Blick auf die *Ressourcen*, auf die Fähigkeiten und Möglichkeiten eines Menschen, abzulösen. Das ist ein Perspektivenwechsel. Wünsche und Ressourcen rücken in den Mittelpunkt, und Probleme bzw. deren Abwehr werden nur so weit berücksichtigt, als es unabdingbar notwendig ist. Die Probleme existieren und sind nicht wegzudiskutieren – das ist klar. Ein Mensch hat Mechanismen entwickelt, die lange funktionieren können, bis sie in einer bestimmten Lebensphase Probleme verursachen, die nicht mehr gelöst werden können.

Um das am Thema dieses Buches darzustellen: Wenn selbst die alltäglichen, kleinen, aber wichtigen Beendigungen im Tagesablauf bewusstgemacht und gestaltet werden, ergibt sich daraus mit der Zeit eine Kompetenz. Es ist die Fähigkeit, Handlungsbögen wahrzunehmen und vom Beginn bis zum Beenden zu realisieren.

Sabine, eine berufstätige, verheiratete Frau mit Kind, muss sich am Morgen aus dem Schlaf und aus dem Bett verabschieden, weil der kleine Urs wach ist und Hunger hat. Das Frühstück will zubereitet und eingenommen, der Tisch abgeräumt werden. Ihr Mann Paul bringt den kleinen Urs in die Krippe und Sabine erledigt den Haushalt und macht sich für die Arbeit bereit. Hat sie nichts vergessen und alle morgendlichen Handlungsabläufe beendet? Sie fährt zur Arbeit als Telefonistin. Es ist ein täglicher Versuch, mit allen kleinen Störungen fertig zu werden und sich nicht darin zu zerstreuen und zu verlieren. Auf dem

Heimweg nutzt sie die Fahrt zur innerlichen Beendigung der Arbeit und zur Umstellung auf die Rolle als Ehefrau und Mutter. Es sind vielfältige Anforderungen, die ihr Freude machen, seitdem sie gelernt hat, die Phasen der verschiedenen Tätigkeiten bewusst wahrzunehmen – zu beginnen, auszukosten und danach zu beenden. Sei es das Nachtessen, das Gute-Nacht-Ritual mit Urs, das abendliche Glas Wein und Gespräch oder Fernsehen mit Paul, bis hin zum Abschluss des Tages.

Das bewusste Gestalten der Übergänge tut ihr gut. Sie lässt sich nicht mehr so leicht aus der Ruhe bringen bzw. stören. Mittlerweile schafft sie es immer besser, einen Gedanken zu Ende zu denken, einem Gefühl seinen Lauf zu lassen und selbst eine kleine Handlung zu vollenden. Ausgehen, wenn sie ausgeht; essen, wenn sie isst; lieben, wenn sie und Paul einander lieben. Immer wieder drohen Überschneidungen, Loyalitätskonflikte, Schuldgefühle. Sabine hat gelernt, ja und nein zu sagen und es danach auch so zu akzeptieren.

Aus der Abfolge der Tagesabläufe ergibt sich der Lebenslauf. Auch der Lebenslauf bringt mannigfaltige und existentielle Übergänge mit sich, die immer dem Phasenablauf des Beendens und neuen Beginnens folgen. In der ersten Lebenshälfte liegt die Aufmerksamkeit stärker auf dem Beginnen, in der zweiten auf dem Beenden.

Es gibt Forschungs- und Therapierichtungen, die der Zeit des Kindes im Mutterleib und der Geburt eine große, das Leben prägende Bedeutung beimessen. Winnicott (1988) spricht von der Geburt als dem ersten selbstkreativen Akt. Für die meisten Menschen beginnt ihr Leben mit der Geburt, sozusagen mit dem ersten Atemzug. Das Beenden der Zeit im Mutterleib dürfte vor allem die Mutter beschäftigen. Das Beenden einer Schwangerschaft ist ein besonderer Zeitpunkt im Leben einer Frau. Es gilt, Abschied zu nehmen von der innigen Verbundenheit mit dem Kind, das als ein Teil seiner selbst wahrgenommen wird. Mit der Geburt ist das Kind noch für eine gute Weile von Pflege und Fürsorge abhängig, doch es ist ein eigenständiges Wesen, das auch bereits seine eigenen

Bedürfnisse kundtun kann. Die Entwöhnung von der Brust ist für Mutter und Kind ein weiteres Beenden.

Was uns bei der Entwicklungsgeschichte des Kindes ab der Geburt interessiert, ist die Verschränkung von Beginnen und Beenden. Es gibt dazu genügend gute Forschungen und Literatur.[18] Wenn das Kind beginnt wahrzunehmen, zu erkennen, zu fremdeln liegt die Aufmerksamkeit auf dem Beginn: es ist etwas Neues möglich geworden, das vorher noch nicht war. In den ersten beiden Lebensjahren »überschlagen sich« die neuen Möglichkeiten. Fast täglich ist etwas zu entdecken und erwachen neue Ressourcen und Kompetenzen, die Menschen rundum und die Welt zu erleben. Im Normalfall. Auf Beeinträchtigungen und Störungen dieses Entwicklungsprozesses sind wir im vorherigen Kapitel eingegangen und werden es anhand bestimmter Beispiele auch wieder tun.

Das Vorwärtstreibende in der kindlichen und jugendlichen Entwicklung ist etwas Auffallendes. Der erste Schritt, das erste Wort, die Entdeckung des Spiels, der Gleichaltrigen hat etwas Faszinierendes. Es gilt im wahrsten Sinne des Wortes, die Welt zu entdecken. Und die Erwachsenen fühlen sich in der Regel wieder jung, wenn sie einen solchen Prozess aus der Nähe miterleben können. Und wieder kommen neue Anfänge: der Beginn des Kindergartens, der heiß erwartet, aber auch gefürchtet werden kann. Er führt ein Stück weg von der familiären Intimität; andere Personen und Instanzen reden nun auch mit in der Entwicklung und Erziehung eines Kindes. Noch ausgeprägter findet das bei Beginn der Schule statt. Nun geht es im Normalfall Stufe für Stufe hinauf, gelegentlich mit Rückschlägen und Neubeginnen. Beenden wird erst mit Ende der Schulpflicht zum Thema. Es gibt Zäsuren, Schulwechsel, kleine Beendigungen. Ein größeres Beenden steht bei Abschluss der Schule bzw. des Studiums an. Der Übertritt ins Berufsleben ist ein großer Schritt in die Versorgungsunabhängigkeit und in das Erwachsenenleben.

Dasselbe gilt für das Verlassen des Elternhauses. Es ist oft ein größerer Schritt als jener in die Berufstätigkeit. In der

Herkunftsfamilie sind die ganz frühen prägenden Ereignisse geschehen, und bei den nahen Menschen ist man am verletzlichsten. Ein Auszug kann frühzeitig erfolgen, gewissermaßen fluchtartig, weil es ein junger Mensch nicht mehr zu Hause aushält. Er kann mit dem Beginn der eigenen Erwerbstätigkeit gekoppelt sein oder aber während der Studienphase geschehen. Er kann immer wieder hinausgezögert werden, aus Angst, aus Bequemlichkeit. Der Auszug kann äußerlich geschehen, während die Bindung ans Zuhause noch sehr stark ist und der Abschied gar nicht vollzogen wird.

Der Auszug aus dem Elternhaus kann zu einer heiklen Lebenspassage werden. Für selbstwertschwache junge Menschen mag er eine Grenzerfahrung bedeuten, in der mit intensiven Verlassenheitsgefühlen, Angst und Panik reagiert wird. Je stärker ausgeprägt die vorherige Abhängigkeit war, als desto schmerzlicher und bedrohlicher kann die Ablösung erlebt werden. Wer in der frühen und späteren Kindheit unter Verlassenheit gelitten hat, wird den Schmerz und die Verzweiflung von früher wieder spüren. Das ist gut so, denn nur auf diese Weise wird es möglich werden, in einem allenfalls begleiteten Prozess (Beratung, Therapie) die Trennungsängste, Schuldgefühle und Loyalitätskonflikte zu bearbeiten, die in eine frühe Zeit hineinreichen. Der Auszug aus dem Elternhaus kann sich verkomplizieren, wenn beispielsweise eine Trennung von einem Freund, einer Freundin, eine Trennung der Eltern hinzukommt (Gefahr von Krisen, Sucht, Suizid, psychischen Erkrankungen).

Eine Heirat und Familiengründung sind weitere existentielle Übergänge, wobei Trennung und neue Bindungen miteinander verschränkt sind. Sie bedeuten zudem einen weiteren Abschied von den Eltern.

Übergänge, also Trennungs- und Anfangssituationen, können ein Leben lang frühere Verlassenheits- und Überforderungsängste wiederaufleben lassen, oft nicht (aber vielleicht auch) in der gleichen Stärke, aber zumindest als Ängste, die der bewussten Gestaltung bedürfen. Menschen mit traumatischen Trennungserfahrungen, bei denen weder eine innere Vorbereitung auf die Trennung noch eine nachfolgende Trauerarbeit möglich war, leiden bei jedem Übergang extrem. Angst lässt regredieren, das heißt auf frühere Entwicklungsstufen zurückgehen. Angst macht dumm. Mögliche neue Verletzungen können den früheren Schmerz noch vergrößern. Depressionen sind häufig ein Ausdruck einer unbewältigten oder unverarbeiteten Trauer bei früheren Übergängen.

Fast alles in unserem Leben ist abhängig von Entscheidungen, die wir leben, bzw. von Entscheidungen anderer Menschen, die mehr oder weniger bewusst hingenommen werden. Entscheidungen fällen zu müssen macht vielen Menschen Angst, zumal die Entscheidung, etwas zu beenden – selbst dann, wenn etwas unerträglich geworden ist. Der Umgang mit Angst ist eine Schlüsselqualifikation des Menschen in der Moderne, der sein eigenes Leben zu erschaffen hat.[19] Übergangsphasen sind Phasen der Labilität und bringen Angst, auch Zweifel, Anspannung und Reaktivierungen früherer Schwierigkeiten mit sich. Neue Themen tauchen auf, alte wollen abgeschlossen werden. Ein Mensch ist nicht mehr unbedingt identisch, einig mit sich selbst. Er befindet sich im Übergang in eine neue Lebensphase.

Das Leben hört nie auf, uns neue Übergänge abzuverlangen. Übergänge gehören unabdingbar zum Leben. Viele Übergänge geschehen fast unbemerkt und sind erst in der Rückschau festzumachen. Wir werden älter, wechseln Tätigkeiten, erweitern unsere Lebensrollen, ziehen um, feiern den Jahreswechsel, wir begrüßen Kinder, die zur Welt kommen, und verabschieden Menschen, die gestorben sind. In einem neuen Lebensübergang kann auch nachgeholt oder verändert werden, was bei einem früheren Übergang noch nicht möglich war.

Auch was nicht wunschgemäß eintrifft, will wahrgenommen und gewürdigt werden. Damit wird der Schritt in eine neue Lebensphase begründet, selbst wenn äußerlich alles gleich bleibt. Das Älterwerden bringt das Aufgeben des Berufes mit sich – begleitet von seelischen, körperlichen und sozialen Veränderungen, von Beeinträchtigungen und möglichen Krankheiten. Und es wird uns schließlich auch noch der Alters- und Sterbeprozess Übergangsressourcen und -kompetenzen abverlangen und uns auch immer wieder eine Chance geben, das Beenden zu lernen.

Erleben und Umgang mit Zeit

> Mach es wie die Sonnenuhr,
> zähl' die heiteren Stunden nur.
> *Volksmund*

Das Zeitempfinden eines Menschen prägt seine Wirklichkeit und damit den Umgang mit dem Beenden-Können. Die Art und Weise, wie ein Mensch auf der Tastatur seiner inneren und der vorgegebenen, aber gestaltbaren äußeren Zeit zu spielen vermag, beeinflusst das In-der-Zeit-Sein und das Verhältnis zu Gegenwart, Vergangenheit und Zukunft. Und damit das Erleben von Beginnen und Beenden.

Die Natur gibt zeitliche Rhythmen vor. Sonnen- und Mondzyklen bestimmen Tag und Nacht, die Jahreszeiten, das Klima. Auch der Körper kennt eine innere Zeit und innere Zyklen, die mit der Natur zusammenhängen. Das *Erleben* von Zeit und der *Umgang* mit Zeit entsprechen Vorstellungen und Vorgaben, die von der Natur und der Kultur geprägt sind. Jede Kultur definiert ihr Zeitbewusstsein.

Die Globalisierung hat einen neuen Begriff von Zeit geschaffen. Sie hat die Zeit zu einer für alle Beteiligten verbindlichen Konstante gemacht. Der Umgang damit ist mit Einteilung und Begrenzung verknüpft und wird damit entscheidend für die Fähigkeit, in dieser Gesellschaft zu funktionieren, sich zu binden und zu trennen. Es wird davon gesprochen, dass man die Zeit vertreiben, sparen, komprimieren, totschlagen kann, dass sie einem davonläuft oder stehen bleibt. Innerhalb einer bestimmten Kultur gibt es zeitliche Vorgaben, an die man sich zu halten hat, doch der individuelle Erlebensraum folgt seinen eigenen Regeln.

Zeitliche Begrenzungen stellen für viele Menschen Gefahren dar: Sie werden mit Angst und Verlust verbunden. Der Glaube an eine Ewigkeit, an Unsterblichkeit, an ein Leben nach dem Tod und an Wiedergeburt lässt vermuten, dass der Mensch sich mit seiner Sterblichkeit schwertut. Den Phantasien und Wünschen nach Zeitlosigkeit, nach Unsterblichkeit, Unendlichkeit und Grenzenlosigkeit steht die Wirklichkeit mit ihrer Endlichkeit und Begrenzung gegenüber.

Das Zeitempfinden entwickelt und verändert sich altersspezifisch im Laufe des Lebens. Das Neugeborene kennt noch kein Zeitempfinden. Durch Zuwendung, Pflege und Nahrungsgabe entwickeln sich erste Zeitprägungen. Im zweiten und dritten Lebensjahr werden weitere Prägungen des Zeitgefühls geschaffen. Die zunehmende Kontrolle der körperlichen Aufnahme- und Ausscheidungsvorgänge führt zu einem Bewusstsein von Dauer und von Zeit, verknüpft mit einer zunehmenden Entwicklung des motorischen und des emotionalen Bereichs und der Reflexion.

Beim Kleinkind entwickeln sich zunehmend kognitive Zeitstrukturen bis hin zum Erkennen der Uhrzeit als verbindliche Tatsache. Für das Kleinkind können auch ganz kurze Momente unendlich lang sein. Im Spiel kann die Zeit vollkommen vergessen werden – im kindlichen Spiel, im Liebesspiel oder im schöpferischen Schaffen. Für das Schulkind werden Zeiteinheiten durch Vorgaben überschaubarer und einschätzbarer. Jugendzeit, Adoleszenz, Erwachsenenalter und Altwerden sind ebenfalls durch kulturell-gesellschaftliche Vorgaben geprägt und werden gleichzeitig individuell unterschiedlich erlebt, und zwar in Abhängigkeit von der Lebensgestaltung, der Erfülltheit und den reflexiven Möglichkeiten. Die Art und Weise des Lebensstils, des Berufs und der Familie sind prägend. Altersspezifische Unterschiede zeigen sich im Hinblick auf das Erleben der Zeitspanne, die vor einem liegt: ein ganzes Leben, ein halbes Leben, Alter und Tod. Und im Blick auf die Zeitspanne, die bereits hinter einem liegt.

Im täglichen Leben verändert sich das subjektive Bewusstsein von Zeit je nach Tätigkeit. Das Zeitgefühl stimmt mit der Uhr überein, erscheint kürzer oder länger oder wird völlig ausgeschaltet. Sei es Arbeit, Freizeit, Schlaf, bei starker Belastung, im Flow bei einer kreativen Arbeit, in der Liebe, in guter Gesellschaft: das Zeitempfinden kann sich innerhalb kurzer Zeit ändern, es kann längere Zeit dasselbe bleiben und auch ganze Lebensphasen bestimmen.

Es wurde bereits erwähnt, dass Menschen um die vierzig oft mit ihren aus der Kindheit mitgebrachten Bindungs- und Trennungsmustern in ihrem Leben nicht weiterkommen. Sie haben so lange funktioniert, wie radikal nach »vorne« gelebt werden konnte. Nun eröffnen sich erste Begrenzungen. Da können sich auch bei frohen, unternehmungslustigen Menschen innere Abgründe öffnen und Panik, Ängste und Depression auftreten. Es ist auch die Zeit, wo alte Familiengeheimnisse endgültig ans Tageslicht drängen und frühere Erlebnisse noch einmal reflektiert und durchgearbeitet werden wollen.

Menschen, die immer schon ihre Rollen und Aufgaben reflektieren konnten, haben bessere Chancen, mit den eigenen und den gesellschaftlichen Veränderungen einen Umgang zu finden.

Bei psychisch gesunden Menschen können die grundlegenden zeitlichen Maßstäbe in der Regel ohne besonderen Aufwand akzeptiert werden. Termine und Verabredungen werden weitgehend als verpflichtend erlebt und auch eingehalten. Die Bewältigung von zeitlichen Vorgaben gelingt, wenn eine flexible Anpassung an verschiedene Bedingungen von Zeit möglich ist. Die innere unbewusste Uhr ist ein wichtiges Zeichen für gut funktionierende Zeitstrukturen und eine grundsätzliche Voraussetzung für die Trennungsfähigkeit eines Menschen.

Andernfalls können wir von einem Trennungskonflikt und von Störungen des Zeitgefühls sprechen, wenn die Zeitgestaltung nicht eingehalten wird, überbordet oder nicht ausgefüllt werden kann und in einem auffälligen Kontrast zu den kulturellen, vereinbarten Mustern steht. Bei vielen psychischen Störungen (meist aufgrund früherer unsicherer Bindungserfahrungen) ist die Einstellung zu dem, was eigene und vorgegebene Zeit bedeutet, beeinträchtigt. Demzufolge ist auch der Umgang mit der Zeit gestört. Pathologische Ambivalenz (bei Zwangsstörungen, Depressionen, Persönlichkeitsstörungen und Psychosen) bringt einen in der Regel gestörten Umgang mit der Zeit mit sich. Die Zeit wird zum Verfolger, der zu vermeiden, zu vernichten, zu entwerten oder auch zu idealisieren ist. Es wird von unerträglicher Leere, von Lähmung, von unbändiger Unruhe, von Panik, von Grenzenlosigkeit gesprochen. Es gibt keinen angemessenen Raum für ein Nebeneinander und ein Nacheinander. Man fühlt sich als Hamster im Tretrad. Die Zeiträume können nicht zu Spiel- und Denkräumen werden.[20]

Das moderne Leben ist von heftiger Beschleunigung geprägt. Die Geschwindigkeit und Hektik der Informationsgesellschaft kann zu Beeinträchtigungen des Zeitgefühls und zu einer psychischen und sozialen Überforderung des Menschen führen. Die eigene innere Zeit kann nicht mehr gespürt und wahrgenommen werden. Es gibt nur noch den Druck von außen. Das führt zu einer Entfremdung, zu Auslaugung und Entkräftung. Es kann nicht mehr in der eigenen Zeit aufgetankt werden.

Eine langjährige psychische und physische Verausgabung aufgrund zunehmender Lebensgeschwindigkeit kann sich in Form einer Krise oder eines Zusammenbruchs manifestieren. Es ist für viele Menschen nicht mehr unmittelbar nachvollziehbar, dass gewisse seelische Lebensprozesse (sich entwickeln, sich trennen, trauern, heilen, sich neu ausrichten) einen langen Atem und eine längere Zeitdauer brauchen, um nachhaltig bewältigt zu werden. Um ein extremes, aber schon einige Male gehörtes Beispiel zu nennen: In einer Zeit, wo sich jemand per SMS aus einer Liebesbeziehung abmeldet und sich übers Internet scheiden lässt, scheint der seelische Erlebensraum verloren gegangen zu sein.

Gleichzeitig werden Psychotherapien immer kürzer, sei es, weil die Betroffenen die Zeit dafür nicht mehr aufbringen wollen, sei es, weil die Kostenträger ebenfalls der Ansicht sind, dass seelische Wandlungen in wenigen Therapiestunden bewirkt werden können.

Das Unbewusste kennt keine Zeitstrukturen und kann nicht zwischen Vergangenheit, Gegenwart und Zukunft unterscheiden. Dies wird anhand von Freuds Übertragungsbegriff (ein Mensch überträgt frühere psychische Muster auf aktuelle Beziehungen, ohne sich dessen bewusst zu sein) und seines Konzepts vom Wiederholungszwang (frühere Muster werden unbewusst auf aktuelle übertragen) ersichtlich. Es wird in Träumen deutlich, wo verschiedene Figuren und Orte aus unterschiedlichen Lebensphasen miteinander verschmelzen. Die Zeiten vermischen sich.

Die Fähigkeit zur zeitlichen Unterscheidung von *Vergangenheit* (was geschehen ist, was unbewusst übernommen wurde), *Gegenwart* (was jetzt geschieht; mit den dazugehörigen Gefühlen) und *Zukunft* (was erhofft, phantasiert, befürchtet und idealisiert und manchmal mit der Gegenwart verwechselt wird) ist wichtig, um in der Gegenwart leben zu können.

Ein Beispiel: Nehmen wir die Romanfigur Philipp Perlmann, einen Mann, der »es gewohnt war, dass die Dinge keine Gegenwart für ihn hatten«.[21] Die unbewältigte Vergangenheit – seine Frau, die ihm Gegenwart erobert und vermittelt hatte, war gestorben, die Tochter ausgezogen – und seine große Angst vor dem Versagen, vor der Zukunft ließen ihn noch mehr als bisher als angstvollen Gefangenen seiner beruflichen Verpflichtungen und Zwänge leben. Und immer wieder stellt er fest und beklagt es, dass er sein wirkliches, alltägliches Leben nicht in der Gegenwart lebe. Es muss etwas geschehen. – Als renommierter

Sprachwissenschaftler, der dabei ist, sein ganzes Lebenswerk zu verleugnen und zu vernichten, beginnt Perlmann anhand seiner Erinnerungen – der inneren Zeit – und dank einer Weltchronik – der äußeren Zeit – seine Vergangenheit zu erschaffen. Vorläufig, ohne sie sich aneignen zu können. Es erscheint ihm alles als beliebig. Er fragt sich, ob er jemals einen wirklichen Einfall gehabt hat. Er will nie mehr an Diskussionen teilnehmen, wo doch seine eigene Meinung irgendeine Meinung sein könnte. Im Zerreißen seines Lebenswerkes und im Versuch, etwas Neues, erstmals Eigenes zu schaffen, schimmert für ihn ein Hauch Gegenwart von innen her auf; er hat sie, wie bisher von Frau und Tochter, von außen her erwartet.

Auf einmal erlebt Perlmann Zeit als etwas Inneres. Als eine Freiheit. Furchtlos und ruhig zu dem stehen, was man im Innersten ist, das war der Schlüssel zur ersehnten Gegenwart.

Die Fähigkeit, zwischen Vergangenheit, Gegenwart und Zukunft zu unterscheiden, macht erst ein eigenes, unverwechselbares Leben aus. Es ist auch ein Kernziel in einer Psychotherapie. Erst wenn die Unterscheidung gelingt, kann mit voller Konzentration in der Einzigartigkeit des Hier und Jetzt gelebt werden. Die Zukunft entsteht aus der Gegenwart. Die Gegenwart enthält die Vergangenheit, nicht als Fessel, nicht als Schrecken und Verletzung, sondern als Kapital, mit dem man wuchern kann. Die Gegenwart hat aber auch eine ganz eigene Verheißung. Sie bedeutet, sich auf den gegenwärtigen Moment voll und ganz einzulassen.

3. Trennung und Bindung

Wenn Erwachsene sich binden und trennen

> Liebster, ich lade dich ein, komm in das Haus
> unserer Wünsche, und häng deinen Hut an die
> Wand, den Hut mit dem kleinen Schussloch.
> Liebster, nimm deinen Hut von der Wand, den
> Hut mit dem kleinen Schussloch.
>
> *Hilde Domin*

Ein Mensch entwickelt sich im Feld von Interaktionen mit anderen Menschen. Frühe Bindungserfahrungen stellen, wie erwähnt, gewisse Weichen. Unsichere frühe Bindungen können im weiteren Lebensprozess bewusstes, angemessenes und lösungsorientiertes Bindungs- und Trennungsverhalten behindern und einschränken.

Unsichere Bindungen schränken auch die Reflexionsfähigkeit ein, das heißt die Möglichkeit, die Ereignisse des Lebens zu reflektieren, zu formulieren und zu symbolisieren. Es kommt schnell zu emotionaler Überforderung, ein Mensch verschließt sich, die Ebenen und Zeitbezüge werden gewechselt, ohne dass es zu einem Einvernehmen oder zu einer Lösung kommen kann. Unsichere Bindungsmuster gehen immer mit Angst einher, die den Aufbau eines stabilen, integren Selbst und vor allem die Kontrolle der Affekte und Impulse erschwert.

Sichere und unsichere Bindungsmuster sind aber nicht unabänderlich festgelegt. Sie können durch neue Erfahrungen – zum Beispiel in besseren familiären und anderen Lebensbedingungen, durch neue Beziehungen, durch eine Psychotherapie – verändert und verbessert werden. Was helfen kann, sind über längere Zeit stabile (auch therapeutische) Bezugspersonen bzw. eine würdigende, wertschätzende Präsenz, die

Sicherheit und Respekt vermitteln und dadurch langfristig neue Beziehungserfahrungen ermöglichen.

Sichere Bindungsmuster ermöglichen ein komplexes Erleben von Intersubjektivität, nämlich die Erfahrung, sich selbst und den anderen als selbständige Subjekte zu erleben. Die Bindung, die sich durch Anerkennung und Wertschätzung auszeichnet, wird dadurch zur Beziehung.

Ich möchte in Ergänzung der Muster von kindlichen Bindungs- und Trennungserfahrungen *Erfahrungs- und Erlebensmuster von Erwachsenen* vorstellen. Sie machen verständlich, wie seelische Erfahrungen strukturiert, Situationen bewältigt und Bindungen zu Beziehungen entwickelt bzw. abgebrochen werden können. Wie alle Typologien reduzieren und vereinfachen sie die komplexe Wirklichkeit. Gerade dadurch schärfen sie jedoch den Blick für das Erkennen von Mustern des Erlebens – und des Beenden-Könnens.[22]

Gemeinsames Tun: Interaktions- und Verhaltensmuster werden gemeinsam durch konkretes Handeln, in gegenseitiger Beeinflussung, erzeugt. Prototypisch ist das Beispiel von Mutter und Kind. Die Verhaltenschoreographie ist vorbewusst oder unbewusst. Sie wird als vorsymbolisch bzw. vorreflexiv bezeichnet, weil sie ohne eine Vorstellung von sich selbst und vom anderen als unabhängigen Wesen abläuft. Was geredet und ausgetauscht, nicht geredet und vorenthalten wird, geschieht einfach.

Beenden oder nicht: Das gemeinsame Tun verbindet. Es gibt impulsive Abbrüche, die kaum reflektiert und verstanden werden können. Es wird wenig geredet und zugehört. Es findet kein bewusstes Beenden einer Beziehung statt.

Affektive Durchlässigkeit: Hier geht es um das Wahrnehmen, Erleben und Teilen von intensiven Gefühlen. Gefühle sind ansteckend und können durch die hohe Resonanz zwischen Menschen hervorgerufen werden. Das Gefühl der symbiotischen Einheit, der Verschmelzung ist vorherrschend, insbesondere bei starken, mit Sinnesempfindungen verknüpften Gefühlen wie sexuelle Anziehung, Furcht, Wut oder freudige

Erregung. Es sind die geteilten Emotionen, das heißt die affektive Durchlässigkeit, die (vorsymbolisch) verbinden, und nicht die Wahrnehmung von sich selbst und dem anderen als eigenständige Wesen. Man braucht einander, um gemeinsame intensive Gefühle zu erleben.

Beenden oder nicht: Die geteilten Emotionen verbinden. Wenn sie nicht mehr geteilt werden, erlöschen Anziehung und Liebe. Trennung bzw. Abbruch werden denkbar und möglich. Im Bindungsmodus der affektiven Durchlässigkeit begegnen sich noch nicht zwei eigenständige Menschen. Ein bewusstes Beenden einer Beziehung ist erschwert, es kommt eher zu Trennung oder Abbruch, was man als affektive Undurchlässigkeit bezeichnen kann.

Mit dem anderen sein: Der andere Mensch wird in der Nachfolge von Mutter, Vater, Geschwistern sozial und emotional gebraucht und deshalb geliebt (ich liebe dich, weil ich dich brauche). Die frühen Identifikationen wirken ein Leben lang in unbewussten und wenig bewussten Prägungen und Inszenierungen nach. Sie können sich jedoch verändern.

Der andere Mensch hat eine eigenständige symbolische Repräsentanz, die sich unter dem Aspekt bestimmter Funktionen – wie der des Spiegelns, der Erregung, der Befriedigung, der Liebe, der Wertschätzung – manifestiert.

Beenden oder nicht: Die andere Person wird emotional gebraucht und deshalb geliebt. Wenn sie nicht mehr gebraucht wird oder eine andere Person mehr zu bieten scheint, können Trennungsphantasien auftreten bzw. kann eine Beziehung beendet werden.

Intersubjektivität: Sie bedeutet eine wechselseitige Anerkennung selbstreflexiver und autonomer Personen. Die Personen werden seelisch als eigenständige Wesen erfahren. Das Handeln geschieht selbstreflexiv und intentional (Dinge überdenken und Dinge tun). Man ist sich in der Unabhängigkeit der Abhängigkeit von anderen Menschen bewusst bzw. Menschen entwickeln sich in der Bezogenheit zu anderen Menschen gleichzeitig zu ihrer Einzigartigkeit. Der andere wird um seiner selbst willen geliebt und nicht, weil man ihn braucht.

Beenden oder nicht: Die Beziehung beruht auf Freiwilligkeit und Gleichwertigkeit. Eine Person darf sich trennen. Sie darf auch bleiben. Sie braucht den anderen, weil sie ihn liebt. Sie kann auch allein sein. Sie kann damit zu spielen lernen, wie viel Trennung oder Bindung sie braucht, um bei sich selbst zu bleiben und sich selbst zu spüren. Eine mögliche Trennung geschieht einvernehmlich.

Mithilfe dieser Erfahrungsmuster können Bindung und Trennung/Beenden auf zwei verschiedene Arten verstanden werden:

- Menschen bewegen sich in ihrem Erleben im gelingenden Fall in allen vier Mustern, die ihrerseits nicht immer trennscharf sind. Das Wählen- und Wechseln-Können zwischen den Mustern macht einen Menschen einzigartig und eigenständig. Eine reife, anerkennende Beziehung zwischen zwei eigenständigen Menschen ist grundlegend im Muster der Intersubjektivität repräsentiert. Je nach Situation (Spiel, Sexualität, familiäre Interaktionen, Elternschaft etc.) bewegt sich ein Mensch auf den weiteren drei Ebenen. Wir werden dieses Wählen- und Wechseln-Können in den beiden folgenden Unterkapiteln weiterverfolgen.

- Die vorgestellten Muster können auch als Entwicklungsmuster verstanden werden. Insbesondere bei frühen unsicheren Bindungserfahrungen sind »gemeinsames Tun« und »affektive Durchlässigkeit« vorherrschend. Der andere Mensch kann aufgrund der erlebten, oft unbewussten Angst nicht als eigenständiges Wesen erfasst werden. Bindung und Trennung finden im vorsprachlichen, vorsymbolischen Bereich statt. Neue sichere und anerkennende Bindungserfahrungen und/oder eine gelingende Psychotherapie können eine weitere Entwicklung zum »mit dem anderen sein« und zur »Intersubjektivität« ermöglichen.

Das Erreichen des intersubjektiven, anerkennenden Gesprächs ist das Ziel der gemeinsamen therapeutischen Arbeit in einer Psychotherapie. Ein Beispiel soll dies darstellen und verdeutlichen.[23]

Selma, eine 45-jährige Frau – chronisch niedergeschlagen, mit Weinanfällen –, möchte ein weiteres Mal eine Psychotherapie machen. Nach einer ersten langen Therapie, als sie um die dreißig war, war es ihr besser gegangen. Damals hatte sie erstmals in ihrem Leben über den Unfalltod ihrer Mutter reden können. Sie hatte den Verlust der Mutter mit fünf Jahren nacherleben und um ihren plötzlichen Tod zum ersten Mal bewusst trauern können. Die Trauer stellte Selmas Niedergeschlagenheit und ihre Weinanfälle in einen neuen Bedeutungskontext. Das war bisher nicht möglich gewesen. Ihr Vater hatte das Gefühl gehabt, es sei für die beiden Kinder zu schmerzhaft, über die verstorbene Mutter zu sprechen. So wurde sie in Selmas Kindheit nie erwähnt. Sie existierte nicht. Doch Selma hatte mit fünf Jahren ihre ganze Welt verloren. Sie kam ins Internat, in ein anderes als ihr Bruder. Ihr Vater war mit seinen Kindern spürbar überfordert. Und Selma fehlte alles. Sie hatte sich und die Welt mit fünf Jahren verloren und verstand nichts mehr. So wuchs sie auf (Muster: gemeinsames Tun).

Nach der ersten Therapie ging es Selma besser. Sie hatte sich besser kennen und verstehen gelernt. Sie heiratete und bekam mit vierzig einen Sohn, der nun selbst fünf Jahre alt ist. Er hat extreme Schwierigkeiten mit Trennungssituationen, was die Mutter sehr beschäftigt. Sie hat Angst, dass sie ihm die eigene Tragödie ihrer Kindheit aufbürden könnte. Und sie hat seit je das ausgeprägte Gefühl, es gebe bei ihr etwas, das andere Leute hätten und ihr fehle: ein Gefühl darüber, wer sie ist.

In der zweiten Therapie gestand Selma verschämt, dass sie ihren Sohn als einen Teil ihrer selbst erlebe. Sie wisse schon, dass das nicht aufgeklärt sei. Die Faszination für ihren Sohn war zum Teil die Faszination für eine Kindheit, die sie nie gehabt bzw. verloren hatte. Gleichzeitig empfand ihr Sohn die Verlusterfahrungen seiner Mutter und ihre schreckliche Angst vor

Trennung als seine eigene. Er konnte, wie Selma, nicht zwischen ihr und sich selbst unterscheiden. Er war den Gefühlen ausgeliefert (affektive Durchlässigkeit).

Selma hat ein Faible für Extremsituationen: Bergsteigen, die Weite von Steppen, die Öde der Tundra. Sie macht selbst Extremsport. Öde und Schmerz sind zum Bezugspunkt ihres Selbstwertgefühls geworden. Es wird in der zweiten Therapie immer klarer, dass das Kind Selma infolge des Mangels von verlässlichen Elternpersonen in frühreifer Art vorzeitig und übergebührlich für sich selbst zu sorgen hatte. Dadurch fehlte ihr die Möglichkeit, sich sorglos, kindhaft, dem eigenen Erleben hinzugeben. Sie braucht heute die Extremsituationen, um sich und andere zu spüren (mit dem anderen sein).

Dem Therapeuten – nicht Selma – erschien eine Wochenstunde Therapie als zu wenig Zeit, um mit ihr an ihren Problemen und Entbehrungen zu arbeiten. Selma wollte bei dieser einen Stunde pro Woche bleiben. Sie wollte die Kontrolle behalten. Einmal beklagte sie sich bitter, wie unpersönlich der Therapeut sie begrüße und verabschiede. Der Therapeut, der sich selbst Selma gegenüber zurückhielt und kontrollierte, versuchte sich daraufhin in einer persönlicheren, herzlicheren Art der Begrüßung und Verabschiedung. Einige Monate später entschied sich Selma, zweimal pro Woche zu einer Sitzung zu kommen. Etwas in ihr hatte sich in ihrem Umgang mit Nähe und Abstand, mit Anwesenheit und Verlust verändert.

Sie erlebte die Stunden als Oasen, die nicht mit ihrem übrigen Leben verbunden waren. Es war ihre Art, Distanz zu schaffen. Eine ähnliche Distanz erlebte sie zu ihrem Ehemann, sie wurde sich aber zunehmend bewusst, dass sie eigentlich mehr von ihm wollte – vorläufig noch, ohne es ihm sagen zu können. Vielmehr ärgerte sie sich über ihn, gelegentlich auch über den Therapeuten. Die Angst vor Nähe war noch groß.

Der Therapeut schlug Selma vor, ihrem Mann anzuvertrauen, dass sie ein großes Bedürfnis nach Verbundenheit mit ihm habe und einen sicheren Platz bei ihm finden möchte. Es war neu für Selma, sich eigene emotionale Bedürfnisse nach Verbindung zuzugestehen. Und sie hatte Schwierigkeiten damit, diese Bedürfnisse auszudrücken und trotzdem gleichzeitig bei sich selbst zu bleiben. Es folgten Balanceakte mit ihrem Ehemann: damit, sich ihm zu öffnen und gleichzeitig ihre Autonomie zu bewahren. Es gelang mehr und mehr, und zwar von beiden Seiten her. Selma schaffte es, nicht mehr so stark die klare Trennung zwischen sich und ihrem Ehemann zu betonen, sondern verschiedene und sich wechselseitig bereichernde Formen von Bezogenheit zu integrieren, gewissermaßen spielen zu lernen, wie viel Bindung und wie viel Trennung sie brauchte, um sich noch selbst zu spüren (Intersubjektivität).

Offenbar hatte Selma durch den Verlust ihrer Mutter und durch die nur teilweise emotionale Verfügbarkeit ihres Vaters ihre ›inneren Eltern‹ in einer Weise in sich errichtet, die sie von einer Anhänglichkeit in neuen Beziehungen (zum Ehemann, zum Therapeuten) abhielt. Das äußerte sich in ihrer Niedergeschlagenheit und ihren Weinanfällen – und in ihrer Beziehung zu ihrem Sohn als Teil ihrer selbst. Zu Selmas Sohn: Es ist erwiesen, dass ein ängstliches, anklammerndes und besitzendbeherrschendes Verhalten der Eltern bei einem Kind zu Angst vor Trennung und zu Angst vor Autonomie führt. In dem Maß, wie Selma beziehungs- und trennungsfähiger werden wird, wird wahrscheinlich auch ihr Sohn seine Ängste abbauen können.

Durch die therapeutische Bearbeitung (in zwei Therapieabschnitten, die fünfzehn Jahre auseinanderliegen) wurde es Selma zunehmend möglich, spielerischer mit ihren Beziehungswünschen und ihrer Angst vor Verlust und Trennung umzugehen. Sie war beziehungsfähiger geworden. Sie konnte ihre Wünsche nach Bindung spüren und ausdrücken und sich gleichzeitig ihre Unabhängigkeit bewahren, ohne die Angst zu empfinden, alles zu verlieren (Intersubjektivität). Nun konnte die Therapie einvernehmlich beendet werden.

Dies ist eine positive Entwicklung für Klientin und Therapeut. Es hätte auch anders laufen und weniger möglich sein können.

Die Königin von Saba und der Froschkönig

Sagen und Märchen spiegeln Grundkonflikte der Menschen. Dazu gehören Bindungen und Beziehungen, die eingegangen und die aufgelöst werden. Ein Kind kann am Beispiel von Märchen eigene Ängste bannen und Freuden intensivieren – auch bei Erwachsenen ist das möglich, wenn sie den kindlichen Kern bewahren.

Die beiden Paare, die Königin von Saba und König Salomo wie auch der Froschkönig und die Prinzessin, lassen das Thema des Beendens in einem neuen Licht erscheinen.

Beginnen wir mit der *Königin von Saba*.[24] Interessant ist, dass sie ihren Ruhm und Namen den vielfältigen Phantasien verdankt, die sie seit dreitausend Jahren bei vielen Künstlern erweckt. Was Herkunft und Namen, Religion, Kultur, ethnische Zugehörigkeit und Sprache angeht, verwandelt sie sich in immer neue Gestalten. Ob schwarz oder weiß, von Jemen oder Äthiopien kommend, jüdischer oder muslimischer Religion: im Kernpunkt aller Phantasien steht ihre Begegnung mit König Salomo in Jerusalem und das, was sich dort zugetragen haben könnte. Die Unbestimmtheit bzw. Vielfältigkeit dieser Begegnung öffnet vor allem sexuell-erotischen Spekulationen Tür und Tor. Und es gibt offenbar einen Sohn, Menelik, der neun Monate nach dieser Begegnung zur Welt gekommen sein soll.

Eine Frau, die sich vor drei Jahrtausenden genommen hat, was sie wollte, und die alles erhielt, was sie sich wünschte – das weckt tatsächlich bis heute mannigfaltige Phantasien, die sich in Fachbüchern, Literatur, Kunst und Film abbilden. Das Bild der Königin bleibt bis zum heutigen Tag unauflösbar, mehrdeutig; und es wechselt zwischen Verklärung und Verteufelung und ist insofern ein Spiegelbild dessen, was an Ängsten und Hoffnungen die Geschichte der Frauen und auch der Männer seit jeher bestimmte.

Archetypisch verkörpern Königin und König Weisheit, Reichtum, Macht und Geheimnis. Gleichzeitig bewegen sich

Königin und König im sehr menschlichen Bereich von Anziehung und Abstoßung, Bindung und Beziehung, List und Verführung, Erfüllung und Frucht des Leibes.

Und die hier berechtigte Frage für uns Nachfahren ist jene, ob sich Königin und König im Feld einer reifen, intersubjektiven Beziehung befinden. Ob wir diesbezüglich etwas lernen können aus dieser Geschichte, die ja nie eine eindeutige, sondern seit Jahrtausenden eine mehrdeutige ist.

Rätsel sind im Orient ein wichtiger Teil der mündlichen Überlieferung. Die Klugheit der Königin von Saba und die Weisheit des Königs Salomo manifestieren sich in den überlieferten Rätseln, die die Königin dem König stellte und die er allesamt zu beantworten wusste. Die Frau ist nicht Frau, sondern »die Welt«, und der König ist nicht »wie der Rest der Menschen«, sondern eben der Weise. Hier können sich Größenphantasien von Menschen ungehindert entfalten und Menschen können daran teilhaben, »die Welt« zu sein. Und gerade diese mögliche Teilhabe wird es sein, die Menschen phantasieren und die sie auch sich selbst in überhöhter Weise sehen lässt – übrigens ein deutliches Kennzeichen von Verliebten.

Wir stellen uns anhand der mannigfaltigen künstlerischen Darstellungen die Königin von Saba und König Salomo bei himmlischen Essgenüssen, in tiefgründigen Gesprächen und bei spannendem, erfüllendem Sex vor. Denken wir an die oben dargestellten Erfahrungsmuster, sind alle vier Formen dabei beteiligt: gelingende emotionale und sexuelle Intimität als vorsymbolische Muster des gemeinsamen Tuns und der affektiven Durchlässigkeit; auf der symbolischen Ebene das bewusste und unbewusste Verständnis füreinander, wechselseitige Bezogenheit und Anerkennung im jeweiligen Mit-dem-anderen-Sein und der Intersubjektivität. Das virtuose Spiel mit allen vier Erfahrungsmustern ist ein Faszinosum, bedeutet Liebe und Erfüllung, und es ist ungeheuer attraktiv in der unmittelbaren Erfahrung bzw. im mittelbaren Teilhaben als Künstler, als Bewunderer. Auch als Fan, sind doch heute die Stars aller Art zu den Nachfolgern der Königinnen und Könige geworden. Wie die Presse und insbesondere die Klatschpresse zeigt, sind viele Menschen an deren realem oder vermeintlichem Liebesleben, deren Trennungen und neuen Lieben intensiv interessiert.

Froschkönig und Königstochter müssen sich sehr menschlich, sehr irdisch mit ihren Phantasien auseinandersetzen. Der Froschkönig ist eines der bekannten Märchen der Gebrüder Grimm. Eine wunderschöne Königstochter spielt am liebsten mit ihrem goldenen Ball, im Wald, am Brunnen. Eines Tages fällt der Ball in den tiefen Brunnen. Die Prinzessin weint laut und ist untröstlich. Ein dicker, hässlicher Frosch, der aus dem Brunnen auftaucht, verspricht ihr, den Ball zu holen, stellt aber Bedingungen. Und sie verspricht ihm alles, was er wolle, wenn er ihr nur die goldene Kugel wiederbringe. Der Frosch will ihr Geselle und Spielkamerad werden, von ihrem goldenen Tellerchen essen und aus ihrem goldenen Becherlein trinken – und er will auch in ihrem Bettchen schlafen (*mit dem anderen sein*).

Die Prinzessin springt fort mit ihrer goldenen Kugel. Als sie am nächsten Tag beim Essen sitzt, kommt der Frosch daher, plitsch, platsch, plitsch, platsch, und erinnert die Königstocher an ihr Versprechen. Und der Königsvater zwingt die Tochter, ihr Versprechen zu halten.

Der Königstochter graust es. Und als der Frosch schließlich verlangt, in ihrem Bett zu schlafen, »ward sie erst bitterböse, holte ihn herauf und warf ihn aus allen Kräften wider die Wand: Nun wirst du Ruhe haben, du garstiger Frosch.« Es ist ein Beenden mit Wucht. Was dann von der Wand fällt, ist ein Königssohn, der von einer Hexe verzaubert worden war. Und im Märchen kann nur eben diese Königstochter in ihrer psychischen Bedürftigkeit und mit ihren symbiotischen Wünschen ihn erlösen.

Hans Jellouschek (2006) hat eine aufschlussreiche psychologische Interpretation dieses Märchens geschrieben, die den Weg von der unreifen (ich liebe dich, weil ich dich brauche) zur reifen Liebe beschreibt (ich brauche dich, weil ich dich liebe). Es ist ein Entwicklungsprozess, der immer auch Beendigung und Neubeginn impliziert.

Ich möchte mich im Folgenden auf jene Aspekte des Märchens konzentrieren, die mit dem Thema des Beendens zu tun haben.

Der bedürftige Frosch-Mann will der Königstochter in ihrem Schmerz um die goldene Kugel helfen. So hofft er, geliebt zu werden. Er will eine symbiotische Beziehung, eine Liebe wie zwischen Mutter und Kind, bedingungslose Nähe. Die Königstochter verspricht ihm unbedacht »alles« und rennt davon – es ist kein Beenden, sondern ein Abbruch. Doch der Frosch verfolgt sie hartnäckig und der Königsvater zwingt seine Tochter zur Einhaltung ihres Versprechens dem Froschkönig gegenüber. Eine Mutter kommt im Märchen nicht vor. Das Mütterliche, Haltende fehlt bei beiden, bei der Königstochter und beim Frosch.

Im Frosch(-Mann) und in der Prinzessin(-Frau) begegnen sich zwei bedürftige Kinder, die sich Erlösung wünschen – auf je unterschiedliche Weise. Beide sind sie gefangen in ihren ungestillten Bedürfnissen nach Nähe und Verschmelzung: der Froschkönig in seiner Gier und die Prinzessin in ihrem Ekel, in ihrer Abneigung gegenüber dem Frosch und in ihrer Sehnsucht, die sich in der goldenen Kugel äußert. Und dann schmettert die Königstochter den Frosch mit allen Kräften an die Wand. Sie stellt sich ihrer dunklen Seite, schlägt zu und übertritt damit das Gebot ihres Vaters. Sie wagt, ungehorsam zu sein und zu verletzen. Damit steht sie zu sich selbst.

Es stellt sich heraus, dass sie dem Frosch *nicht* hilft, sich zu verwandeln, indem sie ihm seine Wünsche erfüllt, sondern indem sie ihm diese versagt. Indem sie ihn zwingt einzusehen, dass er nicht erschleichen kann, was er nicht freiwillig erhält (von der Königstochter; früher wahrscheinlich von der Mutter). Auch er beendet ein altes symbiotisches Muster. Beide sind gemeinsam einen Entwicklungsweg gegangen. Im Märchen werden die beiden zum glücklichen Paar.

Im Leben kann es auch sein, dass sich eine Beziehung darin vollendet, dass die beiden diesen Entwicklungsweg gegangen sind. Der Frosch ist nun Mann, und die Königstochter Frau geworden. Einander als Königssohn bzw. junger König und Königstochter bzw. junge Königin gegenüberzustehen, bedeutet die Begegnung von zwei verschiedenen, insofern getrennten und eigenständigen Personen (*Intersubjektivität*). Erst wenn man sich als selbständige bzw. getrennte Menschen erlebt, kann man sich begegnen. Wenn man sich selbst besitzt, dann kann man sich einem anderen Menschen schenken.

Wir haben es hier mit einem Märchen zu tun, das einen märchenhaften Abschluss beinhaltet. Alles wird gut, das Paar ist glücklich und kann seine symbiotischen Wünsche ein für alle Mal hinter sich lassen. Im Leben sieht es in der Regel anders aus. Die unreifen Froschkönig-Prinzessin-Aspekte beider Partner können sich in schwierigen Beziehungssituationen wieder manifestieren und eine weitere Runde bzw. weitere Runden von schmerzlichem Loslassen und neuem Wiederfinden notwendig machen. Die Entwicklung und Reifung einer Liebesbeziehung ist, wenn sie weiter besteht, nie abgeschlossen.

Zum Umgang mit Liebesgeschichten

Liebesgeschichten sind im Leben jedes Menschen der intimste Bereich. Sie ist zugleich auch der Lebensbereich, in dem Menschen am verletzlichsten sind. Wenn wir eine Mutter im liebenden Kontakt mit einem Säugling betrachten, antizipieren wir einen Bereich des Liebesspiels zwischen erwachsenen Menschen. Es lässt sich immer wieder beobachten, dass es für ein Kind fast immer das Wichtigste ist, die Eltern glücklich machen zu wollen. Viele Kinder scheitern an dieser Aufgabe, tun zu viel für die Eltern, werden verletzt und zurückgewiesen. Es ist auch nicht die Aufgabe von Kindern, ihre Eltern glücklich zu machen. Dies ist die Aufgabe der Eltern, dafür müssen sie selbst sorgen und tun es oft nur ungenügend. Ein Kind wird geboren, um sein eigenes Leben zu leben, um sich selbst und sein Glück zu finden, um seinen ur-eigensten Weg zu gehen, also vom »Mit-dem-anderen-Sein« zur Autonomie und Intersubjektivität zu finden.

Der Sinn einer Liebesgeschichte im Erwachsenenalter besteht darin, sich selbst und dem anderen die Selbst- und die Menschwerdung, das Wachsen und die Erfüllung zu ermöglichen (*Intersubjektivität*). Das ist die Aufgabe jedes Paares, sei es freundschaftlich oder liebend miteinander verbunden.

Im Folgenden geht es um eine besondere Art von Liebesgeschichten, nämlich um jene, die sich im Bereich des Unmöglichen und Verbotenen abspielen: sogenannte Liebesaffären. Sie setzen in der Regel mindestens eine bestehende Partnerschaft voraus und intensive erotische, oft sexuelle Kontakte, die einmalig, über kürzere oder über längere Zeit eingegangen werden. Es wird hier bewusst nicht von Untreue und Fremdgehen gesprochen, weil nicht von einer zwingenden Monogamie in einer Partnerschaft ausgegangen wird. »Monogamie oder nicht« ist ein Thema, das von einem Paar ausgehandelt werden muss. Im Übrigen ist die Literatur, die bei Affären von Tätern und Opfern, von Betrug und Vertrauensbruch spricht und die die sogenannten Affären generell als unmoralisch und falsch und destruktiv bezeichnet, reichhaltig. Und da man weiß, dass Verbote auch dafür da sind, einzuschüchtern bzw. übergangen zu werden, wird hier für die Eigenständigkeit der Partner und deren Verhandlungsfähigkeit plädiert.

Es ist noch nicht lange her, dass Paaren eine Paartherapie verweigert wurde, wenn derjenige Partner, der eine Affäre hatte, diese nicht beendete. Oder dass eine Paartherapie verweigert wurde, weil der eine Partner sein Geheimnis zwar der Therapeutenperson anvertraute, jedoch nicht wollte, dass es sein(e) Partner(in) erfahren würde. Diese von Therapeutenseite her vollzogenen Nötigungen bzw. ihr Das-Paar-im-Stich-Lassen vernachlässigen und übersehen die Tatsache, dass ein Paar eben Hilfe sucht, weil es nicht in der Lage ist, das Problem gemeinsam zu lösen. Und weil noch nicht klar ist, was allenfalls, nicht zwingend, beendet werden muss: die Affäre oder die Partnerschaft.

Wohl fast alle Menschen hegen eine tiefliegende Angst vor Trennung und Getrenntheit. Und fast alle Paare – ob sie für kurzes oder für lange Zeit zusammen sind – haben sich mit ihren tendenziell zu hohen Erwartungen an Intensität, Zusammengehörigkeit und Sicherheit auseinanderzusetzen. Und ebenfalls damit, dass diese Erwartungen mit den Wünschen nach Begehren und Leidenschaft kollidieren. Aus der Angst vor Getrenntheit entstehen in einer Beziehung Erwartungen oder gar Vorschriften in Bezug auf den anderen, die das grundlegende Anliegen von Paaren, Bindung und Begehren in Einklang zu bringen, sabotieren können.

Bindung und Begehren längerfristig zu vereinbaren, ist eine anspruchsvolle Hürde, die Paare zu überwinden haben. Es bedarf dazu eines immer wieder zu erreichenden Gleichgewichts zwischen Getrenntheit und Zusammengehörigkeit, Verantwortung und Freiheit, Transparenz und Geheimnis – Intersubjektivität, Erotik und Intimität sind Beziehungserfahrungen, die sich auf verschiedenen Ebenen, an verschiedenen Schauplätzen und mit verschiedenen Personen abspielen können. Die Bedürfnisse äußern sich in verschiedenen Lebensphasen unterschiedlich.

In längeren Paarbeziehungen werden beide verwundbarer, weil der Partner lebenswichtiger wird. Das kann das Begehren vermindern und sexuelle Langeweile zur Folge haben. In der Regel wird das mit Gleichgültigkeit erklärt. Es kann jedoch aus einer wenig bewussten Angst geschehen, den Partner zu verlieren, wenn man eigenständige Wünsche äußert. Begehren setzt Stärke und Eigenständigkeit voraus. Das Begehren kann vermindert sein, weil eine emotionale Verschmelzung stattgefunden hat. Verlässlichkeit und Zueinandergehören, die in einer längeren Paarbeziehung gesucht werden, schwächen oft das Begehren danach, sich etwas vom Partner zu wünschen, das der Partner möglicherweise nicht will. Wenn die Bedeutung, die ein Partner für einen Menschen hat, seine Fähigkeit, seine Ängste selbst zu regulieren, übersteigt, dann wird der Partner zu lebenswichtig, als dass er noch begehrt werden könnte. Der Wunsch, zu begehren und begehrt zu werden, kollidiert mit den Bedürfnissen nach Verlässlichkeit. Es gehört wesentlich mehr Mut dazu, innerhalb einer bestehenden Paarbeziehung zu experimentieren, als dazu, bisher verborgene oder versteckte Aspekte unserer Sinnlichkeit und Sexualität in einer Affäre ans Licht zu holen.

Wohl jede Partnerschaft, jedes Liebespaar wünscht sich eine gelingende Kombination von Bindung und Begehren. Erfahrene Paartherapeuten weisen darauf hin, dass das von beiden viel Mut und viel Eigenständigkeit erfordert. Die eigene Integrität zu wahren und mit einem Partner zusammenzuleben schließen sich in der Regel aus. Das kann sich im Bereich der Sexualität, beim Geld, in der Erziehung der Kinder und im Lebensstil äußern. Das Nadelöhr einer Liebesbeziehung besteht darin, die eigene Integrität zu wahren und weiterzuentwickeln, die eigenen Überzeugungen, Wünsche und Träume zu leben und gleichzeitig mit einem Partner zusammen zu sein, ohne mit ihm zu verschmelzen, ohne mit ihm emotional verstrickt und verklammert zu sein. Schnarch (2006) spricht von der Notwendigkeit der selbst-bestätigten Intimität anstelle der Bestätigung durch den Partner, sei es in einer Paarbeziehung oder in einer Liebesaffäre. Für ihn gilt der größte Vertrauensbeweis in einer Beziehung nicht dem Partner, sondern sich selbst bzw. den eigenen Fähigkeiten, mit Ängsten umzugehen, sich selbst zur Ruhe zu bringen und zu trösten. Er empfiehlt, den Partner nicht mehr zu lieben als was durch diese Fähigkeiten ausgeglichen werden kann.[25]

In diesem Sinn kann eine Liebesaffäre eine Möglichkeit zur Individuation, zur Selbstwerdung bedeuten. Das Mögliche und Wünschbare kann dadurch neu bewertet werden. Es gibt heute eine wachsende Tendenz bei Paartherapeuten, mit einem aufgeschlossenen, flexiblen Ansatz an diese Fragen heranzugehen und eine doppelte Empathie zu versuchen: die

Empathie dafür, in einer Partnerschaft Liebe und Begehren neu zu fördern, wie auch jene, die Sehnsüchte nach einer Affäre bzw. nach neuem Begehren zu verstehen. Das mögliche Beenden der Partnerschaft oder der Liebesgeschichte steht nicht mehr im Mittelpunkt. Vielmehr gilt es, bei einem Paar das stets prekäre Gleichgewicht zwischen Getrenntheit und Zusammengehörigkeit, Vorhersehbarkeit und Neuem, Sicherheit und Begehren sowie Transparenz und Geheimnis immer wieder neu auszubalancieren.

Die Phantasien um die Königin von Saba und den König Salomo, das Ringen von Prinzessin und Froschkönig und das Geheimnis der Vereinbarung von Beziehung und Begehren lassen die Komplexität und auch das Mysterium von erwachsenen Bindungs- und Trennungsmustern und Liebesphantasien erkennen.

Was ein Beenden erschweren und verhindern kann

> Zwischen uns liegt so etwas wie ein Nebel, eine Zone von Fremdheit, die von der Geschichte zurückgelassen worden ist, und das Trennende dabei sind die unterschiedlichen Erfahrungen.
> *Jürgen Becker*

Beenden findet nie in einem luftleeren Raum statt, sondern in einem spezifischen persönlich-biografischen, psychosozialen, kulturellen und gesellschaftlichen Rahmen. Persönlich sind die frühkindlichen Bindungsmuster meistens prägend. Je unsicherer sie sind, desto schwieriger wird es, jemals etwas zu beenden. Die Angst davor, allein zu sein, ist sehr groß, vielleicht zu groß. Doch auch die allgemein erhöhte Geschwindigkeit des sozialen Lebens ist in ihrer Prägung des jeweiligen Beendens nicht zu unterschätzen.

Beziehungen sind kurzlebiger geworden. Trennungen sind nicht mehr verboten und nicht mehr unmöglich. Sie sind möglich und legitim. Andere leben es vor. Man wird nicht geächtet. Vielleicht wird man sogar bewundert: was, du hast das geschafft? Es gibt überdies auch gewisse unbewusste oder bewusste Vorbildsmuster: Wer bei seinen Eltern eine Trennung und Scheidung erlebt hat, ist Untersuchungen zufolge eher zu einer Trennung bereit. Es wurde gewissermaßen vorgelebt, dass man eine Trennung überleben kann.

Eine damit verbundene weitere Rahmenbedingung ist die beschleunigte Veränderung von Identitäten: wir leben im Zeitalter des flexiblen und mobilen Menschen. Sowohl persönlich als auch beruflich wird heute von Individualisierung gesprochen, von der Patchwork-Identität von mehreren Beziehungen, mehreren Berufen. Der einzelne Mensch ist nicht mehr eindeutig, sondern vielfältig, er ist nicht mehr ein Einziger, sondern viele.

Zudem erleben wir eine forcierte Ökonomisierung und (Erfolgs-)Kontrolle der gesellschaftlichen Bereiche. Der Einzelne muss sich ständig situieren und kontrollieren.

Die Länge von Psychotherapien wird durch die Krankenkassen geregelt; verlangt wird eine kurze und wirksame Therapie. Beendet wird, wenn das Stundenkontingent erschöpft ist. Weniger soll mehr sein.

Wenn ein Beenden von äußeren, sozialen oder ökonomischen Faktoren erzwungen wird, ist kein individuelles bewusstes Beenden möglich. Damit wird aus psychologischer Sicht eine Entwicklungschance vertan, nämlich die Möglichkeit, an Ambivalenzen, Ängsten und Konflikten zu arbeiten und zu wachsen. Und die Chance, schließlich den eigenen Rhythmus und die eigene Form eines Beendens zu finden und zu realisieren.

Im Berufsleben ist das heutzutage gängige »Hire and fire« – anstellen und entlassen bzw. anheuern und feuern – fatal für die psychische Entwicklung der betroffenen Menschen. Wenn entscheidende Veränderungen von außen aufgedrängt werden, wird es schwierig, sie seelisch zu verarbeiten. Die eigene Würde steht auf dem Spiel.

Obwohl in der heutigen Zeit immer mehr Vorgänge des Beendens von privaten und beruflichen Beziehungen verschie-
denster Art, also durch *äußere* Faktoren bestimmt bzw. durch
Sachzwänge eingeschränkt werden, wollen wir uns den *psychischen* Erschwernissen und Hindernissen beim Beenden-
Können zuwenden.

Wahrscheinlich wird in jedem Beenden zu einem bestimmten Zeitpunkt eine Ambivalenz erlebt, das heißt ein Schwanken zwischen ja und nein. Vertrautheiten und Sicherheiten
werden aufgegeben, selbst wenn sie zur Fessel geworden sind.
Es werden Trennungskonflikte zwischen Wunsch und Angst
aktualisiert, Schmerz und Trauer über den Verlust sowie Erleichterung und Freude über die gewonnene Freiheit erlebt. Im
Folgenden wenden wir uns diesen erschwerenden Faktoren zu.

Trennungsambivalenz: soll ich oder nicht?

Jegliches Beenden wird im Vorfeld und oft auch im Erleben
ambivalent erlebt. Ein Mensch pendelt zwischen mindestens
zwei Möglichkeiten: Ambivalenz ist vom Begriff her »zwei-
seitiges Werten«. Soll ich oder nicht? Will ich oder nicht?
Kann ich oder nicht? Darf ich oder nicht? Muss ich oder
nicht? Trennungsangst und Trennungswunsch können nebeneinander bestehen. Hinter der Angst kann sich ein Wunsch
verstecken, der nicht zutage treten darf. In der Ambivalenz, im
Schwanken zwischen zwei Möglichkeiten, kann sich ein
Widerstand verbergen – eigentlich will man gar nicht, aber
man kann nicht dazu stehen. Als Folge wird eine persönliche
Entwicklung verhindert; ein ambivalenter Mensch erlebt sich
blockiert, gefangen. Er verbraucht seine Lebensenergie im
Hin-und-her-Schwanken, im Sich-nicht-entscheiden-Können.
Ambivalenz ist kein angenehmer Zustand. Trotzdem dauert es
oft sehr lange, bis ein daran leidender Mensch bei allen Bemü-
hungen aus der Ambivalenz herauskommt.

Die Ambivalenz zeigt sich auch in der Beziehung selbst:
im Schwanken zwischen Liebe und Hass, Nähe und Distanz,

Bindung und Trennung. Einander entgegengesetzte Strebungen, Haltungen und Gefühle gibt es in der Beziehung gleichzeitig im Verhältnis zu ein und demselben Objekt.

Der quälende Zustand der inneren Entscheidungs- und Handlungsblockade – bei scheinbarer äußerer Handlungsfähigkeit – kann nicht einfach beendet werden, indem Prioritäten gesetzt und Verluste und Verzichte antizipiert werden. Es bedarf des Erkennens und der Aufarbeitung der inneren abgekapselten Konflikte und der tabuisierten Widersprüche. *Die äußere Ambivalenz entspricht einer inneren.* »Manche Seelen, ach, kämpfen in meiner Brust.« Das Eigene muss aus der Abhängigkeit von den möglichen Reaktionen des anderen befreit werden. Der Trennungswunsch muss stärker werden als die Trennungsangst. Dies ist bei Personen mit tiefgehenden ambivalenten Spaltungsmechanismen schwer erreichbar. Das Sowohl-als-auch bei einer erst anstehenden Entscheidung ist mit großer Angst, ja Panik verbunden. *Erst wenn die Angst bewältigt werden kann, wird eine Entscheidung möglich.*

Das Durchleben von Trennungsambivalenz hat einen positiven Aspekt: Die innere Auseinandersetzung mit Bindung oder Trennung, Festhalten oder Loslassen, Beginn oder Beenden hat begonnen. Lust und Angst gehören zu jeder wichtigen Entscheidung.

Hier das Beispiel einer Frau, 34-jährig, mit hoher Trennungsambivalenz:

Anita erzählt in der Therapie, wie sie immer wieder von ihrem alkoholisierten Ehemann geschlagen wird. Seitdem beide ihre schöne, große Wohnung verloren haben und in eine kleinere umziehen mussten und seitdem ihr kleiner Sohn geboren ist, ist es schlimmer geworden. Sie meldet das Geschlagenwerden jeweils der Polizei und sucht bei einer Nachbarin Zuflucht. Dann kehrt sie zu ihm zurück. Sie meditiert regelmäßig, und wenn sie dranbleibe und es täglich tue, dann gehe es ihr besser bzw. sie halte die Schläge, und damit ihre innere Zerrissenheit, besser aus. Sie hat schon seit vielen Jahren oft an eine Trennung gedacht. Dann wurde sie von ihrem Mann schwanger und trug das

Kind aus. Sexualität verweigere sie ihm seit Jahren, und die Zeugung von Lars sei ein Fehltritt gewesen, weil der Mann an jenem Abend so nett gewesen sei.

Sie hat Mitleid mit ihm, mit seiner Sucht, seiner Einsamkeit. Sie setzt ihm und sich Ultimaten, die sie nicht einhalten kann. Der kleine Lars bekommt regelmäßig die Szenen mit und weint dabei. Es gibt immer wieder Notfall-Situationen: der Mann oder die Frau werden in die Klinik eingewiesen. Er streitet jegliches Alkoholproblem ab. Er schildert sich als das Opfer seiner Frau. Die Frau erlebt sich selbst als Opfer. Keiner von beiden ist imstande, die Beziehungskatastrophe klar zu benennen und zu offenbaren. Er hat geistig bereits sehr abgebaut. Es ist kein normales Gespräch mehr mit ihm möglich.

Eine Eskalation folgt der nächsten. Es ist kein Ende abzusehen, kein Beenden in Sicht. Es werden immer wieder Dritte, Fachpersonen, bemüht, die dann wieder abgewimmelt werden. Die Ängste werden ausschließlich als gegenwärtige erlebt, obwohl zu vermuten ist, dass sie eine unbewusste Wiederholung früherer, nicht erinnerbarer Ängste sind. Doch im therapeutischen Gespräch erfolgt keine Verknüpfung der aktuellen Situation mit der bisherigen Lebensgeschichte. Die Situation erscheint als ausweglos – für alle.

Anita ist als nicht mehr erwünschte Nachzüglerin in eine Bauernfamilie hineingeboren worden. Jedenfalls hat ihr ihre Mutter diese Version erzählt. Anita wurde aber auch verwöhnt und verhätschelt, wie sie sich erinnert. Offenbar ist sie in einer sehr ambivalenten Situation groß geworden: unerwünscht und erwünscht, beides gleichzeitig. Eine schwere Hypothek für ein Kind.

Anita hat dann Bäuerin gelernt. Danach ist sie jahrelang in der Welt herumgereist und hat auf einer dieser Weltreisen ihren Mann kennengelernt und geheiratet. Dann arbeitete sie in einem Pflegeheim als Aushilfe. Dort verausgabte sie sich derart, dass sie aus gesundheitlichen Gründen die Arbeit aufgeben musste. Dann wurde sie schwanger, obwohl sie, wie sie sagte, die sexuelle Beziehung zu ihrem Mann seit Jahren abgebrochen hatte. Auch hier lässt sich eine Ambivalenz vermuten – dass sie in einem ihr unerklärlichen Moment ihren Mann ein Mal nicht abgewiesen hat und prompt schwanger wurde. Dann legte sie sich fest: sie wollte das Kind austragen.

Anita hat unbewusst immer ambivalente Situationen gesucht. Sie wollte sich nie festlegen und hat sich in gewissen Situationen doch intuitiv festgelegt: für die Heirat und für das Kind. Nachträglich leidet sie an diesen Festlegungen und hat nicht die Kraft, dort etwas zu beenden, wo es ihr nicht guttut.

Sie hat die Verantwortung für das Kind übernommen. Es bleibt die Ambivalenz, ob sie sich von ihrem Mann trennen soll, darf, muss – oder nicht. Noch immer gibt es keine Verknüpfung mit der früheren Lebensgeschichte. Die Angst und Not ist ausschließlich im Hier und Jetzt – was nicht als wahrscheinlich erscheint. Es gelingt nicht, an frühere Ängste und Nöte anzuknüpfen, die die heutige Situation verständlicher machen könnten. Das erschwert das Erarbeiten einer Lösung.

Es ist eine Situation bzw. Blockade, die PsychotherapeutInnen kennen und bedauern. Dann gilt es für die Therapeutin, die Ambivalenz der Klientin auszuhalten. Anita braucht Zeit. Doch auch da ist sie ambivalent und unterbricht die Therapie mehrmals. Sie hat noch nicht den Mut und das nötige Selbstvertrauen, um nochmals einen Blick in ihre Vergangenheit zu werfen und der Tragik der Gegenwart ins Auge zu sehen.

Ich bin bereits in meinem Buch über Versöhnung auf solche Situationen eingegangen.[26] Frauen, die geschlagen werden, kehren häufig zu denen, die sie schlugen, zurück. Nicht unbedingt aufgrund von Drohungen, sondern aus Ängsten heraus, das Leben nicht allein bestehen zu können. Auch weil sie immer wieder den Entschuldigungen und Besserungsbeteuerungen Glauben schenken. In guten Momenten vergessen die Frauen, dass es immer wieder zu Gewaltakten kommt. Sie spalten ihre Persönlichkeit und führen zwei Leben, eines als Partnerin und eines als Opfer. Das stärkt die Machtposition des Täters.

Hinter solchen Verstrickungen steht eine übergroße Trennungsproblematik, die oft neben der Ambivalenz auch Angst und Schuldgefühle beinhaltet. Sie lassen meistens eine sehr frühe Trennungsproblematik oder einen früh entstandenen unbewussten Konflikt zwischen Bindung und Trennung vermuten.[27] Es ist nicht immer möglich, auf psychoanalytischem Weg die frühe Geschichte genügend zu erfassen und sie hilfreich mit der aktuellen Situation zu verknüpfen. Da ist auch eine Erweiterung des therapeutischen Repertoires in Richtung Verhaltenstherapie erforderlich, um im Hier und Jetzt zu verstehen, wieso die Falle immer wieder zuschnappt und wie ihr vielleicht Schritt für Schritt zu entkommen ist.

Angst und Panik bei Trennung

Trennungsangst ist eine menschliche Grundangst, aufgrund deren eine Trennung sofort als eine Bedrohung erscheint, wenn sie erwogen wird. Bereits die Entwicklung der Bindung eines Säuglings an die Mutter bzw. an die erste Bezugsperson in den ersten sechs Monaten und die Fähigkeit, nach diesen ersten Monaten Trennungsangst zu entwickeln, bestätigen das Zusammengehören von Bindung und Trennung.

Trennungsangst beim Erwachsenen manifestiert sich im Festhalten am Gewohnten, im Nicht-loslassen-Wollen, im Jammern und Klagen über eine Not, die ausschließlich im Hier und Jetzt lokalisiert wird. Bereits eine antizipierte, also vorgestellte Trennung kann Angst, ja Panik auslösen. Im Beispiel von Selma ist deutlich geworden, in welchem Ausmaß ihr Erleben von realer, schmerzhafter Trennung im Kindesalter spätere Trennungsängste zur Folge hatte, zumal ihr als Kind keine Gelegenheit geboten wurde, um ihre Mutter zu trauern. Im obigen Beispiel von Anita äußern sich Angst und Panik in der übergroßen, blockierenden Trennungsambivalenz.

Angst als ein menschlicher Affekt ist vom ersten bis zum letzten Atemzug eines Menschen präsent. Wesentlich ist der Umgang mit Angst, der sich über die Jahre hin verändern kann. Für den Umgang mit Angst ist die psychische Regulierung von Ambivalenz entscheidend. Angst hat eine beschützende und dementsprechend auch entwicklungsfördernde Funktion, weil sie drohende innere und äußere Gefahren signalisiert. Freud hat von der »gemeinen Angst« gesprochen. Dazu schreibt Rilke:

»Wir sind ganz angstallein,
haben nur aneinander Halt,
jedes Wort wird wie ein Wald
vor unserm Wandern sein.
Unser Wille ist nur der Wind
der uns drängt und dreht;
weil wir selber die Sehnsucht sind,
die in Blüten steht«.[28]

Angst kann zu einer Gefahr werden, wenn sie zu intensiv, nicht mehr steuerbar und nicht mehr handhabbar ist. Sie kann eine panikartige Qualität erhalten, zum Kontrollverlust und zu weiteren negativen Reaktionen, Widerstand, Abwehr und Vermeidung führen. Diffuse Ängste, die keine sinnstiftende Bedeutung erkennen lassen und nicht verstanden werden können, führen zu Hilflosigkeit und Verzweiflung. Angst ist ein spezifisches und intensives Begleitsymptom aller psychischen Erkrankungen. In solchen Fällen wird jedes antizipierte oder reale Ereignis zu einem Angsterleben.

Angst will Trennung verhindern. Überstürztes Weggehen, schnelles Loslassen, Sich-Freimachen, Wegwerfen und Flüchten sind Verhaltensweisen, durch die das passive Erleiden von Trennungsangst, auch von Verlustgefühlen und Trauer, vermieden wird. In der selbstgesteuerten Trennung bleibt man aktiv. Nur wenn ein Mensch die Trennungsangst bzw. ihre Vermeidung spürt und sie sich bewusstmacht, kann er damit umgehen. Ein gewisses erträgliches Maß an Angst gehört schon zu der Erwägung einer Trennung.

Wird die normale, gesunde Trennungsangst akzeptiert – beispielsweise bei der Beendigung einer Arbeitsstelle, eines

Projektes, einer Beziehung, einer Therapie –, so kann sich ein Trennungswunsch erst manifestieren. Für geraume Zeit kann das Pendel zwischen Angst und Wunsch hin- und herschwingen, bis die endgültige Entscheidung bejaht wird. In dieser Phase wachsen die Fähigkeiten, mit Veränderungen, neuen Einsichten, Widersprüchen und Rückschlägen umzugehen und die Angst allmählich zu überwinden. Das Anerkennen und Aushalten von widersprüchlichen Gefühlen fördert die Trennungsfähigkeit. Auch hier gibt es eine normale Ambivalenz, die erst dann pathologisch wird, wenn sie als sehr intensiv und belastend erlebt wird und übermäßig lange dauert.

Rahel, 45-jährig, möchte eine Psychotherapie beginnen. Sie hat zwei Söhne von zwei Vätern, die sie allein erzieht. Sie leidet seit Jahren unter Panikattacken, die sie unvermittelt, tags und nachts, überfallen und ihr Leben angst- und leidvoll machen. Zurzeit ist sie arbeitslos, weil sie es an der jeweiligen Arbeitsstelle nie lange aushält.

Es folgt eine langwierige Therapie. Rahel ist sehr gesprächig und versucht um jeden Preis, der Therapeutin keine Gelegenheit zu geben, einzugreifen, nachzufragen oder gar eine Frage zu stellen. Sie spricht und spricht und geht – und kommt wieder. Sie will die Panikattacken medikamentös in den Griff bekommen und redet unaufhörlich über Medikamente. Ein Versuch der Therapeutin, diese Situation als letztlich für beide unbefriedigend zu erklären, wird abgeschmettert. Rahel muss die Kontrolle bewahren. Sie kann nicht über ihre Gefühle reden.

Dann kommt Rahel nach einem guten Jahr in eine Therapiesitzung und legt los. Eine ganze Sitzung lang beschimpft sie die Therapeutin, verhöhnt ihre Interventionen, ihre Versuche, auch die Medikamente. Nichts, gar nichts war gut und nichts hat geholfen. Die Therapeutin beschließt, stillzuhalten und zuzuhören. Rahel ist so erregt, dass es keinen Sinn machen würde einzugreifen. Dies entspricht offenbar auch einem üblichen Szenario der Patientin. Am Schluss verabschiedet sie sich kaum von der Therapeutin und geht schnell weg. – Danach herrscht monatelang Funkstille. Die Therapeutin schließt den Fall ab.

Weitere Monate danach sitzt die Therapeutin in der Straßenbahn. Da steht Rahel vor ihr und begrüßt sie freundlich. Sie wisse, dass sie einen sehr abrupten Abschluss der Therapie inszeniert habe, aber es sei ihre einzige Möglichkeit gewesen, diese zu beenden. Sie habe auch keine Medikamente mehr genommen und es gehe ihr gut. Sie erinnere sich immer wieder an Sätze, die sie in der Therapie gehört habe, und sie seien ihr hilfreich gewesen. Sie danke vielmals für alles. Es habe ihr gutgetan. Und weg ist sie.

Rahel hat ihren eigenen Weg gewählt, um mit Gefühlen von Abhängigkeit und ihrer Angst und Panik vor drohender Trennung umzugehen. So ist es vermutlich auch mit den Beziehungen zu den Vätern ihrer Söhne gelaufen. Die nachträgliche zufällige Begegnung zeigt, dass es für Rahel offenbar gut war, die Therapie so abzubrechen. Für die Therapeutin war es schwierig, doch sie hat sie gewähren lassen. Rahel hat beim besten Willen keine andere Möglichkeit wahrnehmen können. Angst und Panik bei phantasierter oder realer Trennung lassen immer wieder abrupte Lösungen wählen. Oder sie lassen ganz und gar unglücklich im Ungeliebten, Unmöglichen verharren.

Schuld und Schuldgefühle

Schuldgefühle sind eine Mischung aus Furcht, Ängstlichkeit und Besorgnis, die Zuneigung oder Anerkennung anderer Menschen zu verlieren. Das Schuldgefühl zentriert sich um die Sorge, etwas getan zu haben oder tun zu können, was die Liebe eines geliebten und benötigten Menschen beeinträchtigt. Schuldgefühle greifen mit ihrer zerstörerischen und lähmenden Kraft das Selbstwertgefühl massiv an. Sie sind eine Art Selbstverletzung, sie erregen Selbstmitleid, binden an die Vergangenheit, an einen Menschen, demgegenüber man sich schuldig fühlt, und halten einen selbst (oft unbewusst) im Opferstatus fest. Man kommt nicht los, man ist gefangen.

Schuld *ist* ein Grundphänomen menschlicher Existenz.

Durch das Menschsein sind wir in Beziehungen verstrickt und machen uns dadurch schuldig: uns selbst und anderen gegenüber. Es sind nicht Schuld-Taten, die verübt werden, es ist vielmehr die schuldhafte Verstrickung in menschliche Existenz. Leben heißt schuldig werden. Demzufolge sprechen wir von Schuld*gefühlen* – nicht von realer Schuld.

Aus der Trauma-Therapie ist bekannt, dass die reale Schuld eines Täters, der seine Tat nicht anerkennt, zum Schuldgefühl des Opfers wird, das zwar unschuldig ist, jedoch häufig eine Mitschuld spürt. Sich als Opfer fühlen bedeutet eine Schuldzuweisung an den Täter. Dies ist in vielen Fällen aus der Sicht des Opfers durchaus berechtigt. Wird jedoch in der Opferrolle verharrt, kann sich das Opfer nicht vom Täter lösen und beeinträchtigt die Gestaltung des eigenen Lebens. Damit entsteht beim Opfer aus der Schuldzuweisung eine Schuld sich selbst gegenüber, nämlich die Vernachlässigung des eigenen Wachstums.

Dasselbe findet in Partnerbeziehungen statt. Die permanente Kritik am Partner als dem in einer Beziehung Schuldigen wehrt die Verantwortung für den eigenen Anteil an den Problemen *und* für die eigene Entwicklung ab. Die Tatsache, dass man jemand anders als Sündenbock bezeichnet, lenkt von sich selbst ab. Ein Mensch fühlt sich und macht sich zum Opfer.

Leider ist der Opferstatus verhängnisvoll. Ein Opfer fühlt sich von den Umständen abhängig. Es fühlt die Verletzung und leidet daran. Die Identifizierung mit der Verletzung fesselt an den Täter. Schuldgefühle machen die Wut unmöglich, die vielleicht erlauben würde, sich zu trennen. Es ist eine große Entscheidung, nicht in Leiden und Selbstmitleid zu versinken und die Opferphase zu beenden. Es ist die Erkenntnis, dass ›man‹ oder ›frau‹ *mehr* ist als seine Verletzungen und dass man sich als Mensch Achtung und Respekt verschaffen kann. Oft gelingt es jedoch trotz vieler Anläufe nicht, aus der Opferrolle auszusteigen und aktiv zu werden.

Sich schuldig zu fühlen meint, dass man eine schlimme Sache selbst bewirkt hat und dass man vielleicht die Macht gehabt hätte, es anders zu machen oder eben zu lassen. Es spielt auch ein Sicherheits- und Beziehungsbedürfnis mit. Man will etwas sichern und fühlt sich dadurch nicht ohnmächtig. Und man steht mit dieser Person noch in Verbindung und könnte die Beziehung allenfalls noch bestimmen oder sogar retten.

In der Folge unterscheiden wir nach Hirsch vier Formen von Schuldgefühlen.[29]

Grundschuldgefühl

Es ist ein grundsätzliches existentielles Phänomen, Mensch zu sein, zu existieren und in möglichen Verstrickungen mit Eltern und anderen Menschen ein Leben lang schuldig zu werden.

Ein Kind sagt zur Mutter: »Entschuldige, dass ich geboren bin. Du hast mich ja nicht gewollt.« Jemand erzählt: »Meine Eltern haben heiraten müssen.« Oder: »Meine Mutter ist an meiner Geburt fast gestorben.« Oder: »Ich bin ein unerwünschtes Kind. Mich sollte es eigentlich nicht geben.«

Weitere Beispiele: Ein Kind wird zum Ersatz für den fehlenden Partner. Ein Kind ist nicht das richtige Kind. Ein Kind hat nicht das richtige Geschlecht. Ein Kind ist ein Ersatzkind für ein abgetriebenes oder verstorbenes Kind. Es gibt Familiengeheimnisse: um die richtigen Väter, um abgetriebene oder verstorbene Kinder, um depressive (innerlich tote) Mütter, um Übergriffe auf das Kind, um Süchte, Todesfälle und Selbstmord in der Familie. Solche Geheimnisse werden oft in Therapien mit Erwachsenen zum Thema.

Schuldgefühl aus Vitalität

Ein lebhaftes, vitales Kind fühlt sich schuldig, wenn seine Lebendigkeit von der familiären Umgebung nicht wohlwollend und anerkennend unterstützt wird. Es ist dann nicht »richtig«, genügt den Erwartungen der Eltern nicht und erlebt dies als schuldhaft. Ein Kind kann elterliche Sorgen, Belastungen und Depressionen noch nicht verstehen, es kann sie aber sehr wohl fühlen. Es gibt weitere Gründe, die

Schuldgefühle aus Vitalität erzeugen können, zum Beispiel ist es für ein gesundes Kind eine große Hypothek, kranke bzw. behinderte Geschwister oder/und Eltern zu haben.

Ähnlich ist der Fall bei depressiven Eltern bzw. einer depressiven Mutter *oder* einem depressiven Vater. Ein Kind, das sich entfalten und sich entwickeln will, kann in emotional eingeschränkten Verhältnissen in seiner Entwicklung stehen bleiben. Die mangelnde Resonanz erzeugt eine innerliche Leere, die das weitere Leben zu prägen vermag. Es gibt ein Überlebensschuldgefühl bei Todesfällen in der Familie: Darf man weiterleben, wenn eine wichtige Bezugsperson gestorben ist? Was ist Leben nach so viel Tod? Es ist eine Schuld der Unschuld.

Oft setzt sich das Thema im Erwachsenenalter fort: vitaler und lebenshungriger zu sein als der Partner, die Partnerin lässt Schuldgefühle entstehen. Eigene Liebhabereien zu pflegen, einen Liebhaber, eine Liebhaberin bzw. eine Außenbeziehung zu haben lässt manifest oder latent ein Schuldgefühl aus Vitalität entstehen.

Trennungsschuldgefühl
Das Trennungsschuldgefühl ist eine Ausprägung des grundsätzlichsten unserer menschlichen Konflikte: des Abhängigkeits- und Autonomiekonfliktes. Die Autonomiebestrebungen des Kindes sind in allen Lebensaltern mit Schuldgefühlen verbunden, da Loslösung als Aggression gegen und als Bedrohung der Eltern erlebt werden kann. Weiter fallen Arbeitsstörungen und Prüfungsängste unter das Trennungsschuldgefühl, weil sie letztlich – dadurch, dass man Erfolg hat, selbständig wird – aus der Familie hinausführen. Dasselbe betrifft die sexuellen Bedürfnisse der Jugendlichen. Ablösungsprobleme von den Eltern haben meist mit Trennungsschuldgefühlen zu tun. Glücklich und erfolgreich und selbständig sein wollen bedeutet Trennung von der Herkunftsfamilie. Solche Schuldgefühle können unbewusst von Generation zu Generation weitergegeben werden und sind insofern anerzogen.

Sie können ein Leben lang quälende Begleiter sein und Wachstums- und Entwicklungsprozesse beeinträchtigen. Bei psychischen Störungen können diese Schuldgefühle ins Pathologische kippen. Das Pendeln zwischen Abhängigkeit und Autonomie gehört auch zu erwachsenen Beziehungen, insbesondere zur Paarbeziehung. Wirkt das Trennungsschuldgefühl von der Kindheit her als eine Einschränkung, können erwachsene Beziehungen nicht oder nur schwer beendet werden.

Traumatisches Schuldgefühl
Schwere Übergriffs- und Gewalterfahrungen im frühen Alter überwältigen ein Kind, zerbrechen seine Abwehr und hinterlassen in ihm eine innere Leere, in der Fremdes, vom Täter Verursachtes Platz greifen und Schuldgefühle verursachen kann (Introjekt). Die Schuldgefühle sind jene des Gewalttäters, der Gewalttäterin, die, wenn Letztere sie sich nicht eingestehen, aufs Kind übergehen. Traumatisierung erzeugt fatalerweise immer schwere, einschränkende Schuldgefühle. Dies betrifft auch frühe Verlusterfahrungen (Tod eines Elternteils oder Geschwisters). Das traumatische Schuldgefühl mischt sich mit der Überlebensschuld, der Schuld, weiterzuleben.

Die erwähnten Formen von Schuldgefühlen lassen sich nicht trennscharf unterscheiden. Es gibt Überlagerungen, Überschneidungen und Kumulationen. Es wurde oben betont, dass zwischen Schuldgefühlen und realer Schuld (Schuldbewusstsein) zu unterscheiden ist. Es stellt sich die wichtige Frage, ob ein Kind in seinen ersten Jahren real schuldig werden kann. Ich glaube nicht. Für schuldig erklärt zu werden, kann, auch wenn es nicht berechtigt ist, ebenfalls zu Schuldgefühlen führen. »Wegen dir konnte ich nicht mehr berufstätig sein.« Da kann doch ein Kind nichts dafür. Trotzdem fühlt es sich notgedrungen schuldig, denn es hat seiner Mutter eine Möglichkeit verwehrt. »Wegen deiner Geburt ... war das und das nicht möglich.«

Es ist meist erst im Erwachsenenalter möglich, im Bearbeiten der Erinnerungen zwischen Schuldgefühlen und delegierter realer Schuld zu differenzieren. Dies ist wichtig. Diese Unterscheidung kann den Weg freimachen für einen Umgang mit verhängten Schuldgefühlen, was die Selbstachtung nach und nach zu stärken vermag. Kein Kind ist schuldig, weil es auf die Welt gekommen ist. Doch die erwachsene Person ist dafür verantwortlich, wie sie mit den Schuldgefühlen umgeht. Dies ist in vielen Therapien ein brennendes Thema.

Jede psychische Erkrankung – wenn es so weit kommt – hat mit (unbewussten) Schuldgefühlen zu tun, die einschränkend, verfolgend und quälerisch wirken. Sie verfolgen auch wichtige Regulationsfunktionen: Die Aggression gegen das geliebte Objekt wird damit unbewusst im Zaum gehalten. Das Kind darf zwar weiterleben, muss sich aber dabei schuldig fühlen. Das ist eine riesige Belastung für ein Kind und den später erwachsenen Menschen.

Da Schuldgefühle quälend sind, wird oft versucht, sie abzuwehren und auszuschalten. Dies kann nicht gelingen. Schuldgefühle bedürfen des Ausdrucks und der Verarbeitung – im besten Fall im Gespräch mit einem adäquaten Gegenüber, einem verlässlichen Gesprächspartner, der zuhört und das Erzählte aushält. Erst die Trauer ermöglicht das Annehmen dessen, was eben war und nicht zu ändern ist. Doch der Blick zurück kann versöhnlicher werden.

Die entsprechenden Trauerprozesse finden nach meiner Erfahrung in Adoleszenz und Erwachsenenalter statt, wenn ein Mensch versucht, mit seiner Vergangenheit ins Reine zu kommen. Trennungsängste und Trennungskonflikte treten dann als erneuter Widerstand gegen und als erneute Abwehr von Trennung zutage. Dies kann in der Adoleszenz geschehen, bei Todesfällen, bei der Trennung einer Liebesbeziehung, im Alter. Solche tiefgreifenden Ereignisse rühren immer an frühere Verletzungen, Ängste und Schuldgefühle. Wenn das erkannt wird, ist der Moment gekommen, sich ihnen zu stellen.

Es kann aber auch sein, dass die Erinnerung an frühere Erfahrungen fehlt, weil Angst, Hilflosigkeit, Entbehrung, Verlassenheit und Qual zu groß sind. Schlimme gefühlsmäßige Erinnerungen aus den frühesten Jahren entziehen sich der Sprache und damit der sogenannten Symbolisierung. Da diese frühen schlimmen Gefühle nicht benannt und zugeordnet werden können, werden sie wortlos in Körper und Seele gespeichert. In Situationen, die den früheren ähneln, werden sie wieder erweckt und als *aktuelle, gegenwärtige Gefühle erlebt* – ohne einen Schlüssel zum Verstehen zu liefern. Ein Verstehen müsste sprachlich stattfinden, doch die Ursache liegt im vorsprachlichen (vorsymbolischen) sehr frühen Erleben. Einzig die *Angst* verweist auf die frühere Hilflosigkeit. Vermeintliche oder reale eigene Schwächen, eigene Schuld, eigenes Versagen gehören ebenso dazu wie die vermeintliche oder reale Stärke der früheren und heutigen verfolgenden und quälenden Objekte und Gegebenheiten (ein Chef, eine Arbeitssituation, ein Partner). Alles Leiden ist aktuell, jetzt, heute. Doch es baut auf einem früheren Leiden auf, das noch nicht erinnert und erkannt und noch nicht betrauert worden ist.

Manchmal ist das ein Stillstand der Therapie, wo die Arbeit vorläufig nicht weitergehen kann. Das aktuelle Leiden bleibt unverstanden. Dabei besteht das Risiko, es immer wieder zu wiederholen. Manchmal gelingt es durch eine neue Beziehung bzw. durch eine gelingende Psychotherapie, das aktuelle Leiden mit den verschütteten Erinnerungen zu verbinden. Damit wird ein weiteres Wachstum erst ermöglicht.

»Ich bin blockiert« – als Mischung von Ambivalenz, Angst und Schuld

> Entscheiden und wählen bedeuten, etwas zu verlieren oder zu verlassen.

Häufig wird eine Therapie begonnen, wenn Unerledigtes und Unverständliches ansteht, das einen selbst betrifft wie auch Beziehungen. Es quälen immer wiederkehrende Träume, Wiederholungen in Beziehungen, Grübeln und kreisende Gedanken, Schlafstörungen, Lustlosigkeit, depressive Verstimmungen. Man hängt fest und leidet, fühlt sich wie der Hamster im Rad – und möchte doch etwas verändern und aufbrechen. Aber man hat keine Ahnung, wo das Problem liegt und wo man es anpacken könnte. Das aktuelle Gefangensein scheint auf Erlebnisse zu verweisen, die nicht genügend erkannt und verarbeitet worden sind und nun wiederkehren. Die verletzte Seele meldet sich immer wieder, hartnäckig und schmerzhaft, mit Angst vor Trennung, Angst vor Verlassenheit, Schuldgefühlen.

Trennungsambivalenz, Trennungsangst und Trennungsschuld können sich in einer Blockade des Entscheidens und Handelns verquicken, wie das folgende Beispiel zeigt.

Elvira, 48-jährig, verheiratet, ohne Kinder, erzählt von den ewigen Streitgesprächen mit ihrem Mann. Sie ist Perfektionistin und ihr Mann ist ein Chaot. Das erfordert immer wieder Klärungen und Abgrenzungen. Doch selbst dann, wenn die beiden sich schließlich in einer Sache geeinigt haben, trägt Eva den Konflikt in sich weiter, tagelang, sie quält sich, kann ihn nicht loslassen. Sie fängt an zu grübeln. Hat sie alles gesagt, was für sie notwendig war? War sie ehrlich sich selbst und ihrem Mann gegenüber? Hat sie Angst, ihren Mann zu verlieren, oder möchte sie sich trennen? Spielen Schuldgefühle mit, die sie für sich nicht klären kann? Ihr schmerzliches Gefühl ist ihr ein Warnsignal: »Etwas stimmt nicht, ich hänge fest, ich kann nicht loslassen, und das muss seinen Grund haben.«

Mit der Zeit beginnt Elvira langsam, aber sicher zu verstehen. Die Einigungen am Schluss der Streitgespräche sind für sie faule Kompromisse. Sie glaubt längst nicht mehr an eine gute Lösung im Zusammenleben mit diesem so unterschiedlichen Mann, doch das gesteht sie sich erst in der Therapie ein.

Nach dem nächsten Streit nimmt sie ganz bewusst ihr »Festhängen« wahr. Sie verweilt bei diesem Gefühl. Sie will ihm standhalten. Sie will darauf achten, welche weiteren Gefühle in ihr auftauchen. Sie will sich keine Vorwürfe machen, sondern ihr Festhängen annehmen, wie es ist. Und es ist schlecht auszuhalten. Insgeheim beschimpft sie ihren Mann und erklärt ihn für an ihren schlechten Gefühlen schuldig. Sie spürt Selbstmitleid und Selbstgerechtigkeit. Und vor allem versteht sie sich selbst nicht mehr. Was will sie eigentlich?

Elvira will keine faulen Kompromisse mehr. Die nächsten Ferien werden nicht gebucht, weil sich die beiden nicht auf ein Ferienziel einigen können und weil gar kein Geld da ist. Jeden Abend schläft ihr Mann nach dem Abendessen vor dem Fernseher ein. Elvira mag diese langweiligen Abende nicht mehr. Es wird ihr bewusst, dass sie nie richtig verliebt war, sondern dass sie, als sie diese Beziehung einging, auf die vierzig zuging und Torschlusspanik hatte. Und doch hat sie diesen Mann auf eine ihr unerklärliche Art lieb gewonnen.

Die Ambivalenz hält sie für weitere, lange Monate gefangen. Ein Liebhaber hilft ihr ein Stück weit über die eheliche Langeweile und die faulen Kompromisse hinweg. Doch jetzt, wo sie dies erkannt hat, hilft ihr auch diese Liebschaft nicht weiter. Elvira will sich entscheiden. Doch sie hat eine übergroße Angst, allein zu sein. Und sie ertrinkt fast in Schuldgefühlen und Mitleid für ihren gutmütigen Mann. Schließlich kann sie sich dazu aufraffen, ihm von ihrem Dilemma zu erzählen. Er ist schockiert.

Elvira ist als Bauerntochter aufgewachsen. Sie hat wenige Erinnerungen an früher. Sie kann sich aber erinnern, als Kind vom Vater mit dem Stock auf den Hintern geschlagen worden zu sein. Daran hat sie eine ausgesprochen ambivalente Erinnerung. Wenn sie die Nähe ihres Vaters suchte, musste sie sich seinem unerbittlichen Gesetz unterwerfen. Sie wagt nicht, bei den Eltern und Geschwistern nachzufragen. Ihre Erinnerungen setzen in der frühen Pubertät ein, wo sie ausgesprochen promiskuitiv lebte, ohne Wissen der Eltern, wie sie meint. Heute hat sie mit ihren Eltern, insbesondere mit ihrem Vater, ein sehr nahes und zärtliches, fast kindliches Verhältnis.

Elvira erzählt von ihren äußerst gewalttätigen Träumen, in denen sie abwechselnd die Täterin und das Opfer ist. Die Träume sind ihr fremd. Nur sehr zögerlich freundet sie sich mit dem Gedanken an, diese Träume als ihre Werke und sich selbst als die Regisseurin ihrer Träume zu verstehen. Sie merkt, dass das Traumerleben immer öfter zu ihrem Tagerleben und ihren Phantasien passt. Mit ihrem Liebhaber hat sie ein ausgeprägt sadomasochistisches Verhältnis. Sie lässt sich demütigen und erniedrigen und hat das bisher als »normal« erlebt. Im Wachzustand hat sie ihre Gewalttätigkeit im Griff. Sie erzählt jetzt, dass sie abends im Fernsehen schlimme Horrorfilme schaue und dabei Erleichterung verspüre. Sie kann damit einen Teil ihres inneren Dramas in den Film projizieren. Und die anderen sind die Missetäter, nicht sie. Sie muss sich die Hände nicht schmutzig machen und darf sich abreagieren. Doch auch das verliert mit zunehmendem Bewusstsein seinen Reiz.

Sie will sich zwischen Ehemann und Liebhaber entscheiden. Sie habe die Doppelspurigkeit ausgereizt und ausgelebt, und es interessiere sie nicht mehr. Sie realisiert, dass ihr Liebhaber nicht in ihre Familie passt, und entscheidet sich für ihren Mann. Zu ihrer großen Überraschung erlebt sie einen enormen Energieschub, sie sucht und findet eine Stelle, sie räumt zügig das Haus auf. Und sie gesteht, dass es ihr immer noch langweilig sei mit ihrem Mann, aber dass sie sich richtig entschieden habe.

In einer nächsten Therapiestunde erzählt sie, wie ihre Mutter sie gefragt habe, ob die Therapeutin mit ihr zufrieden sei. Das sei nicht der Punkt, habe sie ihr entgegnet. Und dann sei es wie Schuppen von ihren Augen gefallen. Sie habe ihr bisheriges Leben gelebt, um andere zufriedenzustellen. Sie wollte immer ein gutes Kind sein. Nun habe sie gemerkt, dass sie ein eigenes Leben brauche, Freunde, eine gute Stelle und vor allem die Verbundenheit mit ihrer Herkunftsfamilie. So könne sie auch mit ihrem Mann weiterleben und gut zu sich sein. Da sie viel Sicherheit brauche, nehme sie die Nachteile dieser Wahl auf sich. Sie habe noch nie so viel Energie gespürt wie jetzt.

»Das Leben ist ein fauler Kompromiss«, »Meine Gedanken engen mich immer wieder ein« oder »Ich bin nicht sicher«, »Es ist alles unsicher« oder »Das Leben ist nicht fair« – das sind alltägliche Eingeständnisse unter Freunden oder in einer Psychotherapie. Sowohl Ambivalenz als auch Angst und Schuldgefühle hemmen Menschen, mutig einen Schritt aus einer Blockade, aus einem Gefangensein zu wagen und damit die Widerstände auf eigene Verantwortung hin zu beenden:

- Ambivalenz: Man weiß es eben nie ganz genau, ob dieser Mann oder diese Frau die richtige Person ist; ob die gewählte Ausbildung das hält, was man sich wünscht.
- Angst: Was dann, wenn etwas Geplantes nicht gelingt und nicht das Richtige ist? Hat man dann die Kraft, einen weiteren Schritt zu wagen?
- Schuldgefühle: Trägt man der Verantwortung gegenüber der Familie, den Kinder, den Kollegen wirklich Rechnung? Macht man genug? Ist man gut genug? Darf man sich gewisse Freiheiten nehmen?

Es ist oft schwierig, die eigene Verantwortung schlüssig zu klären. Katie Byron (Byron & Mitchell 2007) hat einen Weg aufgezeigt, um die Gedanken, die einen im Leiden und in der Blockade verharren lassen, zu prüfen. Sie unterscheidet, und das ist wichtig, zwischen einer belastenden Wirklichkeit (Krankheit, Verlust, Blockade) und den Gedanken, die sich ein Mensch dazu macht. Für Byron sind es die *Gedanken*, die einen Menschen leiden lassen, und nicht die Wirklichkeit. Ihr gemäß kann man lernen, den Gedanken mit Verständnis zu begegnen und sie zu »prüfen«. Sie schlägt dazu verblüffend einfache Fragen vor (in Klammern meine Ergänzungen):

1. Stimmt das, was ich denke? (Dass ich etwas nicht kann, nicht darf, nicht weiß, nicht sicher bin, dass ich leide.)
2. Kann ich absolut sicher wissen, dass es stimmt? (Dass ich nicht kann oder darf – man weiß es eben nie absolut sicher.)
3. Wie reagiere ich auf diesen (meinen) Gedanken? (Ich bin blockiert, wage nicht, etwas zu tun.)
4. Wer oder was wäre ich ohne diesen Gedanken. (Ich wäre möglicherweise erleichtert, ich würde es wagen, ich wäre ganz im Hier und Jetzt.)

Bei der Prüfung eines belastenden, einschränkenden Gedankens wird uns seine Macht bewusst. Byron zeigt auf, dass die ernsthafte, wiederholte Prüfung von Gedanken ihnen mit der Zeit die Macht nimmt, zu schmerzen und einzuschränken. Für sie besteht das Leid im ungeprüften Denken. Unsere belastenden Gedanken haben wir im Laufe des Lebens erlernt und gut geübt. Sie sind Teil unserer Identität. Wenn wir sie prüfen und damit ehrlich in Frage stellen, verlieren sie langsam ihre Macht über uns. Ambivalente, ängstliche und schuldhafte Gefühle (insbesondere auch Schuldgefühle aus Vitalität, Schuldangst, Trennungsangst) bedürfen der stetigen Prüfung. Dann können sie sich wandeln bzw. kann ein Mensch seine Passivität und seine Opferhaltung zugunsten von mehr Eigenverantwortung und Aktivität verändern.[30]

»Ich bin blockiert« steht für ein komplexes seelisches Gefüge von Ambivalenz, Schuldgefühlen und Angst. Wenn frühe Störungen bei einem Menschen vorliegen, wird das Prüfen von Gedanken gemäß Byron möglicherweise nicht greifen, vielleicht auch eine länger dauernde Psychotherapie nicht. Das kann hier nicht das Thema sein, so wichtig es ist. Blockierte Lebenssituationen – und darin der unbewusste Konflikt zwischen Trennung und Bindung – reichen von tragischen Schicksalen bis hin zu alltäglich vorkommenden Situationen.

Normale Blockaden, wie wir sie alle kennen, haben viel mit Wertungen, Vergleichen und Abhängigkeiten zu tun. Es braucht Mut, sich selbst ohne Wertung zu betrachten und herauszufinden, was einem selbst guttut.

Trauer als Voraussetzung zum Beenden

> Und manch einer wundert sich, dass so viel
> Heimweh so viel Schönheit zeitigt.
> *Gerhard Meier*

Trauer ist eine notwendige Voraussetzung, um eine Beziehung zu beenden, die kein persönliches Wachstum mehr ermöglicht. Oder um einen Menschen zu verabschieden, der weggegangen oder verstorben ist. Trauer kann vermieden oder übersprungen werden, allerdings auf Kosten der eigenen Entwicklung.

Liebe und Trauer gehören unabdingbar zusammen. Wer nicht lieben kann, kann auch nicht trauern. Die Unfähigkeit zu trauern ist eine Unfähigkeit zu lieben. Liebe ist ein großes Geschenk. Und Trauer ist der größte Preis, den sie bei einem Verlust einfordert. Selbst wenn Liebende das wissen, kann die Trennung bzw. der Tod ihres Nächsten zum Trauma, zur Überwältigung durch Schmerz und Gefühle werden, die das Leben aus den Fugen geraten lassen.

Trauer wird notwendig, wenn eine geliebte Person sich trennt oder stirbt oder wenn ein geliebtes Objekt – ein Beruf, ein Haus, ein Land – aufgegeben werden muss. Die Liebeskraft, die auf die geliebte Person oder das geliebte Objekt gerichtet war, muss zurückgenommen und verinnerlicht werden. Durch die Trauer kann der Verlust schließlich angenommen und ins eigene Leben integriert werden. In welcher Weise die Erinnerung weitergelebt wird, ist individuell verschieden.

Trauer aus Liebe

Es gibt eine Notwendigkeit zum Trauern, weil die Zeit, das Verstreichen der Zeit sowie der Tod zum menschlichen Leben gehören. Obwohl wir es uns vielleicht zuweilen wünschen, wäre es schwer oder nicht zu ertragen, wenn sich in unserem Leben nie etwas verändern würde, wenn es keine Trennungen und keine Verluste gäbe. Wenn wir ewig leben würden, müssten wir nicht immer wieder Abschied nehmen, den Verlust von Menschen beklagen und mit Trennungen fertig werden. Aber so würde das Leben an Sinn und Wert verlieren.

Wir trauern um Verluste: den Verlust eines Menschen oder eines Gutes, welche für uns einen besonderen Wert dargestellt haben. Die nächste Phase ist wie ein Schock, wir erleben Zorn, Kummer, Angst und Schuld. Und erst dann, wenn wir uns diesen Gefühlen wirklich stellen, sie zulassen und einen Umgang mit ihnen versuchen, sind wir am trauern. Wir lösen uns im Trauerprozess von diesem Menschen oder von diesem Gut (Job, Haus etc.) und integrieren alles das, was dadurch in uns geweckt und belebt wurde, in unser Leben. Das Trauern wird damit zu einem Übergang in eine Phase, in der wir ohne das Verlorene leben müssen.

Fliederblüten dicht –
Das dunkelste Violett
Kündet von Trauer

Tiefdunkle Nacht trägt
Die Kraft im Universum –
Orion glänzt weit

Trauern ist wichtig für die psychische und sonstige Gesundheit. Oft sind depressive Erkrankungen und funktionelle Beschwerden damit verknüpft, dass nicht getrauert wird. Sei es, weil Trauer als Schwäche, als Niederlage betrachtet wird oder weil man beispielsweise einen Menschen, der einen verlässt, gewissermaßen aus Verletzung und Trotz nicht betrauern will oder kann. Wer einen Menschen verliert, verliert das Vergangene, Erlebte, die Gegenwart und die Hoffnungen auf eine mögliche Zukunft. Das alles will im Trauerprozess akzeptiert werden. Das macht eine Veränderung des Selbstbildes und eine Neubestimmung der Identität notwendig.

Ein Trauerprozess erfordert viel Zeit und viel Energie. Kann nicht getrauert werden, erzwingt oft eine Depression die Suche nach dem eigenen Selbst und dem Selbstwertgefühl nach dem Verlust. Das ist vor allem dann notwendig, wenn ein Mensch zu wenig das eigene Leben gelebt und sich zu sehr an eine andere Person angepasst hat. Wenn diese andere Person stirbt, verliert man nicht nur den geliebten Menschen, sondern auch jenen Menschen, der einem den Selbstwert gegeben und für den man sich selbst aufgegeben hat.

In der Trauer bringen wir dem Verlorenen nochmals unsere Liebe dar. Ein Trauerprozess geht in mehreren Phasen vonstatten. Verena Kast[31] hat den Trauerprozess in vier Phasen gegliedert, die ich im Folgenden erläutere:

1. Nicht-wahrhaben-Wollen: Es ist die Phase des Schocks, des bösen Traums, es darf gar nicht wahr sein. Diese Phase kann – nach einem Verlust, nach einer schlimmen Ankündigung – Stunden und Tage dauern.

2. Aufbrechende chaotische Emotionen: Es sind heftige, oft widersprüchliche Gefühle, die von einem Besitz nehmen, wie Wut und Zorn, Sehnsucht, Liebe, Angst, Schuldgefühle, Dankbarkeit. Der Umgang mit Angst ist dabei ganz zentral. Nur wenn wir alle diese chaotischen Gefühle zulassen, kommen wir in Kontakt mit jenen Energien, die die dritte Phase des Trauerns ermöglichen.

3. Die eigentliche Trauerphase: Erinnerungen, Träume und Gespräche finden statt. Das Verlorene wird nochmals gewürdigt und gesucht. Projektionen und Delegationen, was vor dem Verlust möglich war und jetzt unmöglich ist – all das muss zurückgenommen werden. Ebenso die Idealisierungen oder die Ambivalenzen und möglicherweise nega-

tive und chaotische und widersprüchliche Gefühle. Sie alle bedürfen der Auflösung. Was der verlorene Mensch oder das verlorene Gut im Positiven in uns geweckt und belebt haben, muss nicht verloren gehen. Es kann in den in uns belebten und vielleicht auch vom Verlorenen herausgeliebten Seiten in uns weiterleben.

Am Ende der dritten Phase wird der Verlust akzeptiert. Man wendet sich wieder dem Leben und den Menschen zu. Gerade diese Phase kann aber sehr lang, sehr schwierig und mit vielen Komplikationen verbunden sein. Dann ist es angesagt, sich eine Begleitung in der Trauer zu suchen.

4. Neuer Selbst- und Weltbezug: Nach einem Trauerprozess steht ein Mensch an einem anderen, neuen Ort in seinem Leben. Vor dem Hintergrund von Verlust und von durchlittener Trauer werden Beziehungen als kostbarer erlebt.

Eine Person hat lernen müssen, die schwierigsten Gefühle auszuhalten und zu regulieren. Dadurch wird das Selbstbewusstsein gestärkt. Es wird klarer, was wirklich trägt im Leben. Der Alltag wird abschiedlicher und damit auch gegenwärtiger und erfüllter erlebt. Was letztlich bleibt, ist die Liebe – zu sich selbst, zum Leben.

Es wird, wie bereits erwähnt, nicht empfohlen, einen anderen Menschen oder ein Objekt mehr zu lieben als sich selbst; nicht mehr, als durch die Fähigkeit der Selbstberuhigung und Selbsttröstung ausgeglichen werden kann. Bei der Melancholie und bei der Depression wird am verlorenen oder toten Objekt festgehalten, weil der eigene Selbstwert damit verbunden ist. Ein eigenständiger Selbstwert und die Fähigkeit zur Selbstberuhigung sind nicht vorhanden und auch nicht die Fähigkeit, in einer schöpferischen, symbolisierenden Art zu trauern.

Dazu ein Beispiel. Ein schwerkranker Mann, Henry, schreibt in seinem Abschiedsbrief an seine Frau: »Der Tod meiner Mutter hat meinen Vater vollkommen aufgezehrt. Sie hätte das nie und nimmer gewollt. Jede Minute seines Lebens war seitdem von ihrer Abwesenheit geprägt. Jeder Handlung fehlte Bedeutung, weil sie nicht da war, um als Maßstab zu dienen. Als ich klein war, konnte ich das nicht verstehen, doch inzwischen weiß ich, dass Abwesenheit sehr präsent sein kann, wie ein kaputter Nerv, wie ein dunkler Vogel. Ich habe Hoffnung, ich habe diese Vision von dir, dass du nach meinem Tod unbelastet weitergehst, dein Haar glänzend in der Sonne.«[32]

Therapie und Psychoanalyse sind Prototypen erinnernder Trauerarbeit und erinnernder Loslösung vom Vergangenen – und in diesem Sinn schöpferische Akte. Das Erinnern und Erzählen beschreibt eine Bewegung, verändert das Selbst und schafft Platz für neue Beziehungen.

Wenn Trauer nicht möglich ist

Elfriede Jelinek hat in ihrem Buch *Die Klavierspielerin* ein schmerzliches Beispiel dafür geliefert, wie ohne Trauer kein Beenden des sadomasochistischen Leidens ihrer Protagonistin Erika möglich ist.

Erika ist Ende dreißig, Klavierlehrerin am Konservatorium in Wien, wohnt noch immer bei ihrer alten Mutter. Nicht nur das: sie wurde von ihrer Mutter ein Leben lang dressiert und triebfeindlich gedrillt, oral verwöhnt, kontrolliert und terrorisiert. Die beiden schlafen im selben Bett. Mit Lügen schafft sich Erika den Zugang zu ihren perversen Wünschen: Peep-Shows und die Beobachtung von Liebespaaren im Park. Sie hasst alle jene, die etwas haben, was sie nicht hat.

Als sich ein Schüler, Klemmer, in sie verliebt, erhofft sie sich einen »Höhepunkt aller denkbaren Gehorsamkeiten«.[33] Die größte Lust für sie ist die der totalen Selbsterniedrigung. Sie frustriert und demütigt Klemmer. Sie muss ihn zuerst zerstören, damit er danach zum Übermächtigen wird, der sie vernichten kann. Er spielt nicht mit und rächt sich, indem er sie vergewaltigt. Damit kränkt er Erika zutiefst, und das Buch endet damit, dass sie sich das Messer, mit dem sie Klemmer töten wollte, in die eigene Schulter stößt.

Erikas Vater war nach ihrer Geburt geisteskrank geworden. »Erika trat auf, der Vater ab«.[34] Im Ehebett der Mutter, in dem Mutter und Tochter schlafen, werden die zentralen Unterschiede, die die psychosexuelle und emotionale Entwicklung des Menschen vorantreiben, ausgelöscht: der Unterschied zwischen Eltern und Kind (Generation), zwischen Mann und Frau sowie zwischen Vater und Mutter (Geschlecht).

Die Verleugnung des Generations- und Geschlechtsunterschieds ist im Leben eines Menschen immer schwerwiegend und traumatisierend. Erika kann sich psychosexuell nicht entwickeln und bleibt in einer imaginären Einheit mit der Mutter – die nie abwesend war und ist – verbunden. So kann sich ihre Libido nicht auf einen anderen, neuen Menschen – Klemmer – richten. Sie bleibt an die Mutter gebunden und ist damit ein Opfer imaginärer Verwirrungen: sie ist erwachsen (im Beruf), sie ist Kind (bei der Mutter), als Frau ist sie Mann (im Ehebett der Mutter), als ebendieser Mann ist sie Frau. In ihrer Ab-Erkennung des Generations- und Geschlechtsunterschied reagiert sie mit zerstörerischer Gier auf alles, was sie nicht haben kann. Die Alternative wäre Trauer. Trauer darum, nicht die Mutter lieben zu können, Anerkennung des Generations- und Geschlechtsunterschieds. Und weil sie nicht trauern und symbolisieren kann, macht sie es real: Sie schneidet sich mit Vaters Messer in die Schamlippen. Die Schlachtszene meint die Trennung von Frau und Mann, von Tochter und Mutter. Oder wie es Mahler-Bungers ausdrückt: sie geschlechtet sich, indem sie sich schlachtet.[35] Der Text macht die Leserin zur sadomasochistischen Voyeurin. Es ist ein fast unerträgliches Lesen.

Dann tauchen im Text leicht verfremdete Zeilen aus der Winterreise von Schubert auf. Texte von Wilhelm Müller, wo er die Sehnsucht und Hoffnung, die Täuschung und Resignation eines Wanderers schildert, der eines tun muss: trauern, damit er sich vom geliebten Menschen trennen kann. Der Dritte, der Ausgestoßene – das ist der Wanderer (Schubert bzw. Müller), hier Erikas Vater. Und mithilfe des Dritten gibt es einen Weg, aus dem masochistischen und bitteren Unterfangen, aus diesem ganz und gar tödlichen Text zu entkommen. Das Tödliche des Textes hat nicht zuletzt damit zu tun, dass in diesem Roman nie und von niemandem um Verletzungen und Verluste getrauert wird. Ohne Trauer bleibt der Schrecken erhalten.

Autoritäre und unselbständig erzogene Menschen sind *unfähig zu trauern*. Das haben auch Margarethe und Alexander Mitscherlich in ihrem gleichnamigen Buch belegt.[36] Weil solche Menschen dazu konditioniert werden, unhinterfragt Normen und Tabus zu übernehmen, neigen sie zu Verdrängung und Abwehr. Gleichzeitig sind sie schnell zu Aggression und Brutalität bereit. Anstelle von Einfühlung gibt es einzig Projektion, und der Mangel an Befriedigung wird durch Aggression ersetzt.

Trauer kann sich verstecken. Hinter Verdrängung, Abwehr und lauernder Aggression. Hinter Ängstlichkeit, Besorgtheit und Beunruhigung, sei es hinsichtlich Finanzen, beruflichen Sachen oder anderen Dinge. Solche Sorgen werden zwar als existentiell erlebt, befinden sich aber an der Oberfläche des psychischen Erlebens.

> »Ein Licht tanzt freundlich vor mir her
> Ich folg ihm nach die Kreuz und Quer
> Ich folg ihm gern und seh's ihm an
> Dass es verlockt den Wandersmann.
>
> Ach! Wer wie ich so elend ist
> Gibt gern sich hin der bunten List
> Die hinter Eis und Nacht und Graus
> Ihm weist ein helles warmes Haus
> Und eine liebe Seele drin. –
> Nur Täuschung ist für mich Gewinn.«[37]

Im therapeutischen Prozess spielen die versteckte und die verleugnete Trauer eine große Rolle. Trauern können bedeutet, sich dem Verlust zu stellen. Sich der Tatsache bewusst zu werden, dass alles im Leben unbeständig und vergänglich ist. Trauern heißt lieben im Bewusstsein des Flüchtigen.

»Wie hat der Sturm zerrissen des Himmels graues Kleid!
Die Wolkenfetzen flattern umher in mattem Streit, umher
  in mattem Streit.
Und rote Feuerflammen zieh'n zwischen ihnen hin.
Das nenne ich einen Morgen so recht nach meinem Sinn.
Mein Herz sieht an den Himmel gemalt sein eigenes Bild
– Es ist nichts als der Winter, der Winter kalt und wild.«[38]

Auch der Winter will in seiner Kälte wahrgenommen werden. Das ist die Wirklichkeit. Und irgendwann danach wird es wieder Frühling werden.

Trauer kann leicht werden

Der Titel wirkt paradox. Trauer ist doch per se schwer und schmerzvoll, ein langer, entbehrungsreicher Weg. Kann Trauer leicht werden?

»Um dauerhaftes Glück zu erlangen, müssen wir die Natur des Leids kennen« (Dalai Lama).

»Trauer kann zum Garten des Mitgefühls werden« (Rumi).

Wenn wir unser Herz allen Erfahrungen gegenüber offenhalten, Trauer und Freude, Schmerz und Glück, ohne sie zu werten und gewichten, dann werden sich die Gefühle verändern. Wenn wir wissen, dass wir uns vor Leiden, vor Trauer nicht schützen können, gibt es nur eines: sich mit der Trauer, mit dem Leiden zu verbünden.

Westen und Osten, der leidende Jesus am Kreuz und der meditierende Buddha: dies sind zwei unterschiedliche Kulturen, die auch mit dem Thema der Trauer unterschiedlich umgehen. Lesen wir in *Das tibetische Buch vom Leben und vom Sterben*, so beginnen wir zu erahnen, welche Wunder des Lebens sich in der Tiefe der Trauer verbergen können.[39] Sogyal Rinpoche lädt dazu ein, sich in Momenten, wo einen die Trauer zu überwältigen droht, in die Natur zu begeben und dort trösten zu lassen; sich an einen Wasserfall zu setzen und zusammen mit dem herabströmenden Wasser Tränen und

Schmerz aus sich herausfließen und sich vom Wasser reinigen zu lassen. Und er schreibt mit der größten Selbstverständlichkeit: »Es ist ohne Zweifel möglich, Trauer zu akzeptieren und zu beenden.«

Und er nimmt die trauernde Leserin und den trauernden Leser an die Hand und empfiehlt beispielsweise die folgende Visualisierung oder Imagination:

»Visualisieren Sie alle Buddhas und erleuchteten Wesen im Raum um sich herum, stellen Sie sich vor, wie sie ihr Mitgefühl in Form von Lichtstrahlen aussenden und Ihnen ihre Unterstützung und ihren Segen geben. Sagen Sie Ihrem geliebten Verstorbenen (kann nach Bedarf variiert werden) alles, was Sie sagen müssen, alles, was Ihnen auf dem Herz liegt.

Stellen Sie sich bildlich vor, dass der verstorbene Angehörige Sie mit mehr Verständnis und Liebe anschaut, als er je im Leben gezeigt hat. Seien Sie gewiss, dass er Ihnen seine Liebe zeigen möchte und Ihnen vergibt, was immer Sie auch getan haben, und dass er gleichermaßen auch um Ihre Vergebung bittet.

Lassen Sie Ihr Herz sich öffnen, bringen Sie allen Zorn, jede Verletztheit, die Sie vielleicht noch in sich tragen, zur Sprache, und lassen Sie sie damit endgültig los. Vergeben Sie dem Verstorbenen dann von ganzem Herzen. Sprechen Sie Ihre Vergebung aus und sagen Sie, dass Sie allen Schmerz, den Sie verursacht haben, aufrichtig bereuen. Spüren Sie jetzt mit jeder Faser Ihres Seins, wie der Verstorbene Ihnen vergibt und Ihnen seine ganze Liebe schenkt. Fühlen Sie die tiefe Gewissheit, dass Sie liebenswert sind und Vergebung verdienen, und spüren Sie, wie Ihre Trauer sich auflöst.

Fragen Sie sich zum Abschluss, ob Sie jetzt wirklich Abschied nehmen und den Menschen loslassen. Stellen Sie sich vor, dass die Person sich umwendet und geht. Schließen Sie mit einer Übung zur Hilfe für Verstorbene ab.«

Es ist auch hier wie mit allen Imaginationen: Man muss sie immer wieder versuchen, immer wieder machen, sich darin hinein vertiefen. Es ist nie ein »Ein für alle Male«, sondern ein »Immer wieder neu«, und es ist vielleicht lange nicht genug.

Wenn sich die Trauer durch Liebe, Mitgefühl und Versöhnung auflösen darf, kann sie leicht werden. Es sind vorwiegend die unversöhnten Trauergefühle des verletzten Kindes, die die Trauer schwer machen. Wir tun gut daran, immer wieder im Alltag unsere Liebe, unser Mitgefühl und den Mut zur Versöhnung unseren Mitmenschen zu schenken. Wenn wir den Mitmenschen, die uns im Leben, im Alltag nahe sind, mit guten und gereinigten Gefühlen begegnen, dann wird unsere Trauer – wenn wir sie verlieren – leicht sein, nämlich frei von Schuld, von Angst, von Versagen. Dann sind wir erfüllt von Dankbarkeit, von Großzügigkeit, von Liebe und wir tragen den betrauerten Menschen in unserem Herzen. Wir können jederzeit und immer um Hilfe, Kraft und Gnade bitten, um unser Leben, das erfüllt sein möge vom kostbarsten und tiefstmöglichen Sinn.

Iris, 51, erzählt davon, wie schwer die letzten zwei Jahre für sie gewesen waren. Ihr Vater starb nach kurzer, heftiger Krankheit. »Ich war danach schwerkrank und hatte dieselben Symptome wie er vor seinem Tod: eine linksseitige Lähmung. Und ein Gedanke, der mir dabei immer im Fieberdelirium kam, war, dass ich dem Vater versprochen sei und ihm ins Grab nachfolgen müsse.« Iris hatte damals noch keine Sprache für die Traurigkeit. Diese äußerte sich in der Krankheit.

Aus ihrem Freundeskreis starben vier Freundinnen weg, alle an Krebs, alle nach Monaten schweren Leidens. Dann musste Iris umziehen, weil der Hauseigentümer ihre Wohnung, die sie sehr liebte, für sich brauchte. Und damit verlor sie auch ihre besten Freunde und Nachbarn, ein Paar in ihrem Alter, aus ihrer Sichtweite. Das waren alles herbe Verluste für Iris, die sich im Laufe von zwei Jahren häuften.

Iris fühlte sich mutlos, traurig, schwer. Sie haderte mit den Verlusten. Sie fing an, mit den verstorbenen Menschen zu reden. Sie wollte ihnen alles das sagen, was sie zu deren Lebzeiten noch nicht gesagt hatte. Und dann hat sie sie, einen nach dem anderen, in ihr Herz genommen und sie als die Verstorbenen weggehen lassen. Sie trug nun in der Erinnerung deren Substanz in sich. Nicht nur im Guten, sondern auch im unguten Sinn. Gelegentlich denkt sie, die noch voll im Leben steht, dass ihr Vater und ihre Freunde es geschafft haben, nämlich ihr Leben zu leben und dieses irdische Leben hinter sich zu lassen. Und wenn die Trauer schwer werden will, dann achtet sie darauf, großzügig und wohlwollend mit ihren Mitmenschen umzugehen und jeden Menschen, den sie liebt, dies spüren zu lassen.

Chrigu, ein junger Schweizer Filmemacher, war daran, mit seinem besten Freund und Kollegen einen Film zu drehen. Und dann erhielt Chrigu die tödliche Diagnose. Er bat seinen Freund, den geplanten Film über ihrer beider Leben weiterzudrehen, und irgendwann einmal würde er aussteigen. Im Film erleben wir Chrigu im Spital, wieder draußen, unter Freunden, mit kahlem Kopf, dann der Rückfall. Chrigu nimmt sein Todesurteil an. In der Schlussszene sehen wir Chrigus Familie und Freunde an einem Fluss, der Richtung Osten fließt. Chrigu hat sich das gewünscht. Und jede und jeder nimmt eine Handvoll Asche aus der Urne und wirft sie mit einem persönlichen, stillen Abschiedsgruß – quasi einem Händegruß, sagt seine Mutter – in den Fluss. Und im Abspann des Filmes wird Chrigu zitiert, der sich einen lebendigen und fröhlichen Film gewünscht hat. Es ist Zeit zu leben und Zeit zu sterben.[40]

Ein Leben mit Flügeln

Im Gedenken an eine verstorbene Freundin und Künstlerin, die nach einem Autounfall lange Jahre gelähmt im Rollstuhl verbracht hat:

Es hat eine Frau gelebt auf dieser Erde,
Die jeden einzelnen Tag mit Phantasieflügeln verzierte,
Sodass es glitzerte und funkelte,
weinte und lachte.

Selbst wenn das Leben tonnenschwer daherkam,
Drehten sich die Schicksals-Omeletten im freien Fall
ganz fröhlich und unbekümmert.

Schweres wurde leicht,
Traurigkeit und Schmerz hatten Flügel,
wurden leicht
in Liebe und Mitgefühl.

Flügel, Hexenbesen, Omeletten im freien Fall,
Immer wieder die Erdenschwere überwinden,
Im Schweren leicht und luftig sein,
Das hat sie mich gelehrt.

Ihre Botschaft tanzt in jedem grünen Blatt im Wind,
Lacht mir zu in der Zärtlichkeit und Kraft der Erde,
Im Nehmen und Geben des Wassers,
Das stärker ist als jeder Stein.

Bärenkraft und Zärtlichkeit im Nehmen und Geben
Hat sie uns einmal gewünscht.
Ihre Wünsche drehen wie Kreisel im Schwung,
Ihre Farben glitzern,
Ihr Vermächtnis lebt.

Versöhnung und Beenden

Aber schade ist's doch, dass man sterben muss,
wenn man gerade begriffen hat, wie man leben
möchte.

Immanuel Kant

Eine persönliche Einleitung

Im Sommer 2005 war mein Buch *Versöhnung mit den Eltern.
Wege zur inneren Freiheit* erschienen. Es ist ein Werk, das ich
in Südafrika zu schreiben begonnen hatte und größtenteils in
der Schweiz fertigstellte. Versöhnung war das Thema gewesen, das mich bei meinem dreijährigen Aufenthalt im Nach-
Apartheid-Südafrika nachhaltig beschäftigt hatte und es noch
tut. Die Notwendigkeit zur Versöhnung hatte ich damals auch
als ein persönliches Thema von mir erkannt. Und ich hatte
eine Ahnung davon, dass Versöhnung auch in Europa viele
Menschen beschäftigt. Dann kam die große Überraschung.
Zu diesem Zeitpunkt hatten gleich drei Schweizer Autorinnen, Psychotherapeutinnen, alle um die sechzig, zum Thema
Versöhnung publiziert: Katrin Wiederkehr, Verena Kast und
ich.[41] Wir kannten einander, hatten aber, gottlob, nicht von
unseren Schreibprojekten gewusst. Das Echo dieser Publika-
tionen war überraschend und überwältigend groß.

Noch heute kommen einzelne Menschen, Paare, Geschwister, Töchter und Mütter, Söhne und Väter, Familien in meine
Praxis, weil sie sich versöhnen möchten. Mit sich selbst, mit
dem und den wichtigen anderen. Es kommen immer weitere
Anfragen für Vorträge, für Seminare. Das Thema ist aktuell.
Das Leiden am Unversöhnten ist groß, wie ich immer wieder
feststelle.

Als ich begann, das Thema des Beendens zu skizzieren,
merkte ich, dass Beenden und Versöhnung viele Gemeinsamkeiten haben. Der Schritt zur Versöhnung und der Schritt
dazu, etwas zu beenden, erfordert jeweils gleichermaßen eine
Entscheidung. Es ist eine Entscheidung, der viel Zögern,

Abwägen, Aufschieben, Leiden, Bangen, Fragen und Hoffen vorausgehen – nicht zuletzt die Hoffnung, dass es einen leichteren Weg geben könnte. Heute denke ich, dass der Weg der Versöhnung einfacher ist als jener, im Unversöhnten weiter zu verharren. Versöhnung ist tatsächlich ein Weg zur inneren Freiheit.

Die Versöhnung mit sich selbst ist der Schlüssel zu dieser inneren Freiheit. Die Versöhnung mit sich selbst ist der erste Schritt. Erst danach wird es möglich, sich mit anderen zu versöhnen. Noch heute glaube ich, entschiedener als zuvor, dass auch eine Versöhnung möglich ist, wenn der oder die andere die Hand dazu nicht reichen will oder nicht (mehr) reichen kann. Diese Gewissheit hat damals mit dem Erleben von Nelson Mandela, dem großen südafrikanischen Versöhner, begonnen. Sie ist heute angereichert und vertieft durch viele Erfahrungen, die ich seither in Versöhnungsprozessen gemacht habe.

Wenn ein Mensch sich tiefgreifend verändert, dann kommen die Menschen, die mit ihm zusammen sind, in eine Art »Zugzwang«, in eine Situation, in der ihr bisheriges Verhalten nicht mehr zu greifen vermag – es sei denn, sie üben Macht und Gewalt aus. An dieser Stelle liegt die Chance, dass ein Mensch, der sich mit sich selbst und mit dem anderen versöhnt, einen versöhnlichen Einfluss auszuüben vermag.

Versöhnung, um eine Beziehung nicht beenden zu müssen

Nicht in jedem Fall ist Beenden das Richtige und Notwendige, das ansteht, wenn eine Beziehung in einer Krise steckt. Mit anderen Worten: Wenn Versöhnung möglich wird, kann eine Beziehung weitergehen. Dazu ist das Beenden des immer wieder vorkommenden Streitverhaltens notwendig, das die Beziehung auf die Dauer zu zerstören droht.

Ein Beispiel: Adrian und Anna haben einen mehrjährigen Auslandaufenthalt in Australien hinter sich. Einmal in diesen

Jahren hat Anna zu Adrian gesagt, sie wisse nicht, wo er in seinem Verhältnis zur unterdrückten, eingeborenen Bevölkerung der Aborigines stehe. Anna, die zuvor Jahre in Afrika gelebt hatte, lief jedes Mal Sturm gegen alle Formen der Unterdrückung einer schwarzen Mehrheit durch eine weiße Minderheit. Das wusste Adrian, und dennoch verletzte ihn Annas fragende Bemerkung – die er als Argwohn, als Verdacht an seiner Gesinnung erlebte – zutiefst. Er hatte sich doch immer so sehr um eine differenzierte Analyse des Kolonialismus und der postkolonialen Zeit bemüht. Er konnte sich nicht einfach auf die Seite der Aborigenes stellen, das war ihm zu einfach. Er wollte die Situation analysieren.

Jahre danach leidet Adrian immer noch, wie er betont, an diesem »Vorwurf«. Anna hat ihre Frage auch nie zurückgenommen, denn es war damals ihr ehrliches Empfinden und sie hatte lediglich eine Frage stellen wollte. Sie hatte nicht antizipiert, dass Adrian so heftig reagieren könnte.

Als Anna einige Jahre danach Adrian nach seiner politischen Einstellung zu einer bestimmten Situation befragte, die gar nichts mit Australien, sondern mit Deutschland zu tun hatte, explodierte Adrian wieder heftig, wie damals. Das Gespräch eskalierte zu einem heftigen Streit. Beide waren verletzt, gekränkt, und beide erlebten sich als Verlierer.

Diese Abfolge von Eskalation, Entfremdung und später dann langsam wieder Versöhnung erlebte das Paar immer wieder. Beide fühlten sich jeweils unverstanden. Anna war gewohnt, (unbedachte?) Fragen zu stellen, und so erneuerte sich der Streit immer wieder, mit den unterschiedlichsten Themen.

Damit kommen sie in eine gemeinsame Therapie. Sie haben beide Angst, dass sie einmal den Weg zueinander nicht mehr finden werden. Sie möchten beide aus diesen Wiederholungen aussteigen, sie beenden. Wie sollen sie vorgehen? Wüssten sie die Lösung, hätten sie diese längst ergriffen.

Adrian bittet Anna, sein großes Bemühen um Verständnis der kolonialistischen Situation und ihrer Folgen zu würdigen, und auch anzuerkennen, dass ihn ihre Bemerkung, sie wisse nicht, wo er stehe, verletzt habe. Anna tut sich schwer damit. Es kommt ihr wie ein Nachgeben vor. Auch sie bemüht sich um Verständnis. Sie hat in Australien häufig unter Schuldgefühlen gelitten, wenn es um die Aborigines ging. Schuldgefühle aufgrund ihrer Hautfarbe, ihrer besseren materiellen Situation, ihrer Mobilität. Und Scham ob der Machtausübung eines Teils der weißen Bevölkerung. Sie ist auch eine Weiße. Es ist ihre Last. Es ist ihr persönliches Erleben, das Adrian ihr gegenüber diese Last nie mitgetragen hat. Das ist Annas Verletzung. Sie wünscht sich von Adrian, dass er diese Verletzung anerkenne. Beide wünschen sich voneinander Verständnis und Anerkennung.

Jemand muss einen Schritt tun. Anna entscheidet sich dafür, Adrians Wunsch nachzukommen und sein Bemühen um Verständnis anzuerkennen. Es ist eine versöhnliche Geste. Sie will großzügig sein. Sie würdigt in der Anerkennung von Adrians Bemühen auch ganz bewusst ihr eigenes Anliegen, ihr eigenes Bemühen um Verständnis. So kann sie über ihren Schatten springen. Es tut ihr gut. Und es tut auch Adrian gut. Trotzdem kommt er noch nicht von seinen Verletzungen los und spürt immer noch seine Empörung darüber, dass seine Partnerin manchmal nicht weiß, wo er steht. Er hat immer noch Angst vor dem nächsten Streit mit Anna.

Die nächsten Therapiesitzungen besucht Adrian nach Vereinbarung allein. Er muss seinen Platz in seinem Leben und in den Diskussionen mit Anna klären; fühlen, wo er steht, auch wenn seine Partnerin das nicht zu wissen glaubt und ihn immer wieder danach fragt. Er hat zu erfahren, dass ihm kein Mensch auf dieser Welt seinen Platz absprechen und vorenthalten kann. Damit er das erfahren kann, muss er sich selbst seinen Platz klarmachen. Das erfordert eine Auseinandersetzung mit seinen frühen Bezugspersonen, mit seinen Eltern und Geschwistern, seinen Lehr- und Autoritätspersonen.

Anna ist bereit, nach einigen Sitzungen wieder dabei zu sein. Beide haben ein vitales Interesse, miteinander weiterzuleben, weiterhin zu diskutieren, ohne dass sich stets Abgründe und Minenfelder eröffnen.

Beenden bedeutet in bestimmten Situationen, ein Interaktionsmuster zu beenden, das sich auf eine Beziehung zerstörerisch auswirkt. Beenden, um weitergehen zu können. Beenden, damit das endgültige Ende abgewendet werden kann. Das ist unter bestimmten Voraussetzungen in versöhnlicher Weise möglich. Meine Erfahrung zeigt mir, dass das häufig der Fall sein kann.

Ein anderes Beispiel. Die fast 50-jährige Anja ersucht um Therapie. Sie beginnt die erste Stunde mit dem Satz: »Es geht um mich und meine Mutter«. Der Satz steht wie ein erratischer Block im Raum.

Anja ist mit siebzehn Jahren von zu Hause weg und in eine entfernte Stadt gezogen. Dort lebt sie seither ihr eigenes Leben, ist berufstätig, war ein paar Jahre verheiratet, lebt zurückgezogen, liebt ihre Ruhe und bezeichnet sich als ziemlich zufrieden und glücklich. Wenn da nicht die Mutter wäre. Anja fühlt sich seit Jahrzehnten genötigt, den Kontakt zu den Eltern zu wahren. Seit geraumer Zeit hat sie zu rigorosen Abschottungsmaßnahmen gegriffen. Sie hat kein privates Telefon mehr. Angeblich wegen ihrer Mutter.

Anja hat in ihrer frühesten Kindheit verschiedene schwere Verluste und Abbrüche von Beziehungen erlebt. Sie wiederholt ihre Erfahrungen und hat panische Angst und auch großen Schrecken vor jeder Veränderung, jedem Umzug, jedem drohenden Verlust.

Anja soll ein schüchternes, unsicheres Kind gewesen sein, das immer wieder durch enorme Wutausbrüche auffiel. Ausbrüche, die sich niemand erklären konnte. Vor jeder Veränderung in ihrem Kinderleben hatte sie panische Angst. Das setzte sich in der Pubertät fort. Anja ging früh von zu Hause weg.

Die ganzen Jahrzehnte hatten eine Flucht vor den Zugriffen der Mutter bedeutet. Wie es wohl wäre, wenn diese Mutter einmal mit der Tochter in die Therapie käme; würde sie kommen? So fragt die Therapeutin. Anja ist überzeugt, dass sie käme. Und sie ist bereit, sie zu fragen.

Und die Mutter kommt, mit ihrer Tochter. Kein Ungeheuer,

sondern eine ältere, sympathische Frau, die seit der Aufgabe des Geschäftes und durch die Krankheit ihres Mann gelernt hat, dass nicht alles mit eisernem Willen und großer Kraft zu bewältigen ist. Sie begreift, was sie ihrer Tochter in deren frühesten Jahren ohne böse Absicht, ohne Hintergedanken zugefügt hat. Sie hat es damals nicht besser gekonnt. Sie war ahnungslos, dass sich solche Abbrüche und viele Wechsel für ein kleines Kind traumatisch auswirken. Sie weint. Sie entschuldigt sich bei der Tochter. Sie erkennt im Gespräch, dass sie in ihrer Tochter deren gewisse Ähnlichkeiten mit ihrem Mann bekämpft hat. Eine wichtige, späte Einsicht.

Die Tochter fühlt sich durch dieses Geständnis nicht erlöst. Sie wagt nicht, gegenüber der Mutter ihre Bedürfnisse zu äußern, beispielsweise ihren Wunsch auszusprechen, die Mutter in den nächsten Monaten nicht zu sehen. Als sie es schließlich schafft, lenkt die Mutter ein. Doch noch während der vereinbarten Stillhaltezeit wirbt die Mutter mit sehr langen und viel zu persönlichen Briefen um die Tochter. Und Anja schafft es, ihrer Mutter freundlich mitzuteilen, dass sie sich an die Abmachung halten möchte. Sie möchte eigentlich nur eines: als Anja wahrgenommen und anerkannt werden.

Die Mutter antwortet mit einer schönen Kunstkarte und den Worten, sie habe verstanden und sie müsse noch viel lernen.

Versöhnung – es ist nie zu Ende

> Sei allem Abschied voran, als wäre er hinter
> dir, wie der Winter, der eben geht. Denn unter
> Wintern ist einer so endlos Winter, dass,
> überwinternd, dein Herz überhaupt übersteht.
> *Rainer Maria Rilke*

Eine Frau in den mittleren Jahren, Isabelle, erzählt, wie ihr Mann sie vor vier Jahren unvermittelt verlassen hat. Er hatte eine andere Frau kennengelernt. Isabelle verlor den Boden unter den Füßen, war verzweifelt, unglücklich und hatte ganz viele körperliche Krankheitssymptome. Ihr Hausarzt diagnostizierte Spannung und Stress – nicht loslassen können, einen Mann immer noch lieben, der sie schmählich verlassen hatte. Isabelle ging in eine Therapie und konnte endlich annehmen, dass sie nun allein lebte. Sie fühlte wieder Boden unter den Füßen. Ab und zu packte sie die Eifersucht auf die neue Frau ihres ehemaligen Mannes. Aber auch damit konnte sie mit der Zeit besser umgehen. Und doch fehlte ihr noch etwas: ein versöhnliches und versöhntes Beenden mit ihrem ehemaligen Mann. Sie schreibt ihm einen Brief, in dem sie ihn um ein gemeinsames Ritual bittet. Ein Ritual der versöhnlichen Beendens, jetzt, wo sie wieder ins Leben gefunden hat.

Ist es ein Brief, den sie abschicken will? Oder ist es ein Brief, den sie für sich geschrieben hat? Oder muss sie weitere Fassungen des Briefes schreiben, damit ihr klarer wird, was sie möchte? Es irritiert sie, dass sie sich vier Jahre nach dem Weggang ihres Mannes noch etwas von ihm wünscht; doch der Wunsch ist da. Vier Jahre sind eine lange Zeit. Eigentlich weiß Isabelle gar nicht, ob sie ihren Mann noch kennt. Ob sie sich in einem Versöhnungsritual mit einem Mann treffen will, der längst ein anderer geworden ist. Es sind schwierige Fragen, die sie umtreiben.

Auf einmal kommt ihr ein Gedanke, den sie noch nie gehabt hat. Es ist eine Erinnerung an ihren Vater, bei dem sie über die ganze Kindheit und Jugend um Liebe und Zuneigung gekämpft hat. Ihr Vater hat ihr nicht geben wollen oder können, was sie so dringend gebraucht hätte. Ist es jetzt wieder so? Wiederholt sie einen Kampf aus ihrer Kindheit? Einen Kampf, den sie damals verloren hat. Sie könnte ihn auch jetzt wieder verlieren.

Doch da spürt sie ihre Lebensgeister. Sie will sich nicht noch einmal an die Verliererrolle klammern. Auf dem Markt sieht sie von weitem die Freundin ihres Mannes. Das gibt ihr den Mut, das gewünschte Versöhnungsritual mit ihrem ehemaligen Mann in ihren Gedanken umzugestalten. Sie wird es für sich tun, ohne ihn. Einmal mehr. Sie will mit ein paar guten Freundinnen ein Fest zur »Versöhnung mit dem Leben« feiern.

Versöhnung mit sich selbst und die Trauer um die Vergangenheit

Konflikte und unausgesöhnte Beziehungen üben Macht auf einen aus und fesseln an die Vergangenheit. Sie drängen alte, schmerzvolle Bilder auf und rauben den inneren Frieden. Es scheint, als gäbe es kein Entrinnen und keine Erlösung. Die Seele hat keine Ruhe, bis man/frau sich mit alten Verletzungen, Aggressionen, Enttäuschungen, unerfüllten Wünschen und ungestillten Sehnsüchten auseinandergesetzt hat.

Es taucht die Frage auf, ob wir uns heute jenen Begegnungen und Auseinandersetzungen stellen können, die damals nicht möglich waren. Mit den folgenden Lebensgeschichten möchte ich zur eigenen Reise einladen, wohl wissend, dass der eigene Weg selbst zu gehen ist. Interesse und Mitgefühl sind eine hilfreiche Begleitung dabei. Es geht um geschwisterliches Lernen. Wir können von unseren Lebensgeschwistern lernen.[42]

Daniel, ältester Sohn eines als cholerisch und despotisch bezeichneten Vaters, erzählt, wie er ein Leben lang versucht hat, dem Vater zu gefallen. Nichts war genug. Er arbeitete hart auf dem Bauernhof, leistete Zusatzarbeiten – es genügte nicht. Der Vater schlug ihn, und Daniel durfte keine Gefühle zeigen. Als er acht Jahre alt war, wurde er von einem Traktor verletzt. Der Vater verbot ihm zu weinen und hänselte ihn als »kleines Mädchen«. Daniel sank schluchzend zu Boden und der Vater stieß ihn mit seinen Stiefeln. Daniel lernte, hart zu werden. Er wollte seinem Vater zeigen, dass er ein Mann war. Kurz vor seiner Heirat ereignete sich wieder ein Zwischenfall mit dem Traktor. Der Vater fuhr ihn fast zu Tode. Daniel war außer sich vor Wut, für Jahre. Dann starb der Vater, ohne Daniel je gezeigt zu haben, dass er ihn liebte und dass sein Sohn ein guter Mann war. Daniel war gefangen in seiner Wut und in seinem Hass. Der Tod des Vaters hatte ihm die Möglichkeit geraubt, je Anerkennung zu erhalten und endlich Frieden zu schließen. Die Wut wurde eingekapselt, damit sie Daniel nicht ständig schmerzte.

Daniel lebte mit seiner Frau und seinem Sohn. Seine Frau war sehr besorgt, wie ihr Mann den dreijährigen Sohn behandelte. Er erlaubte ihm nicht, ein Kind zu sein und seine Gefühle zu zeigen. Oft schimpfte er mit ihm unmäßig über Kleinigkeiten. Der Sohn fürchtete seinen Vater und begann sich von ihm zurückzuziehen. Die Frau bat Daniel, in einer Therapie Hilfe zu suchen.

Dort ging es darum, die erlittenen Verletzungen nochmals anzuschauen. Das tat weh. Daniel spürte, dass sein Vater ihn in einem Gefängnis von Hass und Wut eingesperrt hatte, und er hatte es zugelassen. Nochmals erlebte er alle die kränkenden Situationen und seine Erniedrigung, Schmach und Wut. Ohne Begleitung hätte er es nie gewagt, nochmals in seine Vergangenheit »einzusteigen«. Er fürchtete seine Gefühle. Aber er steckte sie nicht mehr weg. Nach langen Phasen der Wut und des Hasses konnte er endlich auch seinen eigenen Anteil in dieser unglücklichen Beziehung zum Vater verstehen. Nun folgte ein langer Trauerprozess um alles Erlittene. Daniel begann zu spüren, dass er seine eigene Kraft zurückhaben wollte, für sich und seine Familie. Er erkannte, was er unbewusst seinem Sohn angetan hatte, und wünschte sich zutiefst eine gute Beziehung zu ihm. Daniel verstand endlich, dass er seinen Vater nicht brauchte, um sich mit ihm zu versöhnen. Die Versöhnung, die anstand, war Daniels eigene mit sich selbst.

Es ging weiter darum, alles das bei sich selbst anzuerkennen, was sein Vater nicht gewürdigt hatte: seinen Einsatz, seine Leistungen, seine Arbeit. Er schrieb sich selbst Briefe, in denen stand, dass er ein guter Mann sei, dass er Gefühle haben und ein glückliches, harmonisches Leben führen dürfe. So erfuhr Daniel, dass er sich heute selbst das zugestehen und geben konnte, was er früher vom Vater erwartet hatte. Er fühlte dabei, dass wahrscheinlich sein Vater sein Leben lang ebenso gefangen war in Hass und Wut, wie Daniel sein bisheriges Leben verbracht hatte. Das teilte er ihm in langen Briefen mit. Und bei diesem einsamen, schmerzvollen Schreiben tauchten erstmals Trauergefühle auf: Trauer um das, was geschehen war; Trauer um das, was nicht geschehen war.

Nun fühlte er sich bereit, sich mit seinem inneren Vater zu versöhnen. Er ging dazu hinaus aufs Feld, wo sie zusammen gearbeitet hatten, und sprach die Worte laut vor sich hin. Er erzählte seinem Vater auf dem Feld, dass er heute Mitgefühl habe für dessen Leiden und dass er, sein Sohn, sich nicht länger selbst vergiften und quälen wolle mit den früheren Demütigungen und Aggressionen. Er wolle nicht ein Leben lang unglücklich an ihn, seinen Vater, gekettet sein und verzeihe ihm um seiner selbst willen und seiner Frau und seinem Sohn zuliebe. Daniel fühlte, dass er nur durch diese Versöhnung mit seinem inneren Vater sich selbst und seine Familie liebevoller und zugewandter behandeln konnte. Zum Abschluss machte er ein Feuer und verbrannte alle Briefe, die er auf seinem Heilungsweg geschrieben hatte. Das war sein eigenes Trauer- und Versöhnungsritual.

Vielleicht hätte es Daniel als Kind verstanden, wenn ihm gesagt worden wäre, dass sein Vater in seiner eigenen Kindheit kleingemacht, geschlagen und gedemütigt worden war. Dann hätte er verstehen können, dass Wut und Demütigungen ihn zwar trafen, aber nicht, weil er ein böses oder faules Kind war. Die Schläge, die er bekam, waren die Rache des Vaters für das Unglück, das ihm selbst als Kind zugefügt worden war. Es war wohl die einzige Möglichkeit des Vaters gewesen, seine ständige Wut mitzuteilen. Und ohne es zu wollen, hatte sich dasselbe unselige Muster bei Daniel und seinem Sohn wiederholt.

Daniel hat die Wiederholung mit enormem Einsatz unterbrechen können. Um der Liebe willen. Dem Leben zuliebe. Das wird auch im folgenden Beispiel klar.

»Mit meinen 52 Jahren fühle ich, dass ich jedem Menschen in meinem Leben verzeihen und jeden ehren kann. Heute fühle ich einen großen inneren Frieden in mir.« Das waren die Worte des Rocksängers Sting in einem Fernsehinterview. Sie ließen mich aufhorchen: Wie hat er das geschafft? Ich erinnere mich gut an diesen Augenblick. Da saß dieser blonde, immer leicht zerzauste Sänger mit seinem ernsten, hageren Gesicht ruhig in seinem Sessel und sprach große Worte gelassen aus. In mir breitete sich bei seinen Worten ein fühlbarer Friede aus. Zugleich erfüllte mich Freude darüber, dass ein Mensch sich mit seiner Vergangenheit und Gegenwart versöhnen kann. Sting kam dann ausführlich auf sein bisheriges, nicht leichtes Leben zu sprechen. Er scheute sich nicht davor, zu erzählen, wie er lange Jahre mit Enttäuschungen und Verbitterungen verbracht hatte. Liebesbeziehungen und Freundschaften waren daran zugrunde gegangen.

Seine Vergangenheit war eine Fessel um sein Herz.

Seine Eltern hatten sich getrennt, nachdem die Mutter bereits seit vielen Jahren einen Liebhaber hatte. Dieses Liebesverhältnis hatte Sting in flagranti beobachtet, als er sechs Jahre alt war. Er hatte nicht verstanden, was los war, aber gefühlt, dass etwas nicht stimmte. Stings Vater liebte seine Frau ein Leben lang, lebte nach der Scheidung allein und starb kurz nach ihrem frühen Krebstod. Sting konnte seiner Mutter nicht verzeihen, dass sie sich vom Vater getrennt hatte, um ihr weiteres Leben mit ihrem Liebhaber zu verbringen. Als seine Eltern kurz nacheinander im Sterben lagen, beide erst in ihren Fünfzigern, hatte er den Wunsch, sie nochmals mit seiner Frau und seinen Kindern zu besuchen. Er war sich seiner Verletzungen bewusst geworden, hatte Wut und Hass auf seine Eltern zugelassen und sehnte sich nach innerem Frieden. Er wollte seine Verantwortung als Sohn den Eltern gegenüber bewusst übernehmen. Das bedeutete, sie in ihrem Leiden anzuerkennen.

Nach einem bisherigen Leben voller Ressentiments fühlte Sting am Bett der sterbenden Mutter ihr lebenslanges Leiden, das sie nun auch körperlich zerstörte. Aufgrund der Einsichten in sein eigenes Leben und Leiden in Beziehungen war Sting nun fähig, ihr von Mensch zu Mensch zu begegnen. Er fühlte sich nicht länger als ihr Richter und auch nicht mehr als Anwalt seines Vaters. »Ich liebe dich, Mum, ich habe dich immer geliebt«, waren Stings letzte Worte an sie. Beide lächelten und weinten.

Wenig später stand er am Sterbebett seines Vaters. Er ergriff dessen Hände und entdeckte, dass er dieselben Hände hatte. Als er es ihm sagte, meinte sein Vater: »Ja, mein Sohn, aber du hast die deinen besser gebraucht als ich meine«. Sting konnte sich nicht erinnern, dass sein Vater ihm je ein solches Kompliment gemacht hatte und ihn, den Sohn, gewürdigt, ja anerkannt hatte mit dem, was er war, was er tat, was er erreicht hatte und was es ihn gekostet hatte. Der Vater hatte bis zu diesem letzten Augenblick gewartet. Sting küsste seinen Vater auf die Stirn und flüsterte ihm zu, dass er ein guter Mann sei und dass er, sein Sohn, ihn liebe.

Sting ging weder zur Beerdigung seiner Mutter noch zu der seines Vaters. Er fand fadenscheinige Ausreden, dass die Massenmedien diese Abschiede vermarkten würden und dass er sich ja noch von den lebenden Eltern verabschiedet hatte.

Doch das hatte seinen Preis. Er konnte nicht richtig trauern und trug den Schmerz Jahre mit sich herum. Er fühlte sich innerlich gebrochen, auch wenn seine Karriere äußerlich auf dem Höhepunkt war. In einer Drogenerfahrung fühlte er, dass seine Halluzinationen Alpträume waren; er fühlte sich von Geistern umgeben. Neben ihm sitzend, hatte seine Frau gleichzeitig eine friedvolle, tief beglückende innere Reise gemacht. Sting fühlte, dass er noch ein Stück Entwicklung anpacken musste. Die Verabschiedung von seinen Eltern stand an.

Da wurde auf einem seiner Landsitze bei Ausgrabungsarbeiten für einen künstlichen See ein Frauenskelett ausgegraben, offenbar das Opfer eines Ritualmordes im Mittelalter. Das beschäftigte Sting zutiefst. Er und seine Familie organisierten eine würdige Beerdigung, und Sting wurde klar, dass er mit diesem Ritual für die junge Frau auch seine Eltern beerdigte. Nun konnte er endlich in Frieden Abschied nehmen. Der Bann war gebrochen. Solange das verletzte und verwirrte Kind in ihm dominiert hatte, fühlte er sich von Geistern umgeben. Er hatte Angst, fühlte Ärger, empfand Rache. Diese Gefühle flossen wie Gift in alle seine nahen Beziehungen. Es bedurfte mehr als eines Anlaufs, um sich selber und seinen Eltern verzeihen zu können.

Dann wurde es möglich, jenen Satz auszusprechen, dass er in seinem jetzigen Alter jedem Menschen verzeihen und jeden Menschen ehren könne.

Beenden ist nie im Leben ein endgültiges Beenden. Stings Abschied von Mutter und Vater am Sterbebett war ein vorläufiges Beenden in Liebe und Dankbarkeit. Das Leben geht weiter und damit das Fortleben der Erinnerungen. Neue Schritte des Beendens würden notwendig werden. Und manchmal spielt einem das Leben einen Ball zu, den man auffangen kann: das ausgegrabene Frauenskelett und Stings anschließendes Versöhnungsritual mit seinen Eltern. Das Leben erfordert immer wieder neue Zugänge zu Trauer, Versöhnung und damit zum Beenden.

Die Möglichkeit zu trauern und jene, sich zu versöhnen, mit sich selbst und dem oder den anderen: sie sind die wesentlichen Zugangsmöglichkeiten zu einem sinnstiftenden, guten Beenden. Sie sind dann angezeigt, wenn mit den Ambivalenzen, den Ängsten und den Schuldgefühlen ein Umgang gefunden werden konnte. Und sowohl Trauer als auch Versöhnung bieten eine weitere Möglichkeit, früheres Unerledigtes nochmals anzuschauen. Und dann zu beenden.

4. Panorama des Beendens

> Jeder glückliche Raum ist Kind oder Enkel von
> Trennung, den sie staunend durchgehn.
>
> *Rainer Maria Rilke*

Auf einem Berggipfel spricht man gern vom Panorama, das einem dort erscheint. Weitblick und Tiefblick haben etwas Verlockendes. Man kann im besten Fall rundum blicken, in alle Himmelsrichtungen. Mit dem Panorama des Beendens ist es so, dass wir mit dem bisherigen Aufstieg und mit dem Proviant in unserem Rucksack – der bisherige Text – eine Aussicht verdient haben. Nämlich die Aussicht auf alle möglichen Formen des Beendens: notwendig, fällig, erzwungen, freiwillig, ersehnt. Vorläufig, unwiderruflich. Immer wieder neu.

Das erste Thema dieses neuen Abschnittes betrifft das unerwartet notwendig werdende Beenden durch einen Unfall, eine Krankheit, einen Verlust, eine Ausgrenzung. Es geht um den Umgang mit Schicksalsschlägen, die ein Beenden erzwingen.

Das zweite Thema behandelt die unaufhaltsame Beschleunigung unseres Lebens und die Veränderungen in Arbeitswelt und Familie. Diese rasanten Entwicklungen bringen neue, oft unerwünschte Formen des Beendens mit sich.

Der dritte Abschnitt öffnet den Blick auf Formen des Beendens, die das tägliche professionelle Handeln erfordert.

Viertens möchte ich darstellen, was ich in den Jahren in Südafrika hinsichtlich des Beendens gelernt habe. Ich denke, dass es für uns Europäer und Ex-Kolonisatoren wichtig und auch bereichernd ist, solches zur Kenntnis zu nehmen.

Ein fünfter Abschnitt thematisiert die Suchtgewohnheiten und Süchte des heutigen Menschen mit ihren entsprechenden Nöten. Sehr viele Menschen leben heute exzessiv, was Konsum, was Distanzen, was Geschwindigkeit bzw. Stress anbetrifft.

Ein sechstes Thema des Beendens betrifft das Älterwerden, das Sterben und den Tod – eine ganz besondere und unausweichliche Art, etwas beenden zu müssen.

Das siebte Thema betrifft unsere moderne Gesellschaft und die zunehmende Kontrolle des Lebens.

Die Auswahl der Themen ist nicht erschöpfend. Das entspricht dem Lebendigen und Unvorhersehbaren des Lebens. Und immer wieder wird die Fähigkeit des Menschen zum Beenden geprüft.

Wenn ein Beenden unerwartet notwendig wird

Schicksalsschläge können ein Beenden erzwingen. Schicksalsschläge, das darf man wohl behaupten, entstehen »out of the blue«, sie treffen einen Menschen nie aus heiterem Himmel *und* können aber auch durchaus ein Moment der eigenen Mitbeteiligung einschließen: ein Autounfall durch Fremdgefährdung bzw. beim Fahren in ermüdetem Zustand, ein Unfall oder eine Krankheit, deren Ursache nicht bekannt ist bzw. zu denen es vielleicht durch eine Überdosis einer gefährlichen Substanz kam, eine Schwangerschaft mit oder ohne vorangehende Verhütung.

Ein Unfall oder eine Krankheit zwingen zur Einsicht und erfordern eine Veränderung des Lebens. Unter Umständen muss vieles verabschiedet werden, bei sich selbst oder bei nahen Mitmenschen. Ein Partner geht weg oder stirbt, ein Kind oder eine gute Freundin stirbt, und der Verlust erzwingt im Durchleben der Trauerphasen ein innerliches und äußerliches Beenden der gelebten Gemeinsamkeit. Trauer ist angesagt, damit ein Schicksalsschlag in das veränderte Leben integriert werden kann. Wenn das nicht gelingt, wird ein Mensch krank.

Auch ein erzwungenes, nicht gewähltes Beenden kann schließlich positiv integriert werden. Nicht auf Anhieb, aber im Durchleben und Trauern und möglichen Aufatmen danach.

Schwangerschaftsabbruch

Es gibt Situationen im Leben, in denen eine wichtige Entscheidung getroffen werden muss. Sie kann traurig stimmen und trotzdem richtig sein. Die Entscheidung zu einem Abbruch einer Schwangerschaft kann eine solche Situation sein. Sie wird fällig, weil die Lebensumstände für ein Aufwachsen eines Kindes nicht gegeben sind bzw. nicht geschaffen werden können. Oder weil sich eine Frau bzw. ein Paar nicht für eine Partnerschaft oder ein Leben mit Kind bereit oder fähig fühlen. Es gibt mannigfaltige Gründe für einen Schwangerschaftsabbruch.

Heute ist es in unserer Gesellschaft möglich, eine Schwangerschaft frühzeitig zu beenden. Das ist noch nicht lange so. Lange genug mussten Frauen illegale Eingriffe in Kauf nehmen und entsprechende Risiken eingehen.

Judith erzählt: »Ich habe mir im Voraus nie Gedanken darüber gemacht, dass ich in eine solche Situation kommen könnte. Ich war Ende zwanzig, als mein Freund und ich uns eingestanden, dass wir gerne Kinder hätten. Ausgerechnet in dieser Zeit verliebte ich mich heftig in einen Arbeitskollegen. Es war nie die Rede davon, dass ich mich von meinem Freund trennen wollte. Als ich schwanger wurde, war mir schlagartig bewusst, dass ich nicht sicher war, von welchem Mann dieses Kind war. Es war eine schreckliche Situation, und ich hatte sie selbst zu verantworten.

Ich wusste, dass ich mit meinem Freund ein Kind haben wollte. Ich musste ihn in meine Ungewissheit einweihen. Für ihn war völlig klar, dass er sich keinesfalls vorstellen konnte, auf diese Art ein gemeinsames Kind mit mir zu haben – ich selbst nach reiflichem Überlegen auch nicht. Ich entschied mich schweren Herzens für eine Abtreibung. Es war schlimm für mich, durch einen Psychiater ein Gutachten erstellen zu lassen. Ich fühlte mich gedemütigt und kritisiert. Er schüttelte mehrmals den Kopf bei meiner Erzählung. Im Nachhinein öffnete ich den Briefumschlag und las sein Gutachten. Ich musste seine

Belehrungen annehmen, das war völlig klar. Nach dem Abbruch in der privaten Praxis meines Gynäkologen fühlte ich mich traurig und befreit zugleich. Eine Freundin kam mich danach abholen und brachte mich ein paar Tage bei sich unter.

Es dauerte mehr als zwei Jahre, bis mein Freund und Mann für meinen Wunsch nach einem gemeinsamen Kind bereit war. Wir haben heute drei Kinder, die wir uns intensiv gewünscht haben. Mit vierzig Jahren ließ ich mich unterbinden (sterilisieren). Drei Jahre später wurde ich nochmals schwanger. Ein medizinisches Wunder, doch für mich war es eine traurige Situation. Ich war glücklich, weil ich schwanger war, aber ich befand mich wiederum in einer unmöglichen Situation. Ich war beruflich »voll durchgestartet« und genoss unsere Schulkinder mit ihrer wachsenden Selbständigkeit. Für meinen Mann war ein viertes Kind undenkbar. Ich fühlte mich allein, verlassen, war traurig, und es war so.

Ich musste noch einmal den Weg des Schwangerschaftsabbruchs gehen: Gutachten und Eingriff. Ich habe dem ungeborenen Kind für sein kurzes Dasein gedankt, ich habe es um Verzeihung gebeten und mich von ihm verabschiedet. Das habe ich beim ersten Abbruch nicht gemacht. Als ich die Narkose erhielt, dachte ich, dass ich vielleicht gar nicht mehr aufwachen würde. Es ging gut. Doch ich trug noch Jahre danach die Trauer um das ungelebte Leben in mir. Ich weiß immer, wie alt dieses Kind nun wäre. In meinem Erleben habe ich drei lebende und zwei tote Kinder. Alle fünf gehören zu meinem Leben. Das wissen auch meine Kinder. Der zweite Abbruch war einer meiner großen Schmerzensmomente. Ich habe es damals in einer Therapie versucht in Worte zu fassen, um es überhaupt auszuhalten. Das tat gut, und ich konnte nun endlich auch den ersten Abbruch betrauern. Das hatte ich damals nicht gemacht.«

Jeder Abbruch einer Schwangerschaft wird als einzigartig erlebt. Eine Frau kann verschiedene Abbrüche unterschiedlich erleben. Das Beispiel von Judith zeigt, dass nicht einmal sie das Geheimnis verstanden hat, das sie in die Schwangerschaft geführt hat. Menschen gehen einen Weg, als ob es nur diesen einen und keinen anderen gäbe. Es gibt nichts zu erklären. Man stößt an ein Mysterium menschlichen Lebens. Bereits die Phantasien können in einem entscheidenden Moment abdriften und ihren eigenen Weg gehen, der gar nicht vorgesehen war. Es gibt in jedem Leben Brüche. Die Seele ist ein Ort des Geschehens, nicht ein Ort des Handelns. Möglicherweise ist es ein Hinweis darauf, dass mehrere Seelen, mehrere Selbste oder Ichs, in einem existieren.

Heutzutage ist der Abbruch einer Schwangerschaft in unserer Gesellschaft eine freie Entscheidung der Frau bzw. des Paares. Illegale Eingriffe sind seltener geworden, und auch die Stimmen der Sittenwächter haben in unserem Land an Bedeutung verloren. Es ist auch so noch eine meist dramatische Entscheidung. Trauer erfordert ihren Raum. Untersuchungen belegen, dass ein Abbruch psychisch leichter verarbeitet werden kann, wenn weniger äußere Regelungen und Zwänge zur Geltung kommen. Und dass längerfristig die positiven Folgen überwiegen. Ein Abbruch bedeutet, dass die Verantwortung für das eigene Leben übernommen wird.

Auch Spontanaborte, Totgeburten und die Geburt eines behinderten Kindes erfordern einen Trauerprozess. Eine oder mehrere Fehlgeburten können bei einer Frau, bei einem Paar zu großer Verzweiflung führen. Eine Gemeinde bei Zürich hat denn auch kürzlich eine Grabstätte für totgeborene Kinder eröffnet und damit einen Ort für die Trauer geschaffen. Sterilisation kann in der ganzen Bandbreite von Verstümmelung bis zu Befreiung erlebt werden. Dasselbe betrifft das Beenden des Menstruationszyklus, das Ende der Fruchtbarkeit einer Frau. Es ist eine absehbare und doch oft als schicksalhaft erlebte Gegebenheit, mit der jede älter werdende Frau ihren Umgang zu finden hat. Ich werde nie den Tag vergessen, in dem eine Frau strahlend in meine Praxis kam und erzählte, dass sie jetzt in den Wechseljahren sei und sich darüber freue. Jetzt habe sie es verdient, ihr Leben ruhiger zu nehmen. Und sie dürfe sich von nun an von ihrem Mann und ihren Söhnen ein Stück verwöhnen lassen. Und eine andere

Frau hat erzählt, wie sie sich vorstelle, dass ihre Menstruation energetisch, wellenartig in ihrem Körper weiter stattfinde. Das empfinde sie als einen ganz schönen Gedanken.

Ich habe Krebs

Ich habe diesen unheimlichen Satz in den vergangenen Jahren mehrere Male von jüngeren und älteren Freundinnen und Freunden hören müssen. Und heute sind sie alle tot. Sie haben mir auf eine eindrückliche, je individuelle Weise gezeigt, wie man mit schicksalhaftem, erzwungenem Beenden des Lebens umgehen kann. Ich möchte meine toten Freundinnen und Freunde mit diesen Zeilen ehren und ihnen danken. Ich schreibe nicht von ihrem Krebs und ihrem Sterben, denn ich kann sie nicht mehr fragen, ob sie das schätzen würden. Manchmal ist mir seit ihrem Tod in einem müden und traurigen Moment der Gedanke gekommen, dass sie, die Verstorbenen, es nun hinter sich haben, dieses wunderbare und grässliche Leben.

Katie schreibt: »Einmal entnahm mir ein Arzt eine Blutprobe und kam mit einem langen Gesicht zurück. Er sagte, er hätte eine schlechte Nachricht, es täte ihm leid, aber ich hätte Krebs. Eine schlechte Nachricht? Ich musste lachen. Als ich ihn ansah, merkte ich, dass er ziemlich bestürzt war. Nicht jeder versteht diese Art von Fröhlichkeit. Später stellte sich heraus, dass ich keinen Krebs hatte, und auch das war eine gute Nachricht.

Die Wahrheit ist, wir können Gott – oder die Wirklichkeit, die Vollkommenheit, das Leben – erst lieben, wenn wir den Krebs lieben. Es spielt keine Rolle, für welches Symbol wir uns entscheiden – Armut, Einsamkeit, Verlust. Wir leiden unter den Vorstellungen von Gut und Böse, die wir daran festmachen. Einmal saß ich am Bett einer Freundin, die einen riesigen bösartigen Tumor hatte. Die Ärzte hatten ihr nur noch ein paar Wochen gegeben. Als ich aufstand, sagte sie: ›Ich liebe dich‹, worauf ich erwiderte: ›Nein, das tust du nicht. Du kannst mich erst lieben, wenn du deinen Tumor liebst. Alles, was du über den Tumor denkst, wirst du irgendwann auch über mich denken. Sobald ich dir nicht gebe, was du willst, oder deine Überzeugungen infrage stelle, wirst du diese Vorstellungen auf mich übertragen.‹ Das klingt vielleicht hart, aber meine Freundin hatte mich gebeten, ihr stets die Wahrheit zu sagen. Die Tränen in ihren Augen, so sagte sie dann, waren Tränen der Dankbarkeit.«[43]

»Ich habe Krebs« ist ein überwältigender und ein existentiell äußerst herausfordernder Satz für den Menschen, der ihn ausspricht, und für den Menschen, der ihn hört. Ich habe Krebs – und die Phantasien machen sich selbständig. Es tauchen Bilder auf. Chemotherapie und Bestrahlungen, Müdigkeit und Übelkeit. Und danach das Kopftuch, um den kahlen Kopf zu schützen oder zu schmücken. Schmerzen über Schmerzen. Abgemagerte, geschwächte Körper. Und wieder Schmerzen und Schwäche. Leider ist es immer wieder so. Diese Realität stimmt. Wir alle fürchten uns davor. Ab und zu gibt es Hoffnungsschimmer. Ein Mann, der sehr lange gegen seinen Krebs gekämpft hat, kann ihn auf einmal annehmen und sagt unter Tränen, dass er noch nie so lebendig gewesen sei in seinem Leben wie jetzt, beim Sterben. Und eine Frau, die nicht sterben wollte an ihrem Krebs und sich benachteiligt fühlte vom Schicksal, sagte in ihren letzten Tagen, dass sie ganz glücklich sei über die unglückliche Zeit.

Eine andere, ältere Frau, die auch nicht sterben wollte an ihrem Krebs, sagte einen Tag vor ihrem Tod, dass es ihr großes Ungemach bereite, sterben zu müssen. Es tut weh, Menschen zu begleiten, die keinen Sinn sehen im Verfall ihres Lebens. Unsere Zivilisation identifiziert sich stark mit dem intakten Äußeren und damit mit dem lebendigen, jungen und unversehrten Körper. Dann bereitet es Mühe, die alten, die kranken Menschen als Menschen zu achten und zu verehren, die durch ihr Leiden zu einer inneren Dimension des Bewusstseins vorstoßen können.

Kann man einen Krebs akzeptieren? Und was bedeutet das? Was bedeutet es in einer Kultur, die uns immer wieder mit Untersuchungen beweisen will, dass wir die Krankheit

Krebs durch gesunde Ernährung, gemäßigten Lebenswandel und ausreichend Bewegung vermeiden können? Die schlimme Diagnose »Krebs« kann nicht bedeuten, dass ein Mensch sich aufgibt. Er informiert sich und prüft die bestmöglichen Behandlungen. Und willigt nach reiflichem Abwägen ein in eine Behandlung – oder nicht. Der Krebs kann als Freund oder Feind wahrgenommen werden. Angst und Anspannung, Kampf gegen sich selbst und Hader beeinträchtigen einen möglichen Gesundungsprozess. Es beeindruckt mich immer zutiefst, wenn ein Mensch von »seinem Krebs« spricht, mit dem er im Gespräch ist, für den er tut, was er für gut hält, und der ihm eine neue seelische Lebensqualität ermöglicht.

Krebs lehrt Demut und inneres Wachstum. Er verweist auf Kräfte im Körper, die größer und stärker sind als der menschliche Wunsch und Wille, gesund zu sein. Vielleicht öffnet gerade diese Erkenntnis das Tor zu einer größeren existentiellen Dimension. Es ist eine harte Prüfung. Danach hören wir, dass der Krebs »sie« besiegt oder »er« den Kampf gegen seinen Krebs verloren hat. Ein Mensch ist aus der Mitte seiner Lieben herausgerissen worden. Das Leben musste beendet werden.

»Heilt Ihr Körper am besten, wenn Sie angespannt und ängstlich sind und den Krebs wie einen Feind bekämpfen? Oder wenn Sie lieben, was ist, und sich über all die Punkte klar werden, in denen der Krebs Ihr Leben tatsächlich besser gemacht hat, und aus dieser ruhigen Mitte heraus Ihr Möglichstes tun, damit es Ihnen wieder besser geht? Nichts spendet mehr Leben als innerer Frieden.«[44]

Ausgrenzung ist ein Gewaltakt

Es gibt heute leider immer mehr Beispiele für erzwungenes, also unfreiwilliges Beenden – aus gesellschaftlichen bzw. ökonomischen Gründen. Es sind dies qualifikations-, leistungs- und betriebsbedingte Entlassungen, Entlassungen aufgrund von Umstrukturierungen, Arbeitslosigkeit, Selbstmord am Arbeitsplatz, Amoklauf, Entlassung nach einem Streik u. a.

Es gibt Gründe genug, um oft an der Menschlichkeit der heutigen Gesellschaft und Wirtschaft zu zweifeln.

Der Verlust des Arbeitsplatzes führt gemäß Erfahrung und Untersuchungen zu psychischem Leiden – in Form von Depression, Selbstentwertung, Ohnmacht und Sinnverlust aufgrund der mangelnden Anerkennung als Mensch und Arbeitnehmer. Arbeitslosigkeit kann als ein Gewaltakt bezeichnet werden, der einem Menschen zugefügt wird. Als Untat einer Gesellschaft, die zunehmend entmenschlichende Züge aufweist, weil sie zum Anhängsel eines Marktes im Privatisierungswahn geworden ist. Der Mensch ist Spielball wirtschaftlicher Interessen geworden. Die Autonomiefähigkeit zur Gestaltung des eigenen Lebens ist nicht gewährleistet, wenn Arbeit nicht gewährleistet ist.

Die eigene Autonomie ist eine wichtige Voraussetzung zur Gestaltung von guten intersubjektiven Beziehungsmustern mit anderen Menschen. Engagierte linke Kreise unterstützen denn auch die Forderung nach einem Mindesteinkommen, das die Würde des Menschen wahrt und seine Autonomiefähigkeit (noch nicht die Autonomie) stärkt. Sie kritisieren die heutigen Lebensverhältnisse der in Abhängigkeit lebenden Menschen, die man heute mittellos in eine fremdverschuldete Ausgrenzung schickt. Wie Berechnungen ergeben haben, wäre ein Grundeinkommen in unserer Gesellschaft durchaus finanzierbar. Es geht um die prinzipielle Frage, ob einfach die Marktorientierung dominiert oder ob kollektive Prinzipien der Organisation geschaffen werden, die ein Grundeinkommen garantieren. Es ist eine Systemfrage und keine Frage der Machbarkeit. Und es geht dabei um das Menschenbild des arbeitenden und autonomen Menschen – in deutlicher Distanzierung von der Erwartung des allseits verfügbaren, mobilen Menschen, der immer öfter durch Flexibilisierung ausgegrenzt wird.

Es gibt deutliche Anzeichen dafür, dass unsere heutige Gesellschaft und Wirtschaft viele Menschen psychisch und physisch krank macht. Arbeitslosigkeit ist ein solcher krankmachender und demütigender Faktor. Das ist mit ein Grund, dass die Nachfrage nach einer Psychotherapie ständig steigt, ohne dass die Menschen gesünder werden.

Eine Psychotherapie ist bei arbeitslosen Menschen meistens sehr eingeschränkt wirksam. Natürlich können sie lernen, mit Demütigung und Ausgrenzung umzugehen. Sie können dazu ermutigt werden, nicht aufzugeben, und sie können gecoacht werden, um eine neue Stelle zu finden. Arbeitslosigkeit und die damit verknüpfte erlebte Ausgrenzung, Ungerechtigkeit und Diskriminierung greifen den Selbstwert massiv an. Oft kommen noch Schuldgefühle und Scham dazu. Patienten und Therapeuten fühlen sich oft ohnmächtig angesichts der ökonomischen Realität.

Dasselbe betrifft Asylbewerber und Flüchtlinge. Internationale Migration macht oft krank. In der Schweiz wurden im Verlaufe des Jahres 2007 die Ausländer- und insbesondere die Asylbewerbergesetze drastisch verschärft. In Psychotherapien mit Asylbewerbern und Flüchtlingen erlebe ich seit Jahren und insbesondere aktuell in dramatischer Weise, wie Menschen zugrunde gehen, wenn sie von einer Gesellschaft ausgestoßen werden.

Ich möchte ein Beispiel einer jungen afrikanischen Frau bringen, das uns alle, ihre Betreuer, seit Jahren hilflos, ohnmächtig und wütend macht.

Liberty (was auf deutsch *Freiheit* heißt) ist heute 23 Jahre alt und wurde vor vier Jahren durch ein Hilfswerk eines afrikanischen Landes in die Schweiz gebracht. Sie hat in Afrika nur drei Jahre Schule absolviert, musste dann – als Vollwaise nach einem Busunfall der Eltern – auf der Farm eines Onkels hart arbeiten. Durch die Flucht, die für sie organisiert wurde, entkam sie einer Zwangsheirat mit einem alten, brutalen, reichen Mann.

Sie lebte in der Schweiz zwei Jahre lang in wechselnden Asylantenheimen, sogenannten Durchgangsheimen, lernte trotz einiger Sprachkurse kaum Deutsch und hat seit einem Jahr ein eigenes Zimmer in einem Asylantenheim. Bereits bei der Einreise war sie depressiv und traumatisiert.

Es war ihr als Asylantin erlaubt, für wenig Geld in einer Fabrik zu arbeiten, was sie außerordentlich schätzte. Sie wollte für immer in der Schweiz bleiben.

Doch es kam anders. Die Gesetzgebung gegenüber Ausländern wurde rigoros verschärft. Das Gesuch um ein Bleiberecht von Liberty in der Schweiz wurde zweimal abgelehnt. Sie wurde in ein weiteres Lager abgeschoben, wo sie nur noch ein Taschengeld erhielt und nicht mehr arbeiten durfte. So sollte sie mürbe werden, um in ihr Land zurückzugehen.

Diese Vorstellung erschreckte und traumatisierte Liberty auf dramatische Weise. Sie kannte niemand mehr in ihrer früheren Heimat. Und sie hatte Panik, zurückzugehen. Wohin sollte sie dort gehen? Sie konnte nicht mehr schlafen, hatte dauernd Kopfschmerzen, Muskelschmerzen im ganzen Körper und vor allem Selbstmordgedanken. Das Leben im Lager erwies sich als ein Alptraum.

Was war ihr Leben? Was war jetzt? Es war erzwungenes Beenden in einer erschreckenden Abfolge: Bei einem Busunfall starben Eltern und Geschwister; ihre Kindheit war beendet. Ihr gleichaltriger Freund im Dorf wurde ermordet. Sie flüchtete und kam in ein fremdes, kaltes Land. Es waren und sind ständige Wechsel und wieder ist die Perspektive, abgeschoben und fortgeschickt zu werden. Nun will sie dieses kalte Land verlassen. Es macht sie krank und unglücklich.

So viele erzwungene Beendigungen von außen machen einen Menschen krank.

Es tut weh, das als Mitmensch machtlos wahrzunehmen und zu begleiten. Liberty ist ein Beispiel unter unendlich vielen Flüchtlingen auf der ganzen Welt.

Ans Tageslicht treten – sich zeigen

Physische, geistige und psychische Behinderungen bei Menschen – sei es von Geburt an oder durch einen Unfall oder eine Krankheit – bedeuten schwere Einschränkungen der Bewegung in der modernen, mobilen Gesellschaft. Behinderte

Menschen wurden früher versteckt und ausgegrenzt. Heute haben sie sich einen sichtbaren, zu respektierenden und zu würdigenden Platz in unserer Gesellschaft errungen. Es ist ihr hart erkämpftes Verdienst, auf sich aufmerksam gemacht, ihr Leiden benannt und der Öffentlichkeit erfahrbar gemacht zu haben. Es ist ein bewusstes Beenden der Tradition, als Behinderte als Menschen zweiter Klasse zu leben.

Ein Schicksalsschlag beendet oft in einer Sekunde die Möglichkeit, sein Leben auf die gewohnte Weise weiterzuführen. Und er verändert auch dasjenige der nächsten Menschen um diesen Menschen herum. Schicksalsschläge können jeden treffen. Sie bedeuten einen großen Schock und erfordern allen Lebensmut, um bestanden zu werden.

Das betrifft neben der oben erwähnten Arbeitslosigkeit und der Migration psychische und physische Versehrungen, die von einem Tag auf den anderen das Leben verändern: Klinik, Operationen, aufwendige Behandlungen. Arbeitslosigkeit bzw. vorübergehende oder dauernde Arbeitsunfähigkeit, Verzicht darauf, Sexualität zu leben, Rollstuhl oder Blindenstock, Bettlägerigkeit, Geburt eines behinderten oder toten Kindes, Tod eines geliebten Menschen – und was der Schicksalsschläge mehr sind, die einem das Leben urplötzlich bescheren kann. Es erfordert ein Beenden des bisherigen Lebens.

Ein Trauma isoliert. Ein Mensch schämt sich; fühlt sich schuldig; zieht sich zurück. Die Sprache kommt ihm abhanden. Isolation und Einsamkeit. Dieses Szenario spielt sich häufig ab. Zum erlittenen Schicksalsschlag, der eine Lebensform beendet hat, kommt eine weitere Tragik. Körperlich, geistig und psychisch Behinderte haben es mit ihren Begleitern und Mitkämpfern geschafft, das Trauma sichtbar und öffentlich zu machen. Sie kämpfen gegen Ausgrenzung und Diskriminierung. Ende damit. Beenden von Scham und Schuld und Schmach. Kampf für Würde und Respekt. Und die einzigartige Einladung an die Mitmenschen, zur Entwicklung von Mitgefühl und Solidarität eine einzigartige Gelegenheit zu bieten.

Es ist heute nichts Neues mehr, wenn renommierte, in der Öffentlichkeit stehende Menschen Burnout erleben, an Aids oder Krebs erkranken, schwere Depressionen erleiden, nach einer Prostata-Operation impotent werden oder sichtbare Behinderungen zeigen. Das Neue ist, dass sie heute mehr und mehr darüber öffentlich reden. Sie beenden damit das Verstecken von Versehrtheit, Leiden, Not und Trauer in der Öffentlichkeit. Auch dies ist eine Einladung der Mitmenschen zu Respekt, zu Mitgefühl und Solidarität. Es kann jeden treffen.

Was hier nicht gemeint ist, ist die Art und Weise, wie die Klatschpresse die Süchte und Schwächen der Stars auf eine Weise an den Pranger stellt, dass kein Mitgefühl entwickelt werden kann. An dessen Stelle treten schamlose Neugier und ein bisschen Schadenfreude, dass das Schicksal die Reichen und Schönen auch trifft.

Öffentliche Personen bekennen sich zu ihrem Leiden. Sie stellen sich der Frage, ob sie in ihrem Amt noch tragbar sind. Immer häufiger ist auch zu beobachten, dass öffentliche Personen ihr Amt aufgeben, weil eine ihnen nahestehende Person, meist die Ehefrau bzw. der Ehemann, sehr krank ist. Das sind neue Töne in Politik und Wirtschaft. Sie künden von Liebe, Mitgefühl und Solidarität und stellen das Primat der Arbeitsgesellschaft in Frage. Sie räumen der Privatsphäre einen öffentlichen Wert ein.

Mit über achtzig Jahren hat der Sozialphilosoph André Gorz einen öffentlichen Brief an seine Frau D. geschrieben.[45] Er fragt sich darin, weshalb er seiner Frau keinen Platz eingeräumt hat in seinen vielen Werken und weshalb er sie verzerrte und entwertete, wenn er von ihr sprach – war doch ihre Liebe für ihn das Wichtigste in seinem Leben, das ihm überhaupt den Mut gab zu leben. Sie waren beide Heimatlose.

Gorz hatte Prinzipien. Privatleben und Heirat verkörperten für ihn bürgerliche Werte, die es zu bekämpfen galt. D. lehrte ihn, dass sie in ihrer Liebe das sein würden, was sie aus sich machten. Sie unterstützte und liebte sein Schreiben. Sie tolerierte den Widerspruch, dass sein Werk eine Weigerung war, die Realität zu akzeptieren, und dass ihre Liebe in ihm den Wunsch erweckte, zu leben. Es war Gorz damals nicht möglich, über die Liebe zu schreiben. Lieben war ihm zu banal, zu privat, zu gewöhnlich. Er liebte seine Liebe nicht. Er lebte sie, und in seinem Leben war sie das Wichtigste. Aber sein Leben und sein Schreiben lagen weit auseinander und ließen sich nicht vereinbaren.

Erst mit über achtzig Jahren, ein Jahr vor dem gemeinsamen Selbstmord im Jahr 2007, schreibt er die Liebeserklärung an seine Frau. Nach dieser Liebeserklärung lebt er in der Liebe und schreibt weiter; die Integration scheint gelungen. Indem er dies öffentlich sagt, anerkennt und würdigt er das Private, die Liebe und die überragende Wichtigkeit der geliebten Frau in seinem privat-öffentlichen Leben. Er leistet damit einen wichtigen Beitrag zur Gleichwertigkeit von privat und öffentlich, von Liebe und Leistung, von Frau und Mann.

Die unaufhaltsame Beschleunigung unseres Lebens

> Die heutigen Menschen fühlen sich einsam,
> weil sie so beschäftigt sind.
> *Dalai Lama*

Unser Leben beschleunigt sich – unaufhaltsam. Wir haben uns dieser Wirklichkeit zu stellen. Es gibt interessante und informative Literatur darüber, wie es so gekommen ist und was uns weiter erwartet.[46] Zeit und Muße sind zu einem kostbaren und knappen Gut geworden. Technik, insbesondere die digitale, verändert das Sehen, Hören und Reagieren, hat Folgen für die Ästhetik und für die Emotionen, das Erleben. Im Gegenzug wird auch die Langsamkeit beschworen. »Auszeit« (aus der Zeit heraus) wird zum Zauberwort; die Seele soll baumeln. Wo und wie denn? Hinzu kommt, dass zunehmend mehr Menschen von diesem Tempo überfordert sind.

Burnout als Ausdruck subjektiven Leidens scheint eine Antwort darauf zu sein. Burnout als heutiges Lebens- und Arbeitsrisiko?

Wie hängen diese Entwicklung und die Fähigkeit zu beenden zusammen? Beenden als Abschiednehmen und Betrauern braucht seine Zeit. Be-enden bedeutet, einen Prozess bis zum »Ende« zu gehen. Die Zeit dazu ist heute oft nicht gegeben. Das Neue klopft bereits an die Türe oder steht bereits im Raum. Beenden droht in der beschleunigten Zeit zum Abbruch zu werden.

Neben der unaufhaltsamen Beschleunigung nimmt auch die Tendenz der immer stärkeren Programmierung bisher natürlicher Wachstumsprozesse zu. Ein Beispiel: Bei Schwangerschaften kann das Geschlecht des Kindes schon früh bestimmt werden. Während der Schwangerschaft kann so präzis wie noch nie zuvor die Entwicklung eines Kindes verfolgt und die Schwangerschaft allenfalls abgebrochen werden. Der Termin des gewünschten Kaiserschnitts kann im Voraus festgelegt werden. Eine Frau geht zur Geburt wie zu einem Arzttermin, damit keine Kollisionen mit Arbeits- und anderen Terminen entstehen.

Das Beginnen und das Beenden erhalten einen programmierten und weitgehend voraussehbaren Zuschnitt. Auch der Tod kann unter gewissen Voraussetzungen geplant und eingeleitet werden. Die Sterbehilfe ist zu einem umstrittenen und kontroversen Thema geworden.

Bewusst gesetzte Termine und Abläufe eines eigentlich natürlichen Geschehens beeinflussen auch das gefühlsmäßige Erleben. *Man richtet sich auf ein Gelingen ein.* Dennoch ermöglicht die künstliche Befruchtung noch nicht jedem Paar den Kinderwunsch. Eine Schwangerschaft kann abbrechen und eine Geburt kann immer noch zu einem Risiko für die Gesundheit von Mutter und Kind werden. Oder ein anderes Beispiel: Operation gelungen, Patient gestorben: Diese lakonische Formulierung weist darauf hin, dass nicht alles Geschehen im Operationssaal den Patienten wieder gesund macht. Es gibt auch immer noch Krankheiten, die zum Tode führen. Trotz Palliativmedizin müssen Menschen an Schmerzen leiden.

Der Machbarkeits- und der Gesundheitswahn – um diese beiden Tendenzen beispielhaft zu benennen – haben durchaus eine positive Seite, indem nämlich kritisch und konstruktiv auf die Förderung von Fähigkeiten hingearbeitet wird, um Stress und Perfektionsanspruch, unvermeidlichem Schmerz und Leiden begegnen zu können. Es wird davon gesprochen, die Bedingungen von *Resilienz* zu erkennen und zu fördern, das heißt die Fähigkeit, an Krisen und Niederlagen nicht zu zerbrechen, sondern konstruktiv damit umzugehen. Resilienz als elastische Widerstandsfähigkeit ist nach heutigen Erkenntnissen lernbar, je früher, desto besser.[47] In der deutschen Sprache ist Resilienz noch ein weniger geläufiges Wort, doch im Englischen wird ein Baum, der einen Sturm heil übersteht, als resilient bezeichnet.

Die Förderung von psychischer Resilienz erscheint im Kontext der Machbarkeit als plausibel, denn die von Menschen nicht verhinderten oder missglückten Ereignisse sind um einiges schwerer zu verkraften als die früheren Schicksalsschläge. Das ist heute eine wichtige Erkenntnis. Umso wichtiger werden neben der Förderung von Resilienz die Fähigkeiten der Konfliktkompetenz, Flexibilität, Empathie und Toleranz, um nur einige zu nennen. Es sind Begriffe, die gleichermaßen von Psychotherapie und Managementkultur hervorgehoben werden. *Aushandeln können* bedeutet in der heutigen Lebens-, Familien- und Arbeitswelt eine wichtige Ressource. Aus Untersuchungen und aus Erfahrung wissen wir, dass Kinder und Erwachsene, die gelernt haben, offen mit ihren Gefühlen umzugehen, über einen besseren körperlichen und seelischen Gesundheitszustand verfügen. Soziale und emotionale Intelligenz können gelernt werden. *Es sind zentrale Fähigkeiten, die der Kunst des Beendens zugute kommen.*

Moderne Kommunikationstechnologien und wie sie den Lebensstil prägen

> Gibt es denn noch eine Seele angesichts von Neuroleptika, Aerobic und Medienüberflutung?
>
> *Julia Kristeva*

Als das Mobiltelefon eingeführt wurde, gab es einen Werbespot, in dem eine junge Frau in der halb leeren Straßenbahn sitzt und ihren Freund anruft, um ihm mitzuteilen, dass sie zu ihm komme. Ob er daheim sei. Ja, sagt er. Plötzlich hört sie ihren Freund hinten in der Straßenbahn mit einer anderen Frau sprechen, sie dreht sich um und erblickt ihn. Er sieht sie nicht. Ein paar Minuten später ruft sie ihn wieder an und sagt, sie stände vor seiner Türe. Weshalb er ihr die Türe nicht öffne. Er sagt, er sitze auf dem Klo und brauche noch etwas Zeit. Sie: Seit wann gibt es in der Straßenbahn ein Klo? Er schaut sich erschreckt in der Straßenbahn um und erblickt seine Freundin. Ertappt!

Mit dem Mobiltelefon und dem Internet ist die Kommunikation nicht mehr an einen Ort gebunden. Wenn sich jemand über diese beiden Medien meldet, kann nicht mehr identifiziert werden, wo er gerade ist. Das gibt Raum für Lügen der harmlosen und ernsteren Art. Eine Frau im Restaurant erhält einen Anruf und sagt, sie sei jetzt gerade in einem anderen Büro, sie werde sich aber noch an diesem Nachmittag zurückmelden. Ein Mann beim Baden am sommerlichen Fluss erklärt, er sei in einer längeren Sitzung. Es reiche doch sicher, wenn sie sich morgen wieder sprechen würden. In Eifersuchtsfällen verschaffen sich Partner den Einblick in die E-Mails und SMS der verdächtigten Person. So ist die Kontrolle eines Menschen über einen anderen in einer Art gegeben, die bisher nicht möglich war. Eine weitere Kontrollfunktion besteht in der Erwartung, dass über Mobiltelefon und E-Mail jeder Mensch täglich und stündlich zu erreichen sei. Wer nicht sofort reagiert, macht sich in irgendeiner Weise verdächtig.

Die erwähnten Medien machen abhängig von Kommunikation, man nimmt selbst Kontakt auf oder man wird verlangt. In den öffentlichen Räumen wirken viele überaus beschäftigt und abgelenkt, auf der Straße, in öffentlichen Verkehrsmitteln, an Bahnhöfen. Es gehört zum guten Ton, sein Handy ans Ohr zu klemmen und eine Zigarette zu rauchen. Vielleicht hört man zugleich auch noch Musik vom iPod. Es scheint fast, als verdiene das Hier und Jetzt des Ortes und der Menschen keine Aufmerksamkeit mehr. Man blickt sich kaum mehr an auf der Straße und im Zug, sondern pflegt seine virtuellen Kontakte. Und diese teilt man freizügig mit den wildfremden Personen rundum, da sie für einen keine wirkliche Bedeutung haben. Es sind neuartige Kommunikationsformen, die auch den Menschen und seinen Lebensstil verändern.

Beginnen und Beenden: Es ist heute nicht mehr undenkbar, eine Beziehung via SMS oder E-Mail zu beginnen oder zu beenden. Die physische Präsenz und das Auge-in-Auge einer Aussprache werden häufig nicht mehr für nötig erachtet. Beenden wird formlos.

Das ist erst dadurch möglich geworden, dass es für zunehmend mehr und vor allem junge Menschen nicht mehr spürbar ist, dass seelische Lebensprozesse – sich binden, sich entwickeln, sich trennen, trauern, heilen, sich neu ausrichten – Zeit brauchen, um nachhaltig bewältigt zu werden. Eine Beziehung wird wie ein Kleidungsstück angezogen und dann wieder ausgezogen. Sie ist etwas *Äußerliches*. Der *innere* Erlebensraum, die innere Resonanz fehlen.

Das Verständnis von Kommunikation ist in grundsätzlicher Veränderung begriffen. Es gibt gewisse Anzeichen dafür, dass Individuen den Sinn für ihre Identität und ihre Grenzen verlieren. Die psychische Dimension des heutigen Menschen – sein Innenleben, seine Phantasien, Projekte, Ideale, Werte, Intimsphäre, Geheimnisse, Gebete – ist in höchstem Maß bedroht.

Es fehlen die Möglichkeiten, die Ressourcen, um sein Inneres kennenzulernen und auszudrücken, da es von allen Seiten angefochten wird. In meiner Praxis lerne ich zunehmend Menschen kennen, die nicht mehr erzählen können, sondern Bericht erstatten; die nicht mehr träumen, weder am Tag noch in der Nacht; und die es nicht schaffen, ihre Leiden oder ihre Freuden mitzuteilen. Sie haben nie gelernt, unsichtbare und archaische Phänomene wahrzunehmen. Seien es Empfindungen, Gerüche, Geschmack, Intimität, Klänge und Tonlagen.

Die politisch-gesellschaftlichen Veränderungen, die hier angesprochen werden, der Einfluss von Massenmedien und Kommunikationstechnologien, der Wandel von Familie und Sexualität schaffen offensichtlich ein neues Leiden der Seele bzw. eine neue Art von Patienten: Sie sind tiefverletzt in ihrem heutzutage typischen Narzissmus (ich bin doch jemand), mit hochambivalentem Bindungsmuster (privat und beruflich), mit einschränkenden psychosomatischen Beschwerden (was nicht Sprache werden kann, setzt sich im Körper fest) und mit wiederkehrenden Depressionen. Es scheint fatal, wenn auch logisch, dass die aktuellen kommunikationstechnologischen Entwicklungen den Zwang zur Selbstdarstellung und zum Erfolg unterstützen, Letzteren aber oft unmöglich machen und dabei die Entwicklung von Identität und Integrität, Imagination und Symbolisierung unterlaufen.

Beenden beim fabrizierten flexiblen Menschen

Restrukturierungen oder Fusionen, Veränderungsprozesse in Unternehmen, zunehmende Computerisierung von Arbeitsabläufen, strategische Fokussierungen und ähnliches mehr verunsichern und überfordern viele Mitarbeiter, machen sie müde, überreizt und stimmen zynisch. Vor allem, wenn solche Projekte scheitern und Führungsprobleme evident sind, entstehen bei den Mitarbeitern negative Gefühle. Sie sind gestresst, weil sie fürchten, von den Veränderungen überfordert zu werden oder gar überflüssig zu werden. Ungefragte und unfreiwillige Versetzungen und Abteilungswechsel bewirken, dass man sich ohnmächtig fühlt.

Die Forderung nach totalem Einsatz und maximaler Flexibilität bei ständiger Unsicherheit strapaziert die meisten Arbeitnehmer. Sennett hat in seinem Buch *Der flexible Mensch* geschrieben, dass eine Gesellschaftsordnung, die das Bedürfnis des Menschen nach Stabilität so sehr vernachlässige, nicht von Bestand sein könne.[48] Die Loyalität zu einem Betrieb spielt eine andere Rolle als noch vor ein, zwei Jahrzehnten. Der Arbeitsvertrag bezieht sich auf ein kurz- bis mittelfristiges Tauschgeschäft: Leistung gegen Lohn, Kompetenzzuwachs und Beförderung. Der heutige Arbeitnehmer muss seine eigenen Interessen fördern. Wenn Lohn und Förderung stimmen, bleibt man, sonst muss man sich neu orientieren. Commitment ist in vielen Branchen nicht mehr an die Identifikation mit einem Betrieb gebunden, sondern an Eigeninteressen. Überhaupt fällt vielen Unternehmen wenig Sinnvolles ein, um motivierte Mitarbeiter an sich zu binden. Materielle Entschädigung reicht nicht, damit sich ein Mensch respektiert und geachtet fühlt.

Ein Beispiel: Matthias hat vierzig Jahre lang in derselben Baufirma gearbeitet. Er gab sein Bestes und fühlte sich im Betrieb akzeptiert. Als er mit 65 Jahren in Pension ging, geschah nichts. Er wurde verabschiedet wie eh und je. Kein Dank, kein Geschenk, nichts. War das möglich? Offensichtlich.

Ihm fehlte das wechselseitige Beenden einer lebenslangen Berufstätigkeit. Gemeinsam mit seiner Frau organisierten die beiden spontan einen kleinen Aperitif in ihrer Wohnung und feierten mit den engsten Berufskollegen die Beendigung von Matthias' Berufsleben. Nun konnte Matthias beenden.

Schnelle Wechsel gehören zum modernen Leben – im Beruf wie auch in privaten Beziehungen. Identifikationen finden nur noch bedingt statt. Es lässt sich eine Strategie des begrenzten Sich-Einlassens feststellen. Man blendet das Umfeld aus, konzentriert sich auf die Situation, mobilisiert alle verfügbaren Kompetenzen, um eine Aufgabe zu lösen bzw. eine Beziehung zu leben. Mehr ist oft nicht notwendig, um erfolgreich zu sein. Menschen, die sich beruflich und privat nur begrenzt einlassen, können besser abbrechen, nicht wirklich beenden.

Beunruhigend stimmt es, dass zunehmend mehr Menschen am Arbeitsplatz verzweifeln bzw. psychische Störungen entwickeln. Es ist schon länger bekannt, dass Arbeit physisch krank machen kann (Entwicklung von Krebsformen aufgrund schädigender Substanzen, körperliche Schäden durch Fehlhaltungen, Folgen von Arbeitsunfällen, Invalidisierung etc.). Die psychische Komponente wird erst seit einigen Jahren zur Kenntnis genommen. Mittlerweil ist ein Burnout ein respektabler Grund geworden, um sich in einer Klinik zu erholen, aber auch, um dort entsprechende Ressourcen im Umgang mit Stress zu entwickeln und zu fördern. Resilienz kann heute gelernt werden. Der Burnout (hinter dem sich oft Depression oder Sucht verbergen) betrifft eher die mittleren und höheren Schichten der Berufstätigen. Die Mehrheit der leidenden Berufstätigen entwickelt Depressionen, Süchte und physische Krankheiten aufgrund der Unmöglichkeit, sich über ihr Leiden ausdrücken zu können. Sowohl ein Burnout-Syndrom als auch die erwähnten Depressionen sind eine unbewusste Möglichkeit, das Leiden und den Stress »abzubrechen« – nicht im Sinne des Beendens, sondern im Sinne einer Flucht aus einer unerträglichen Situation. Dasselbe betrifft Selbstmorde aus beruflichen Gründen und den Amoklauf am Arbeitsplatz. Beides kommt immer häufiger vor. Es ist in solchen Krisen angesichts der unmenschlichen Maschinerie nicht rechtzeitig möglich gewesen, die Ressourcen und die Resilienz der Leidenden zu fördern.

Die Ressourcen nach Scheidungen und in Fortsetzungsfamilien

So wie sich jeder einzelne Mensch ständig entwickelt, entwickeln sich die Lebensformen, in denen er lebt. Neue Familienformen können als Zeichen einer gewachsenen Flexibilität des heutigen Menschen verstanden werden, auf veränderte

Lebenswelten, Ansprüche und Wünsche zu reagieren und neue Lebensformen zu erproben.

Familien wurden schon immer auch von außen geprägt. Wirtschaftliche Entwicklung, Religion, Gesetzgebung und Tradition haben sie geformt und bis heute immer wieder verändert. Die Ehe als lebenslange Partnerschaft, die Familie als Kernfamilie besaßen noch in den sechziger Jahren eine weitgehende Verbindlichkeit für eine Mehrheit von Frauen und Männern.

In Mitteleuropa wird heute jede zweite Ehe geschieden. Die Scheidungsquote ist seit zwanzig Jahren rasant gestiegen. Begriffe wie Ehe, Familie, Elternschaft, Vater und Mutter verdecken die wachsende Vielfalt von Lebensformen von heute: Es gibt heute eine zweite und dritte Ehe, ein Konkubinat, beides mit Kindern oder (freiwillig oder unfreiwillig) kinderlos, geschiedene Mütter und Väter, Scheidungskinder, Alleinerziehende, Erwachsene mit und ohne Kinder in Wohngemeinschaften, Stieffamilien in vielfältigen Ausprägungen mit Stiefkindern und allenfalls gemeinsamen Kindern – auch als Patchwork- oder Fortsetzungsfamilien bekannt. Das Aufbrechen der bisherigen Selbstverständlichkeiten erzeugt Wahrnehmungs- und Benennungsschwierigkeiten und eine Unsicherheit darüber, wer nun zu wem und wohin gehört. Insbesondere Kinder haben sich in neuen Situationen zurechtzufinden, ohne dass sie selbst eine Entscheidung dazu getroffen haben.

Ist eine Scheidung erfolgt, ist die häufigste Familienform der »Eineltern«-Familienhaushalt; gemäß Scheidungsvereinbarung wird mit dem nicht sorgeberechtigten Elternteil kooperiert. Wenn eine neue Familie gegründet wird, haben mindestens einer der Partner und seine Kinder eine Trennung hinter sich. Das Gelingen einer neuen Familie hat wesentlich mit der Verarbeitung der vorangegangenen Trennung zu tun. Im gelingenden Fall entwickeln sich neue Familien – die mehrere Haushalte umfassen können – zu »Aushandlungsfamilien«, in denen alle Betroffenen gemäß ihren Bedürfnissen ihren Platz kommunikativ ver- und aushandeln können.

Ein vorangehendes Beenden einer Form des Zusammenlebens, nicht aber der Beziehungen, eine angemessene Trauer- und Versöhnungsarbeit tragen zu einem besseren Gelingen bei. Flexibilität und Dynamik sind wichtige Ressourcen von neuen Familien.

Wer von Patchworkfamilien spricht, betont die Gegenwart und den Flickenteppich, die bunte, vielfältige Zusammenfügung von Menschen unterschiedlichen Alters und unterscheidlicher Herkunft. Der Begriff Fortsetzungsfamilie betont das Gewesene und Gewordene, die Beendigung des bisherigen Zusammenlebens und die darauf folgenden Fortsetzungen.[49]

Es wird unweigerlich komplex, wenn eine neu zusammengesetzte Familie beschrieben wird. Ein Beispiel: Die 19-jährige Alice, die mit dem Vater, ihren Geschwistern, mit seiner neuen Frau und deren Kindern zusammenlebt, unterscheidet klar zwischen ihrem Bruder, ihrer Schwester und ihren Halbbrüdern. Sie macht zwar ihre Mutter für die Trennung der Eltern verantwortlich und lehnt zurzeit den Kontakt mit ihr ab. Sie will trotzdem keine zweite Mutter mehr. Sie nennt sie beim Vornamen und redet von ihr als von der neuen Frau ihres Vaters.

So wie Alice das komplexe Patchwork auf ihre subjektive Weise erlebt, tun dies auch die anderen: jedes Familienmitglied erlebt eine andere, eben subjektive Familie.

Das Familiensystem nach einer Scheidung ist immer größer als ein Familien*haushalt*. Leibliche Eltern außerhalb des neuen Familienhaushalts gehören mit dazu. *Beenden betrifft eher einen Familienhaushalt und nicht zwingend die Beziehungen.* Die Entscheidung zum Beenden wird von den Erwachsenen gefällt. Die Kinder haben sich neu zu orientieren. »Du hast mir nichts zu sagen, du bist nicht mein richtiger Vater« – dieser Satz betont die Loyalität des Kindes zum leiblichen Elternteil außerhalb des neuen Haushalts, und dasselbe gilt für: »Ich will, dass meine Mutter auch zum Schulfest eingeladen wird. Sie gehört zu mir«. »Ich sage immer, ich habe zwei Mütter, und ich habe beide gern. Die eine ist eben meine

Mutter. Und die andere, ja, sie könnte eine ältere Schwester von mir sein. Es gehören nun beide zu meinem Leben«; ein solcher Satz zeigt eine gelungene Integration. »Ich möchte auch bei meinem Papi wohnen und nicht nur bei euch«, meint den Wunsch eines Kindes, beide leiblichen Eltern gleichermaßen zu berücksichtigen.

Trauer ermöglicht, all das, was geschah, anzunehmen und ins eigene Leben zu integrieren. Das betrifft auch das, was nicht möglich war. Der Trauerprozess bei Trennungen braucht Zeit und wird oft in immer wiederkehrenden Schlaufen nach und nach vollzogen. Es betrifft Eltern und Kinder, doch die Eltern haben den Kindern voranzugehen. Im Trauern können sich beide Seiten nach und nach von den Enttäuschungen, Erwartungen und Illusionen der Vergangenheit lösen und sich der Gegenwart zuwenden. Trauer ermöglicht Versöhnung im Sinne der Bejahung der Trennung und der Einsicht der Eltern in die eigenen Anteile am Scheitern der Beziehungen. Dies ist wichtig, um den Kindern nicht Probleme/Schuld- und Rachegefühle weiterzugeben, die Sache der Eltern sind und von ihnen zu bewältigen sind. *Versöhnung mit sich selbst* bedeutet, nicht ewig nachzutragen, zu projizieren und Schuld zuzuschreiben, sondern die eigene Verantwortung zu übernehmen.

Kindliche Schuldgefühle bei Trennungen liegen meist auf einer tieferen Ebene, wo sich ein Kind wichtige Fragen stellt: An wen soll ich mich halten? Wo bin ich sicher? Wer hilft mir, wenn die Eltern schwach bzw. zerstritten sind? Aus dieser Unsicherheit und dem Konflikt zwischen Mitleid und allenfalls Hass (sie verlassen mich) entstehen beim Kind Schuldgefühle. Sie sind einfacher zu ertragen als der Hass auf die Eltern. Das bedeutet nicht, dass die Eltern noch mehr Schuldgefühle haben müssen, sondern dass sie ihren Teil bewusst wahrnehmen und dem Kind gegenüber übernehmen. Ein Beenden und ein Neubeginn müssen als seelische Möglichkeiten angelegt und die dazu notwendigen Ressourcen bei allen Beteiligten bewusst gestärkt werden. Die Erwachsenen als Akteure haben die Verantwortung zu übernehmen.

Wenn Krisen und Konflikte als gemeinsame Herausforderung angegangen werden können, stärken sie das familiäre Immunsystem. In einer getrennten Familie können Geschwister einander maßgeblich unterstützen, um nicht zum Spielball im Hin und Her zwischen den Eltern zu werden. Eine konfliktfähige Geschwistergruppe kann für die Eltern eine Ressource werden, um lebbare Lösungen für alle zu entwickeln. Weitere Ressourcen von leiblichen und sozialen Kindern, Jugendlichen und Eltern in getrennten und neuen Familien sind der konstruktive Umgang mit Gefühlen, eine gute Aushandlungskompetenz (von Besuchszeiten bis zu Geldfragen) und die Bereitschaft zur gegenseitigen Einfühlung und zu Großzügigkeit und Toleranz. Stolpersteine nach Trennungen und Übergängen liegen meistens in zu hohen Erwartungen, in Wunschbildern und Träumen davon, wie es sein sollte. Familien scheitern meistens nicht am Realen, sondern an Illusionen.

Ungerechtigkeit, die nicht zu durchschauen ist

Wer in einem armen Land oder in einem Armenviertel aufwächst, hat Pech gehabt. Damit nicht genug – diese Menschen müssen sich für ihre Herkunft auch noch schämen. Die Welt und ihre Schicksalhaftigkeit sind oft verunsichernd, verstörend und höchst fragwürdig. Unglück kann Unausweichlichkeit, Verlust, Resignation und Unterwerfung und Anpassung suggerieren, Armut und Unglück eine undurchschaubare Ungerechtigkeit schaffen. Das bedeutet, dass scheinbar niemand schuld bzw. verantwortlich und zuständig ist, weder die Regierung, die Industrie noch die Betroffenen. Wenn die Ungerechtigkeit nicht durchschaut werden kann, dann gibt es auch keine Lösung, die Ungerechtigkeit abzubauen. Den Betroffenen in ihrer entwürdigenden und schambesetzten Not kann nicht geholfen werden.

Ich arbeite in meiner Praxis häufig mit Migrantinnen, Asylbewerbern und Flüchtlingen. Es sind Frauen, Männer und Kinder, die aus einer existentiellen oder politischen Notlage heraus in die Schweiz gekommen sind. Sie passen sich hier unter unendlichen Schwierigkeiten langsam, aber sicher an, lernen die Sprache und die Sitten und schicken ihre Kinder zur Schule. Doch dann müssen sie auf staatliche Anordnung ausreisen bzw. werden zwangsweise in jenes Land ausgewiesen, das sie traumatisiert verlassen haben.

Oder ein anderes Beispiel: Ein Mensch kommt in einer armen und traumatisierten Familie zur Welt und erlebt keine Chance, zu wachsen und sich zu entwickeln. Der Wert solcher Menschen für die Gesellschaft wird geleugnet, deren Rechte werden massiv beschnitten und die psychische und physische Integrität verletzt. Wo bleibt die Gerechtigkeit als Möglichkeit, die eine Gesellschaft ihren Mitgliedern garantieren müsste, damit sie ein menschenwürdiges Leben führen können? Eine Mindestgarantie auf Menschenwürde?

Doch ausgerechnet die Opfer leiden unter massiven Schuldgefühlen, die in der Missachtung und Entwertung, die sie erfahren mussten, wurzeln. Sie führen zu einem abgrundtiefen Misstrauen gegenüber sich selbst, zu einer sich selbst schädigenden Selbstabwertung. Sie meinen, es nicht verdient zu haben, respektiert zu werden. Sie meinen, keinen Beitrag zum gemeinschaftlichen Leben leisten zu können. Es ist eine zu große Kränkung, als dass sie unbeschadet überbestanden werden kann. Diese Menschen erkranken größtenteils ohne hinreichende Diagnose: sie haben Schmerzen am ganzen Körper. Als Therapeutin sehe ich, wie es ihnen jede Woche schlechter geht, und kann kaum etwas tun. Diesen Menschen wird eine positive Identitätsbildung schlicht verweigert. So bilden Scham und Selbstverachtung die Krücken einer defizitären Identität. Scham macht einsam, Selbstverachtung aggressiv – gegenüber anderen und gegen andere und gegen sich selbst. So sind Selbstverstümmelungen junger Menschen in elenden Verhältnissen ebenso gang und gäbe wie sogenannte »sinnlose Morde« an anderen. Sogenannte »Versager« bringen andere und schließlich sich selbst um.

Das Schuldgefühl hilft aber auch, die Illusion der eigenen Wichtigkeit aufrechtzuerhalten. Und der Wunsch, sich ohne Scham zeigen zu können, sucht sich die bizarrsten und lebensgefährlichsten Möglichkeiten. Davon künden die niemals erstellten Statistiken von Arbeitsunfällen, von Verkehrsunfällen, von Gewalt in der Familie.

Auf Gedeih und Verderb einem Mann bzw. seiner Familie ausgeliefert zu sein und Ungerechtigkeit um Ungerechtigkeit zu schlucken – das war und ist bis heute das Los vieler Bauers- und Arbeiterfrauen. Unter Bauern zeichnet sich eine neue Entwicklung ab. Bäuerinnen wagen zunehmend, den Hof, auf dem sie von Mann und Schwiegereltern tyrannisiert werden, zu verlassen. Die Ungerechtigkeit ist damit nicht mehr undurchschaubar, sondern sie kann zunehmend benannt werden. Mit dem Benennen wird sie kritisier- und änderbar. Es wird ein Beenden möglich.[50]

Eine über achtzigjährige ehemalige Hebamme berichtet darüber, wie wenig Ansehen ihr Beruf hatte. Und wie sie ein Leben lang schuftete, Wasser schleppte, Tag und Nacht unterwegs war und viel Kampf und Leid erlebte. Hausgeburten waren früher sehr anstrengend. Durch die Überanstrengung, Nachtarbeit und Kälte entstandene Berufskrankheiten, »Hebammengsüch«, erforderten bei ihr einige schwere Operationen. Im Alter erzählt diese Frau von ihren leisen Lebensweisheiten, von den persönlichen Abrechnungen und auch von Zufriedenheit und Einverständnis ins Leben. »Vielleicht ist der Tod eine umgekehrte Geburt. Gar am Ende steht da eine gute Hebamme und hilft einem hinaus.«[51]

Ungerechtigkeiten und benachteiligende Traditionen, die nicht zu durchschauen sind, verhindern ein Beenden der unhaltbaren Zustände. Erst wenn sie erkannt und benannt werden, kann an ein bewusstes Beenden gedacht werden.

Beenden im professionellen Handeln

Beenden-Können steht nicht nur in schicksalhaften Momenten an. Beenden-Können meint auch eine Lebenskompetenz. In vielen Berufen gehört das Beenden-Können zu einer professionellen Haltung. Hier stellt sich die Frage, wie eine Arbeitssequenz, eine Sitzung beendet wird, ein Vortrag, ein Seminar, eine Therapie, eine Veranstaltung, ein Text, ein Interview, ein Film, ein Buch, eine künstlerische Produktion. Ausgewählte Beispiele sollen im Folgenden zeigen, welche Formen des Beendens es im beruflichen Handeln geben kann – oder auch nicht geben kann. Bewusstes Beenden ist keine Selbstverständlichkeit.

Patienten brechen eine Therapie ab. Sie sprechen auf den Telefonbeantworter der Praxis und melden sich für die nächste Sitzung ab und erklären, dass sie sich wieder melden. Wenn sie sich einige Wochen nicht gemeldet haben, frage ich schriftlich an, ob sie die Therapie weiterführen oder abbrechen möchten. Wenn dann kein Bescheid kommt, Funkstille herrscht, dann sehe ich jeweils nochmals meine Notizen durch und überlege mir, was zum Abbruch geführt haben könnte. Schuldgefühle? Scham? Gleichgültigkeit? Manchmal kann ich nur meine Phantasie walten lassen, weil ich solchen Menschen nach einer Einladung, die sie nicht beantworten, nicht mehr weiter nachforsche, sondern den Rückzug dieser Patienten akzeptiere. Ich gestehe ihnen den Abbruch der Therapie zu. Es ist allerdings ein unbefriedigender Zustand. Ein einseitiger Abbruch einer Beziehung ohne ein gemeinsames Beenden lässt immer viele Fragen offen.

Wenn so jemand später wiederkommt, ist es meist sehr schwierig, die Gründe des Abbruchs herauszufinden. Es war einfach stimmig so, heißt es lapidar, man hätte sich abmelden müssen? Es fehlt meistens die Einsicht, den Abbruch zu reflektieren, der sich daher wiederholen kann. Für die Therapeutin gilt, dass sie mit diesen offengebliebenen Fragen und den entsprechenden Phantasien bewusst einen abschließenden Umgang suchen soll. Das kann durch das Verfassen eines abschließenden kleinen Textes zur Therapie und zum Abbruch geschehen, der dann im Dossier abgelegt wird.

Ein Beispiel: Es findet ein Wochenendseminar mit klarem Beginn und Abschluss statt. Doch zum festgelegten Zeitpunkt wollen die einen das Seminar vorzeitig verlassen, die anderen zögern das Weggehen hinaus, sammeln Adressen und Telefonnummern oder müssen gar zum Gehen aufgefordert werden. Wieder andere verabschieden sich und gehen weg, unauffällig, einfach. Wohl jede Seminarleitung wünscht sich Letzteres. In den vorgezogenen oder hinausgezögerten Gesten formieren sich Muster von Vermeidung, Ambivalenz und Widerstand in eigenmächtigem Handeln, das den gegebenen Rahmen unbewusst oder bewusst sprengt. In diesem Verhalten äußern sich die Schwierigkeiten mit realen Trennungssituationen. Sachzwänge bzw. Entschuldigungen dafür sind in der Regel Ausreden.

Berufliches Scheitern kann immer und überall geschehen. Insbesondere in der Beratungs- und Therapietätigkeit mit Menschen, die sich selbst als gescheitert bezeichnen, kann sich ein Scheitern wiederholen – bei allem Wissen, aller Vorsicht und aller Geduld. Oder ein Patient verletzt sich oder bringt sich um. In der Folge gilt es, die Konfrontation mit vielleicht unüberwindbar scheinenden Schuldgefühlen und unverarbeitbarem Schmerz und die Einsicht in die Begrenztheit der eigenen Möglichkeiten und Fähigkeiten auszuhalten. Das ist nicht leicht. Nun heißt es, sich diesen schwerwiegenden Gefühlen und den unvermeidlichen Fragen zu stellen, um das Verlorene zu trauern und sich mit dem Scheitern weitgehend zu versöhnen. Wenn man diesen Prozess innerlich beenden kann, dann kann es weitergehen.

Es gibt eine treffende Anweisung, wie sich eine vortragende Person zu verhalten hat: »Überlege dir, was du zu sagen hast; sage es und beende den Vortrag, wenn du es gesagt hast.« Es gibt Rednerinnen und Redner, die chronisch die Vortragszeit überziehen und das Publikum zunehmend unruhig werden lassen. Gekonntes, prägnantes Beenden eines Referates setzt voraus, dass die vortragende Person ihre Botschaft auf den Punkt zu bringen und zu klären weiß. Vom Vortrag ist es nicht weit zum Schreiben eines Textes. Auch hier stellt sich die Frage, wann der Punkt erreicht ist, an dem das Wichtige geschrieben ist. Vorgaben von Herausgebern und Verlagen entschärfen diese Frage. Sie schränken möglicherweise eine eingehende und klärende Auseinandersetzung mit dem bewussten Beenden ein.

Auch Seminare und Ausbildungen müssen beendet werden. Oft ist viel mit den Teilnehmern geschehen, so ist es wichtig, dass es ein gutes Beenden gibt. Ein Absolvent einer sechsjährigen Gruppenanalyse-Ausbildung erzählte, wie befreiend es für ihn gewesen sei, jedem Gruppenmitglied in den letzten Sitzungen ein Feedback zu geben und um ein solches zu bitten. Er hatte von früheren Erfahrungen in Gruppen gewusst, dass niemand ihm beim Beenden helfen würde. So musste er es selbst tun. Es war für ihn eine herausfordernde, nicht durchwegs angenehme, aber auch überraschende Verabschiedung.

Beispiel: Am Ende einer Ausbildung für Kommunikationstraining wurde ein Trommelworkshop geboten. In einer mehrstündigen Trommelsitzung konnten sich die Absolventen voneinander und von ihren Kursleitern verabschieden, ohne Worte – eben mit Trommelschlägen, die in Lautstärke und Intensität gewählt werden konnten. Das war umso wichtiger, als drei Absolventen die Abschlussprüfung nicht bestanden hatten und ungemein enttäuscht bzw. wütend waren. Enttäuscht von sich oder von der Kursleitung? Wütend auf wen? Das wortlose, gestische Trommeln unter kundiger Anleitung war für die meisten etwas Neues. Sie mussten zuerst lernen, auf diese Art ihre Gefühle zu äußern und die Mitteilungen der anderen zu verstehen. Eine Absolventin hatte sich vorgenommen, mit jedem Einzelnen des Kurses und der Leitung ein kleines Trommelduo zu versuchen. Es war faszinierend, wie unterschiedlich lang, intensiv und gefühlsgeprägt jedes dieser Duos war. Und sie sagte abschließend, sie hätte sich nicht vorstellen können, ohne Worte so viele Gefühle auf eine Art und Weise zu kommunizieren, die einen selbst stärke und die verstanden und entgegnet würde.[52]

Beenden im Beruf: Hier sollen die vielen Berufs- und Jobwechsel erwähnt werden, die heute üblich sind. Immer geht es um ein Beenden, um wieder anfangen zu können. Und je besser sich ein Beenden anfühlt, desto freier fühlt man sich für einen Neubeginn. Oft genügt es, das Beenden bewusst wahrzunehmen und das Alte mit einem Fest, mit einem Ritual, mit etwas Besinnlichem zu würdigen, zu ehren. Das macht frei für einen Wechsel.

Der schwarze Kontinent

Ein Jahr beenden

Die violetten Jacarandas sind verblüht
An den Straßen verkaufen sie nun Mangos
Groß, oval, grünrot schimmernd, einzigartig
Der wunderbare Frangipanibaum im Garten
Den ich so liebte
Ist endgültig erfroren
Ein trauriger Baumstrunk erinnert an die vergängliche
Pracht
Den anderen Frangipani am Teich, der völlig vom
Feigenbaum verdeckt war
Habe ich befreit – ohne den Feigenbaum zu verletzen
Nun erblicke ich jeden Morgen ein paar neue weißrosa
Blüten
Die ganz sanft duften

So nahe an Tod und Leben
In diesem wunderbaren und schrecklichen Land
Modergeruch und frische Brise vom Indischen Ozean
Schmerzgeheule, Wutausbrüche, Lächeln und Umarmungen
Die Balance ist immer wieder gefährdet

Wenn der Himmel so klar und blau ist
Erlebe ich ihn am einen Tag als unerbittlich
Am andern Tag ist er wunderbar rein
Eine klare Offenbarung
Ein Geschenk des Lebens –
Die Kunst ist, beides zu sehen

Immer wieder der Versuch
Am Morgen aufzustehen
Immer wieder das Glück, in den Tag zu tauchen
Immer wieder Dankbarkeit
Im Fluss des Lebens zu sein
Ein Jahr beginnen

Südafrika, ein paar Jahre nach der Beendigung der Apartheid. Dort habe ich drei Jahre gelebt und gearbeitet. Es gehört zum schwarzen Kontinent, der während Jahrhunderten von weißen Europäern kolonisiert und ausgebeutet wurde. »Der schwarze Kontinent«: bei Sigmund Freud ist es das Sexuelle, das Geschlecht der Frau, das er so benennt. Der schwarze Kontinent Afrika: die Schwärze der Haut der Menschen, die Schwärze des Fremden und Unbekannten, die Schwärze des Unheimlichen. Was bedeutet Beenden in einer solchen Kultur?

Kupferstunde

Die abendliche, kurze tropische Kupferstunde ist von rotgoldener Schönheit. Es ist die kurze Stunde, bevor die Sonne untergeht. Zu Beginn der Kupferstunde ist es heller Tag, am Schluss der Kupferstunde ist es tiefschwarze Nacht.

Die Intensität dieser kurzen Dämmerung bildet die Intensität auf dem schwarzen Kontinent ab. Beginnen und Beenden folgen dicht nacheinander. Licht und Schatten treten immer zusammmen auf, keine Freude ohne Leiden, kein Jauchzer ohne Schluchzer. Wärme und Kälte, Trockenheit und Überschwemmung folgen unmittelbar und so schnell aufeinander, dass es kaum merkliche Übergänge gibt. Die so abrupten Übergänge relativieren das Thema Beenden. Alles ist eins.

Das Erleben der Kupferstunde ist für mich untrennbar mit dem Erleben der afrikanischen Menschen verbunden. Ich erlebe sie in vielem als eins: mit sich selbst und ihren Ahnen, mit sich und den Mitmenschen, mit der Natur. »Ubuntu« wird das afrikanische Gemeinschaftsbewusstsein genannt: Ich bin ein Mensch, weil ich dazugehöre. Ich nehme teil. Ich teile mit anderen. Ich bin, weil du bist, und du bist, weil ich bin.

Es war in Südafrika, dass Nelson Mandela, der schwarze Führer, nach 27-jähriger politischer Haft in südafrikanischen Apartheids-Gefängnissen Anfang der neunziger Jahre ohne Rache und Vergeltungswunsch auf die weißen Unterdrücker zugegangen ist. Er war überzeugt davon, dass sich nun beide Seiten, Unterdrückte und Unterdrücker, befreien mussten – alles ist eins. Er bat um Versöhnung, um beenden und anfangen zu können. Die unterdrückten Schwarzen sind den weißen Unterdrückern entgegengekommen, um einen Bürgerkrieg zu verhindern. Die Versöhnungsbereitschaft entsprang dem afrikanischen Ubuntu. Versöhnung durchdringt als Botschaft der Hoffnung den Kampf für Gerechtigkeit und Menschenwürde. Das Besondere der Situation war, dass viele, nicht alle Unterdrückten bewusst aus ihrer Opferrolle ausgestiegen sind. Und weiße Unterdrücker haben ihre Schuld eingesehen und haben versucht, sich zu ent-schuld-igen. Es sind fast übermenschlich anmutende Kräfte, die Menschen – Opfer und Täter – in dieser existentiellen Situation aufgebracht haben.

Als ich Südafrika verließ, hat mir eine engagierte schwarze Psychotherapeutin gesagt, ich hätte eine schwarze Seele und würde Ubuntu leben. Das war das schönste Geschenk, das ich vom schwarzen Kontinent mitnahm. Alles ist eins. Das Geheimnis davon ist, dass daraus eine große Kraft erwachsen kann. Es macht resilient; man kann beenden, was dem Leben entgegensteht.

Quellen der Resilienz

Durch Aufspüren und Unterstützung der Selbsthilfekräfte eines Menschen kann das Fließen zuvor verschütteter Kräfte erreicht werden. In der englischen Sprache ist »resilient« ein Alltagswort und bedeutet elastisch, federnd und unverwüstlich. Nach einem heftigen Gewitter oder einem Frost erholt sich ein zerstörter Baum; die Wurzel und einige seiner Äste sind resilient. Der Baum beginnt wieder zu wachsen – anders.

In der südafrikanischen schwarzen Kultur sind viele Ressourcen vorhanden, um Resilienz, die Widerstandskraft, zu stärken. Größtenteils wurden sie durch die weiße Apartheid bewusst zerstört. Aber sie sind im Keim noch vorhanden, um zur Erstarkung, Widerstandsfähigkeit und Elastizität des schwarzen und weißen Volkes in Südafrika beizutragen. Die wichtigsten Elemente sollen im Folgenden erwähnt werden. Resilienz hilft, die Notwendigkeit von Beenden zu erkennen.

- Spiritualität und Religiosität sind in den südafrikanischen Kulturen stark ausgeprägt. Sie stärken das intuitive Wissen der Menschen, zueinander, zu den Ahnen und zum Universum bzw. zu Gott zu gehören.
- Ubuntu bedeutet in Afrika, die menschlichen Beziehungen zu nähren, Gemeinschaft und Solidarität zu leben. Ubuntu bezeichnet das afrikanische Menschenbild, in dem ein Mensch durch den anderen Menschen zum Menschen wird. Der Mensch ist ein zutiefst gemeinschaftliches Wesen: ich bin nicht ohne dich und du bist nicht ohne mich. In Südafrika gehört zu Ubuntu die tiefe Überzeugung, dass die adäquate Antwort auf Hass und Rachegefühle Liebe und ausreichende Güte, Freundlichkeit und Liebenswürdigkeit (kindness) sind. Ubuntu hat in Südafrika den Weg zur Versöhnung bereitet.
- Musik und Trommel sind in allen afrikanischen Kulturen omnipräsent. Sie verkörpern alle Sinne, stehen für Lebenskraft und Präsenz. Musik war Teil des Widerstandes in der Apartheid – und ist ein lebendiger Teil der Kultur.

- Tanz gehört zum alltäglichen Leben und ist Bestandteil der Versammlungen aller Art – sozial, politisch, religiös. Jeder Stamm hat seinen eigenen charakteristischen Tanz und die dazugehörigen Kostüme. Tanz ist Leben. Tanz ist Ressource zum Überleben.

- Der Chorgesang ist ein wichtiger Bestandteil der afrikanischen Kultur. Die Stimmen sind kräftig und laut. Die Lieder und Spirituals werden energievoll vorgetragen und mit Klatschen und Wippen und Stampfen begleitet. Das Gemeinschaftliche, die Zusammengehörigkeit sind stark spürbar und werden mit unerhörter Vitalität gelebt.

- Gebete stärken den Geist und verbinden mit Kräften, die größer sind als wir selbst. Dadurch entsteht eine innere Zuversicht, dass niemand und nichts den inneren Kern zu zerstören vermag. Nicht nur Gebete verbinden mit höheren Kräften. Es ist ähnlich beim Geschichtenerzählen.

- »Storytelling«. Das Geschichtenerzählen hat bis heute überlebt. Früher saßen die Menschen rund ums Feuer und bannten die bösen Geister und die wilden Tiere. Heute erzählen sie alte und neue Geschichten, weil sie gerne teilen, mitteilen und verbinden. Es ist der Geist des Ubuntu. Geschichten stärken den Geist, unterstützen das Immunsystem, helfen schlechte Gefühle abbauen, beflügeln die Imagination und ermöglichen positive Gedanken und heilende Kräfte. Sie wirken wie Gebete.

- Psychotherapie und Traumatherapie sind erst in der Nach-Apartheidzeit für die Schwarzen zugänglich geworden. Ihre Wirkung ist prekär in einer Gesellschaft, die täglich neue Traumen schafft. Doch durch das Erzählen und Zuhören nehmen sie Druck weg, lassen Verständnis und Mitgefühl spüren im Tragen eines Traumas, das kaum zu tragen ist. Dadurch können sich die verborgenen Ressourcen und Selbstheilungskräfte entwickeln. Es gibt auch ein tiefes Wissen bei den afrikanischen Menschen, dass Unrecht und Leiden eine Gelegenheit bilden, um ein besserer Mensch zu werden.

- »The way forward«, der Weg vorwärts: Jede Sitzung, jede The-

rapiestunde, jede Konferenz in Südafrika endet mit vorwärts-
gerichteten Gedanken, das Leben geht weiter. Und alles hat
mit einem Gebet begonnen, man wünscht sich den Segen
Gottes. Im Beenden, im abschließenden »way forward«, ist
der Mensch gefordert.

In so bedrängenden, herausfordernden Kontexten wie Südafrika geht es darum, die innere Freiheit nicht zu verlieren,
vielmehr sie immer wieder zu erringen. Durch die innere
Loslösung von inneren Verstrickungen mit all den Schreck-
lichkeiten, Gewalttätigkeiten und Machtstrukturen werden
mehr Angstfreiheit und Souveränität erworben. Sie ist ein un-
abdingbares Werkzeug, um bei so vielen äußeren Zwängen
bestehen zu können.

Die südafrikanische Kultur enthält ungeheuer viele
Ressourcen, damit sich die Menschen lebendig und zugehörig fühlen können. Die Voraussetzungen zur Entwicklung
von Resilienz sind tief in Kultur und Gesellschaft verankert.
Nur so ist es zu erklären, dass die während Jahrhunderten
unterdrückte schwarze Kultur wieder erwachen konnte. Sie
konnte an einen Reichtum anknüpfen, der zutiefst in der Kultur dieser Menschen angelegt ist.

Wenn die Toten zu den Lebenden gehören

Im September 2002 habe ich Nelson Mandela bei einem Auf-
tritt erlebt: seine äußerliche Zerbrechlichkeit, sein junges
lächelndes Gesicht, seine eindringliche Rede zu Korruption
und Aids und dazu, wie »wir Südafrikaner« gegen beides hart
kämpfen müssen. Und wie wir uns alle über hundertjährigen
Südafrikaner, Frauen und Männer, lächelnd in ihrem ewigen
Schlaf vorstellen dürfen, wie sie uns wohlwollend in unserem
Kampf beobachten. Es ist eine uns fremde, aber schöne Vorstellung: Die Toten schlafen, und sie lächeln, wenn sie die Lebenden weiterkämpfen sehen.

Der Tod ist in Südafrika erschreckend alltäglich. Doch dieses alltägliche Sterben wird achtsam und würdevoll begleitet. Denn die Toten gehören zu den Lebenden. Wenn von Schwarzen Geld gespart wird, fließt es in einen Beerdigungsfonds. Jeder wünscht sich, würdevoll verabschiedet und begraben zu werden. Damit die Toten den Lebenden nicht schaden, wollen sie angemessen begraben werden. Die Toten gehören ins lebendige Leben. Wenn eine Versammlung eröffnet wird, wird zuerst gebetet und gesungen. Danach werden die Kanäle zu den Verstorbenen, den Ahnen, geöffnet, damit sie ihren Segen geben können. Nicht erst die Verstorbenen werden geehrt. Es gibt ein intuitives Verständnis für den Prozess des Lebens und Sterbens, das sich darin äußert, dass alte Menschen geachtet werden. Alten Menschen wird Weisheit und Würde zugeschrieben und sie werden entsprechend verehrt.

Mia Couto, ein weißer Mozambiquaner mit schwarzer Seele, hat in mehreren Büchern das Zueinandergehören von Lebenden und Toten beschrieben.[53] Seine Texte schweifen zwischen Vergangenheit, Gegenwart und Zukunft umher. Sie sind durchdrungen von Realität und Traum, belebt von lebendigen und toten Menschen, die miteinander kommunizieren. Das Nebeneinander und Miteinander der Zeiten und Räume, des Lebens und des Todes entspricht dem seelischen Empfinden der Afrikaner. Es gibt keine Gegensätze, sondern nur Gemeinsamkeiten.

Wenn die Toten und Lebenden derart miteinander verbunden sind, erhalten Sterben und Tod eine besondere Bedeutung. Der Abschied vom Körper wird höchst würdevoll und respektvoll vollzogen. Wenn junge Menschen an Aids sterben oder ermordet werden, ist die Trauer enorm. Es sind sehr viele christliche und traditionell-afrikanische Rituale, vor allem auch Reinigungsriten nötig, um den bösen Geist des Verstorbenen bzw. den ihm auferlegten bösen Geist – den sie sich vorstellen – auszutreiben. Trauerarbeit ist vor allem dann heftig und notwendig, wenn ein Mensch in jungem Alter durch Krankheit und Gewalt ums Leben kommt. Dann stellt sich die Sinnfrage mit Wucht: Weshalb? Warum? Wozu? Und das gehört leider zum südafrikanischen Alltag.

Mit der »Memory Work«, der Abschieds- und Erinnerungsarbeit, die seit Ende der Apartheid in den Townships von Gemeinwesenarbeitern und Psychologen praktiziert wird, werden Sterbende darin unterstützt, ihren letzten Willen zu formulieren und ein Vermächtnis in Form von Zeichnungen, Schachteln mit Erinnerungsstücken zu schaffen. Es sind zumeist sehr wenige kleine Dinge, die in einer kleinen Memory-Box Platz finden: eine Foto, der Geburtsschein, ein Taschentuch, ein Kamm, eine Halskette, ein Gebet für die Kinder. Memory Boxes symbolisieren für Sterbende und Überlebende Wert, Würde und Erinnerung. Das auf einen Tod folgende innere Gespräch mit den Toten gehört zum Kulturgut. Wer noch stärker in der traditionellen Kultur verankert ist, hat es leichter, die Toten im Leben zu spüren.

Das Jetzt ist der Maßstab

In der afrikanischen Lebenswelt in Afrika ist immer wieder, selbst in den bedrückendsten Situationen, die Lebensfreude spürbar. Bei Streik-Kundgebungen, bei Beerdigungen, bei sonstigen Feiern wird gesungen und getanzt, gelacht und geweint, umarmt und losgelassen. Der Kampf um das Überleben findet täglich statt. Er ist spürbar und sichtbar. Offensichtlich ist das Auskosten des gegenwärtigen Augenblicks eine Möglichkeit, mit der belastenden Vergangenheit klarzukommen und die offene Zukunft noch ein Stück warten zu lassen. Der Mensch lebt im Jetzt. Es ist das Einzige, das er wirklich hat, und deshalb will es gefeiert werden. Eine Minute später kann schon alles ganz anders sein.

Ich werde nie vergessen, wie ich von einem ehemaligen Gefangenen und Kampfgenossen von Nelson Mandela auf Robben Island im Gefängnis herumgeführt wurde. Ich war sehr beklommen und mir war traurig zumute. Doch die Reisebegleiterin ermunterte uns, nicht traurig zu sein, sondern uns über die Befreiung des Landes und der Menschen zu freuen, ja, den wunderbaren Sieg des menschlichen Geistes zu feiern, der stärker ist als alles Übel und alles Böse.

Beginnen und Beenden sind die Kehrseiten derselben Medaille. Sie gehören zusammen. Sie kommen im Jetzt zusammen. Die Ausrichtung auf das Jetzt führt dazu, dass Wertungen fallen. Es ist, wie es ist, jetzt.

Diese Erkenntnis hat eine Lyrikerin, die im Irak und in Nigeria, im Libanon und in Bulgarien, eigentlich überall zu Hause ist, in folgende Worte gebracht:

»Das ewige erinnern macht hart. Denn das ewige
Erinnern hofft auf eine bessere welt.
Das vergessen macht weich, das ewige vergessen.
Von frischem brot der duft
Treibt durch das fenster.«[54]

Natürlich bleiben viele Fragen offen, wie immer, wenn das Jetzt beschworen wird. Wie immer, wenn wir in materiell armen Ländern fröhlichen Menschen begegnen: Welches Vergessen ist hilfreich und in welchen Umständen? Welches Vergessen ist fatal, weil dann die Geschichte wiederholt wird? Der Duft von frischem Brot verweist auf das Jetzt. Immer wieder. Und wenn es kein Brot mehr gibt, das duftet, dann sind die Fragen des Erinnerns und Vergessens hinfällig geworden.

Das Jetzt ist jetzt; ob gut oder schlecht; es ist. Beginnen und beenden stellen sich in einem unmittelbaren Raum: jetzt.

Suchttendenzen

Das Glück des Daseins zunächst, dann der
Körper. Er wird überwältigt und davon
getragen. Nach einer bestimmten Zeit hat man
die Wahl: entweder bis zur Bewusstlosigkeit zu
trinken, oder es bei den Anfängen des Glücks
bewenden zu lassen.

Marguerite Duras

Suchttendenzen verdienen heute ein besonderes Augenmerk,
weil sie so alltäglich, so verbreitet geworden sind. Sie kommen in substanz-abhängigen (Alkohol, Nikotin, Kokain, He-
roin etc.) wie in substanz-unabhängigen Formen (Esssucht,
Kaufsucht, Spielsucht, Beziehungssucht, Sexsucht, religöser
Wahn, zwangshaftes Horten etc.) vor. Der heutige Mensch
lebt exzessiv, weil Zugänglichkeit und Zugriff zu Drogen
aller Art leichter geworden sind. Es ist immer häufiger zu
beobachten, wie selbstschädigendes Verhalten zu pathologi-
schen Formen führt. Die Sucht nimmt ihren Lauf.

Wer sich häufig in öffentlichen Räumen, in Bahnhöfen und
Straßen bewegt, trifft immer öfter auf Menschen, die den
Kopfhörer in die Ohren gesteckt haben, eine Zigarette in der
einen Hand und ein Handy in der anderen Hand halten. Sie
schotten sich ab von der Umwelt und nehmen die anderen
Menschen kaum wahr. Sie sind in ihrer eigenen Welt, die sie
gestalten und kontrollieren können.

Das Verbotene und das Unmögliche: sie ziehen den Menschen an. Wo und wie finden wir für unsere verbotenen und
unmöglichen Wünsche einen Raum? Der grenzenlose innere
Raum und die begrenzende Außenwelt fallen mit dem zusammen, was Winnicott in genialer Weise als »Übergangsraum« bezeichnet hat. Es ist ein potentieller, möglicher
Raum, ein vermittelnder Bereich der Erfahrung und des Erlebens, der zwischen Phantasie und Realität angesiedelt ist.
In diesem Übergangsraum wird vieles von dem spielerisch

inszeniert, was für das menschliche Leben wesentlich ist. Bei vielen Menschen ist jedoch dieser vermittelnde, kreative Erfahrungs- und Erlebnisraum schmerzlich beschränkt und durch Süchte aller Art angefüllt.

Das Individuum muss heute aus eigener Kraft sehr viel entscheiden, durchführen und verantworten. Der geringere Einfluss familiärer, gesellschaftlicher, kultureller und sozialer Normen hat einen Einfluss auf die Fähigkeit des Menschen, Ambivalenz und Unsicherheit zu ertragen. Unsicherheit und Angst machen dumm. Das Abwägen und die Vereinbarung von Lust bzw. Verzicht werden schwierig. Es scheint, dass es vielen Menschen zunehmend schwerer fällt, gewisse Begrenzungen und Anpassungen sowie das Akzeptieren von nicht veränderbaren Gegebenheiten auszuhalten. Sie haben es nicht gelernt.

Gleichzeit schränken Abhängigkeiten die innere und äußere Freiheit eines Menschen ein. Wird eine Suchttendenz zur Sucht, werden mögliche Formen des Beendens (Abstinenz, kontrollierte Sucht) erwogen. Wie wir wissen, gibt es überwiegend immer wieder Rückschläge, Scheitern und neue Versuche. Beenden wird hier zum ständigen Thema.

Ich möchte im Folgenden auf scheinbar ganz alltägliche Suchttendenzen von Menschen eingehen, die wir alle kennen.

Die beiden A's: Alkohol und Achtsamkeit

Alkohol und Achtsamkeit scheinen einander auszuschließen. Wenn wir uns die Kunst vergegenwärtigen, einen guten Wein herzustellen und im Eichenfass ruhen zu lassen, bis er seine Reife erreicht hat, dann hat das viel mit der Achtsamkeit des Weinbauers zu tun. Nicht nur das. Der Weinbau ist eine Beschäftigung, die rund um das Jahr viel Arbeit, viel Wissen und große Sorgfalt verlangt. Beobachten, jäten, schneiden, aufbinden, spritzen und pflücken sind nur die wichtigsten Tätigkeiten. Weinreben werden mit Bedacht an Abhängen gepflanzt, damit das Regenwasser ablaufen kann. Sie verlangen ein spezielles Klima. Damit schließlich alles stimmt, ist auch Glück erforderlich. Beispielsweise das Glück, dass kein Hagel die Ernte zerstört. Es ist wie bei aller Kunst: Sehr viel muss investiert und geleistet werden, ein besonderes Wissen und Können sind nötig – doch das Gelingen ist eine Gnade.

Alkohol und Achtsamkeit schließen einander nicht aus. Das weiß Erika, eine 38-jährige Grafikerin, die um eine Psychotherapie ersucht, um sich über ihren Weinkonsum klar zu werden, über den Weinkonsum, der in ihrem Leben einen erratischen Block darstellt, wie sie meint. »Er steht da, ist riesig, unverrückbar. Er ist schön, aber nicht nur schön. Und ich frage mich, ob er mir im Weg steht oder ob er da richtig ist.«

Erika erzählt: »Ich bin in einem Weinbaugebiet aufgewachsen. Von klein auf half ich den Weinbauern bei ihrer Arbeit. Ich bewunderte ihre Tätigkeit und den roten und weißen Saft, den sie aus den Trauben herstellten. Es waren für mich Zauberer einer besonderen Art. Ich kannte auch den Grafiker im Dorf, der die Etiketten entwarf. Ich glaube, bei ihm habe ich Feuer gefangen für meinen Beruf.

Schon mit achtzehn Jahren merkte ich, dass ich mehr trank als alle anderen. Ich liebte es schon damals, wenn mich der Wein zu wärmen und zu entspannen begann und mir ein bisschen in den Kopf stieg. Das ging die letzten fast zwanzig Jahre so weiter. Es war und ist verbunden mit einem Wechselbad von Gefühlen. Wenn ich über die Stränge schlug, schämte ich mich. Auch vor mir selbst. Lange Jahre lebte ich sorglos und genussvoll. Die Sorglosigkeit ist mir leider ziemlich abhanden gekommen.

Ich bin gesund. Meine Familie gedeiht. Im Beruf bin ich nicht nur erfolgreich, sondern sehr glücklich. Der Alkohol ist ein Stachel in meinem Fleisch. Und ein Stachel in meinem Geist. Er passt nicht zu meiner sonst achtsamen Lebensgestaltung. Ich habe schon viele Versuche gemacht, zu dosieren, ja gar aufzuhören für eine Weile. Manchmal gelingt es für eine Woche, dann fühle ich mich gut dabei.«

In der Therapie galt es herauszufinden, was dieser Stachel war, der Stachel im Körper, der Stachel im Geist.

Erika hat bereits mit achtzehn Jahren registriert, dass sie mehr trank als die anderen. Sie kann auch Gründe dafür angeben. Ihre Eltern waren sehr streng und erlaubten ihr wenig. Sie musste jedes Ausgehen erkämpfen. Wenn sie dann einmal ausgehen konnte, dann trank sie gern und viel. Vielleicht blieb es einfach eine genussvolle und übermäßige Gewohnheit? Genussvoll, ja. Übermäßig: was war der Maßstab? Die anderen? Die Gesundheitsempfehlungen? Der Kater am Morgen? Sie wusste es nicht. Auch ihr Vater trank viel und war oft betrunken. Ihre Mutter hat sie keifend und schimpfend in Erinnerung. Manchmal spürt sie Vater und Mutter in sich; beide eben, unvereinbar und doch in ihr vereint.

Erika träumte viel, plastisch und sinnlich. Der Alkohol war in den Träumen oft präsent. Einmal kam sie mit einem Traum in die Therapiestunde, den sie »meinen Achtsamkeitstraum« nannte. Sie träumte, sie verbringe Ferien am Strand. Als sie eines Nachmittags ins Hotel zurückging, merkte sie dort, dass sie den Geldbeutel am Strand liegengelassen hatte. Sie ging zurück und fand ihn nicht mehr. Sie wurde wütend, als ihr eine Kollegin den Geldbeutel brachte, und merkte erst danach, dass die Kollegin ihn vermutlich gerettet hatte. Sonst wäre er wohl gestohlen worden. Sie war wütend geworden im Traum, erzählte sie, weil sie nicht achtsam gewesen war und die Kollegin ihr zuvorgekommen war. Sie wollte selbst auf ihren Geldbeutel aufpassen.

In der Therapie wurde das tägliche Quantum besprochen. Es war tatsächlich an der Grenze zu den Werten, die offiziell als gesundheitsschädigend bezeichnet werden. Erikas Gesundheit war gut. Sie achtete auf eine ausgewogene Ernährung, auch auf eine Kompensation ihres Alkoholkonsums.

Was erhoffte sie sich von einer vorübergehenden Abstinenz? Sie wusste es genau: Vor allem ein gutes Gewissen, weder Scham noch Angst noch Abmachungen mit sich selbst, die sie dann sowieso nicht einhalten konnte. Keinen Kater am nächsten Morgen. Ein Gefühl von Freiheit. Das Gefühl, dass die Achtsamkeit, die sie sonst lebte, in allen Lebensbereichen möglich war.

In einem zweiten Traum arbeitete sie im Garten. Plötzlich rennt ein Wildschwein auf sie los. Sie kann es überlisten und sich in Sicherheit bringen. Das Wildschwein ist weg. Da hört sie ein Geräusch im Gebüsch. Diesmal geht ein Wolf auf sie los. Auch diesmal gelingt es ihr, ihm auszuweichen. Sie springt ins Haus und ruft die Polizei an. Als sie den Traum erzählt, fügt sie eine Passage an, die sie sich beim Erwachen am Morgen ausgedacht hat. Sie will sich dafür einsetzen, dass Wildschwein und Wolf in einen Tiergarten mit genügend Auslauf kommen.

Die wilden Tiere bzw. Triebe bedürfen der Zähmung.

Erika merkt, dass sie sich einen ganz eigenen, individuellen Achtsamkeits- und Zähmungsplan erarbeiten will. Sie will weder ihrem Vater noch ihrer Mutter in sich folgen, die miteinander im Streit liegen. Sie will den Weg der Achtsamkeit konsequenter gehen und die Verantwortung dafür übernehmen. Sie bespricht sich mit ihren Freundinnen, um sich abzusichern, übernimmt aber bewusst die Verantwortung. Jetzt wirkt sie gelöster. Weder Abstinenz noch Trinken mit Schuldgefühlen sind ihr Weg. Sie verabschiedet ›Vater‹ und ›Mutter‹ in einem Ritual und schließt mit ihnen Frieden. Es ist ihre Form, einmal mehr das Beenden des süchtigen Trinkens zu versuchen.

Die Sucht, andere Menschen zu brauchen

Letztlich kann sich aus jedem sehr starken, zwanghaften Bedürfnis eine Sucht entwickeln.

In der Beziehungssucht sind Sucht und Zwangsvorstellungen eng verschränkt. Beziehungssüchtige Menschen sind immer auf der Suche, um angemessene Mitspieler für ihr eigenes inneres Drama zu finden: für frühere versagte Liebe, für Entbehrung und dafür, zu kurz gekommen zu sein, für unbewusste Schuldgefühle, die so weit gehen können, dass man sich für seine bloße Existenz schuldig fühlt. Leben und Liebe machen schuldig, und nur der Tod könnte das tilgen.

Beziehungssüchtige Menschen brauchen die »Mitarbeit« anderer Menschen, wobei sich jene oft nicht bewusst sind, dass sie als Rollenträger fungieren für die Projektionen der beziehungssüchtigen Person. Letztere ist sich oft nicht im Klaren, dass oder wie sie andere Menschen dazu bringt, diese Rollen zu übernehmen. Der Schlüssel passt ins Schlüsselloch – aber die Befriedigung darüber bleibt meistens aus oder wird nur momentweise erlebt. Ist es der unbewusste Wunsch nach Selbstbestrafung?

Die Sucht beginnt dort, wo andere Menschen – selbst, wenn sie mitmachen – zwanghaft gebraucht und emotional oder sexuell konsumiert werden und zu Teilen von einem selbst werden. Das Anderssein des anderen Menschen wird verleugnet.

Erwin erzählt: »Ich bin verheiratet und habe zwei Kinder. Mein Drama läuft ausschließlich in mir ab. Meine Frau weiß nicht, dass ich in einer Art Zwang seit meiner Pubertät in kurzen, abenteuerlichen Begegnungen andere Männer sexuell konsumiere. Danach bestrafe und erniedrige ich mich ganz extrem. Dann ist es wieder für ein paar Tage vorbei. Ich halte es kaum mehr aus. Ich möchte aufhören damit, aber mein Trieb ist stärker. Die anderen, immer wechselnden Männer, sind ja bereit dazu, aber das lindert meine Verzweiflung nicht. Ich schäme mich abgrundtief für mein Verhalten. Und ich habe ein ebenso abgrundtiefes Gefühl, vom Leben betrogen zu sein, weil ich meinen leiblichen Vater nie gekannt habe.«

Erwin erzählt weiter, dass er gutgebaute Männer um ihren Körper beneide. Er selbst gefalle sich überhaupt nicht. Mit den sexuellen Kontakten kann er für ein paar Minuten am Körper anderer Männer teilhaben. Gleichzeitig erlebt er sich als Opfer seines übermäßigen sexuellen Begehrens, das sich immer wieder in für ihn beschämenden und schmutzigen Handlungen ausdrücken muss. Er schlafe gern mit seiner Frau. Er masturbiere oft. Und doch ziehe es ihn seit seiner Pubertät immer wieder zu meist nur einmaligen Begegnungen mit homosexuellen Männern. Seine Schuldgefühle führen wiederum zwanghaft zur Selbstbestrafung. Er wisse nicht, wie lange er das noch aushalte.

Im weiteren Verlauf der Gespräche erzählt Erwin mit großer Scham, dass es sich bei diesen homosexuellen Begegnungen um Vater-Sohn-Spiele handelt. Erwin kann beide Rollen besetzen, doch er zieht die Rolle des Sohnes vor. Er fühlt, dass er in diesen Begegnungen den nie gekannten Vater beschwören, hervorrufen und erleben will.

Erwin lebt verschiedene Leben. Er ist der liebende Ehemann, der anerkannte Kollege im Betrieb und der homosexuell Getriebene, der heimlich andere Männer konsumiert und unter seinen impulsiven und zwanghaften Durchbrüchen leidet und sich dafür bestraft. Das Bild seiner selbst ist brüchig und negativ. Erwin ist nervös und unruhig. In vielen Jahren der Therapie lernt er, sich selbst zu beruhigen und langsam ein besseres Bild seiner Person und seines Körpers aufzubauen. Es gibt immer wieder schmerzhafte, masochistische Rückfälle, die ihn in eine große Verzweiflung stürzen. Er nimmt mehr und mehr Abschied vom Gefühl, um seinen unbekannten, leiblichen Vater betrogen worden zu sein. Er liebt seinen Stiefvater von Herzen und trauert intensiv um ihn, als er stirbt. Dann macht er sich auf die Suche nach seinem leiblichen Vater. Das Zwanghafte und Getriebene der sexuellen Begegnungen mit unbekannten Männern nimmt langsam ab. Erwin fühlt sich weniger ausgeliefert und ohnmächtig. Er lernt, mehr und mehr mit seinen destruktiven Impulsen einen Umgang zu finden.

Süchte erkennt man anhand ihrer sich endlos wiederholenden Handlungen und den damit verbundenen Scham- und Schuldgefühlen. Beim Einnehmen bzw. Konsumieren wird das Suchtmittel zur »guten Mutter« oder zum »guten Vater«, den ein Mensch nie gehabt und schmerzlich vermisst hat. Im Konsum werden Aggressionen gebunden und es wird eine Nähe erlebt, die auf andere Art nicht erreicht werden kann. Doch Süchte sind Fallen: Bei Erwin wird der »gute Vater« in der sexuellen Begegnung zu einer bösen, verfolgenden Instanz. Das mündet in Selbstbestrafung und in das nicht einlösbare Versprechen, das Böse nie mehr zu tun. Die Not ist evident und groß. Sie besteht darin, dass der leidende Mensch andere Menschen unbedingt braucht, um Teile seines Innenlebens, die er nicht akzeptieren kann, bei ihnen zu deponieren. Beispielsweise eben die Erfahrung, den leiblichen Vater nicht zu kennen. Erst wenn darüber getrauert werden kann, können im besten Fall die selbstdestruktiven Tendenzen und das abgrundtiefe Gefühl, zu kurz gekommen zu sein, überwunden werden. Das Beenden einer Sucht gleicht der Quadratur eines Kreises. Das Problem der Suchtverlagerung liegt meistens gefährlich nahe.

Ein weiteres Beispiel: Petra, Mitte dreißig, sucht mit einer schweren, seit vielen Jahren andauernden Depression und diversen psychosomatischen Beschwerden eine Therapie auf. Sie war in ihrem Leben schon mehrfach in Therapien. Sie sucht nach eigenen Worten immer neue Therapeuten und Therapeutinnen auf, weil ihr bisher niemand helfen konnte. Verzweifelt appelliert sie an den Therapeuten: »Helfen Sie mir. Ich halte es nicht mehr aus mit mir. Ich brauche Führung. Ich brauche andere Menschen so sehr, dass es ihnen zu viel wird. Ich brauche Sie.«

Petra ist als Einzelkind mit Eltern in einer zerrütteten Ehe aufgewachsen. Offenbar war sie kein Wunschkind. Ihre Mutter hat in ihrer Ambivalenz dem Kind gegenüber Unmögliches von ihrer Tochter verlangt: Petra war nie schön genug, adrett genug, zugewandt genug. Sie genügte nie, musste jedoch der Mutter immer Gesellschaft leisten. Vor der Scheidung versuchten Mutter und Vater, sie je auf ihre Seite zu ziehen. Die 10-jährige Petra versuchte verzweifelt, zu vermitteln. Insgeheim stand sie auf der Seite des Vaters.

Petra hat in Schule und Sport seit der Kindheit Höchstleistungen erbracht. Doch ihre Mutter war nie zufrieden mit ihr. Das hat in Petra schon früh eine ohnmächtige Wut und einen kaum erträglichen Hass zur Folge gehabt. Heute hat sie die Beziehung zur Mutter abgebrochen.

Petra leitet ein eigenes Reisebüro und hat es geschafft, mit einem exquisiten Angebot ein seit vielen Jahren florierendes Unternehmen zu schaffen. Dort ist sie glücklich und kann ihre Vorstellungen und ihren Perfektionismus verwirklichen. Sie lebte zehn Jahre in einer Ehe und hat eine kleine Tochter, die seit der Scheidung, ein Jahr zuvor, je die Hälfte der Zeit bei ihr und ihrem ehemaligen Mann lebt. Sie brach aus der Ehe aus, weil sie die Nähe nicht mehr aushielt. Sie hatte die Nähe und Verschmelzung immer gesucht. Nun war sie zu einer erstickenden Umarmung geworden, aus der sie ausbrechen musste.

Was Petra anpackt, wird total: die Liebe zu ihrer Tochter, die Leitung des Reisebüros, der Abbruch der Beziehung zur Mutter, die Sehnsucht nach einem neuen Mann, mit dem sie »völlig verschmelzen« möchte, die Sucht nach Anerkennung und Bewunderung.

Die Therapie stagnierte. Zwar kam Petra regelmäßig, ja sie hing an der Therapie. Doch sie war nicht in der Lage, ihre psychische Wirklichkeit zu erforschen, und sie behandelte den Therapeuten wie sich selbst und andere Menschen: als Objekt, als Erweiterung ihrer selbst. Den Menschen als »anderen« konnte sie gar nicht wahrnehmen. Sie war sich auch nie klar darüber, ob sie die andere Person brauchte oder einfach den Wunsch, mit einem anderen Menschen zu verschmelzen. Petra klammerte sich an ihre Tochter, an die Arbeit, an die Therapien als äußere Quellen von Lebendigkeit, vermutlich mit dem unbewussten Wunsch, damit ihre innere Gefühlswelt zum Leben zu bringen.

Der Therapeut versuchte, ihr sein Empfinden zu schildern. Er fasste es in den Sätzen zusammen, dass auch sie, Petra, von ihm alles verlange, aber nur so, wie sie es wolle. Er erlebe, dass sie in ihrer Bedrängnis von ihm das von der Mutter Vorenthaltene verlange – wie auch von allen anderen Menschen. Und das sei nicht möglich, und es sei für alle zu viel.

Es folgte eine mehrjährige intensive Therapie. Abgrundtiefe Depressionen wechselten mit neuen symbiotischen Liebesgeschichten. Immer wieder deckte eine große Verzweiflung Petra völlig zu. Oft verlor sie ihren Lebensmut. Sie probierte viele Arten von Therapie aus und entzog sich immer, wenn es darauf ankam, sich sich selbst zu stellen. Letztlich nahm sie immer den Fluchtweg, und zwar trotz anderslautender Beteuerungen. Schließlich hörte der Therapeut nichts mehr von ihr. Er fühlte sich schlecht dabei. Er hatte doch sein Bestes gegeben. Wie Petra übrigens auch. Und doch hatte sich etwas Unglückseliges wiederholt. Wiederum war ein Mensch benutzt und gebraucht worden; es war kein gemeinsames Beenden der Beziehung möglich gewesen.

Dies ist ein häufiges Muster bei der Sucht danach, andere Menschen zu brauchen. Und doch lohnt sich jeder therapeutische Einsatz, selbst wenn er misslingt. Es mag trotzdem ein Quäntchen Einsicht und Sicherheit entstehen, das sich dann letztlich beim x-ten Versuch als lohnend und heilend erweist. Man darf nie die Hoffnung verlieren, dass ein nächster Versuch gelingen wird.

Der Versuch, eine Kokainsucht zu beenden

Die folgenden Seiten wurden von einer Frau verfasst, die im Schreiben ihre Kokainsucht verstehen und davon loskommen wollte. Sie hat sich vorgenommen, nur dann zu schreiben, wenn sie drogenfrei war. Ich danke dieser mutigen Frau, dass sie mir ihre Notizen anvertraute.

»Auf dem Grund eines tiefen Brunnens kauernd, die Arme um beide Knie geschlungen – so habe ich mich in den letzten zwei Jahren oft gefühlt. Das Tageslicht, der Geruch der Blumen, das Zwitschern der Vögel, der laue Wind, all das drang nicht zu mir herunter. Dort, wo ich saß, herrschte Dunkelheit, die Geräusche waren gedämpft, die Gefühle dumpf. Auf den Grund des Brunnens hat mich eine Droge geworfen: Kokain. Lange Zeit interessierte sie mich nicht, dann nahm ich sie ab und zu und schließlich hat sie mein Leben dominiert. Sie hat beinahe meine Gesundheit ruiniert, fast meine erste glückliche Liebesbeziehung zerstört.

Sie steckt immer noch in mir, auch heute. Zum letzten Mal

habe ich gestern ein Gramm die Nase hochgezogen, ziemlich verzweifelt, weil das verstopfte Nasenloch mir den Flash verwehrte. Gestern Abend dann habe ich beschlossen, ein Tagebuch zu schreiben, das ich ohne Kokain schreiben will, das aber von Kokain handeln wird.

Und nicht nur von Kokain. Sondern von all den Süchten, die mich in irgendeiner Form durchs Leben begleitet haben. Kokain ist nur die extremste unter ihnen. Als Kokainkonsumentin gelte ich als Drogenjunkie, als drogenabhängig. Die Bulimie damals, vor vielen Jahren, hat mich auch zum Problemfall gemacht und mein Suchtpotential gezeigt. Doch ein Junkie war ich deswegen noch lange nicht. Und die zerstörerischen Männerbeziehungen, der Hunger nach Erlebnissen, die Akzeptanz von Gewalt, das Versagen angesichts meiner Leere zeigen erst heute, was sie in der Tat sind: Formen einer Sucht. Einer Sucht, die mich durch mein ganzes Leben begleitet. Entstanden aus einer abgrundtiefen Leere, einem Loch, das ich mit mir herumtrage und das mich immer wieder zu verschlucken droht.

Der Winter kündigt sich an. Kokain verstärkt das Frieren. Vor allem, wenn seine Wirkung nachlässt. Das Frieren durchdringt den ganzen Körper, es ist, als ob das Fleisch von den Knochen abfallen würde und Letztere bar jeglichen Schutzes der Kälte ausgeliefert sind.

Ich fühlte früher großen Respekt vor Drogen, vor allem vor harten Drogen. Ich glaube, mein Leben war damals Droge genug. Ständig passierte etwas. Ich hatte Energie und Ausdauer. Als ich von einem Kollegen hörte, der Kokain für seine Arbeit brauchte, war ich schockiert. Ich konnte das überhaupt nicht nachvollziehen.

Zum ersten Mal sah ich Kokain erst vor sieben Jahren. Ein Freund meines damaligen Freundes war ein regelmäßiger Konsument. Er schüttete das weiße Pulver auf den Küchentisch, schnitt mit dem Küchenmesser die Linien und lud uns großzügig ein. Ich habe aus Neugierde eine Linie hochgezogen. Da mich die Wirkung nicht beeindruckte, ließ ich es bei einer Linie bleiben.

Wie sehr wünsche ich mir heute diese Einstellung zurück. Heute vergeht kein Tag, ohne dass ich an Kokain denke. Entweder spiele ich mit dem Gedanken, ein Gramm zu kaufen. Oder ich verfluche die Droge. Oder ich hasse mich selbst. Oder ich rede mir ein, dass ich es nun wirklich geschafft habe. Oder ich hecke Pläne aus, wie ich denn dieses Mal meinen neuen Freund austricksen könnte, um an ein Gramm zu gelangen. Die Unschuld von vor sieben Jahren ist mit aller Willenskraft nicht zurückzuholen.

Wieder ein Tag geschafft. Der Versuchung widerstand ich gestern nur mit viel Glück, ich weiß nicht, ob ich es meiner Willenskraft zuschreiben kann. Ich war beschäftigt.

Mein jetziger Freund weiß um mein Drogenproblem und ist ratlos, wie er mich davon abhalten kann. Da ich mit ihm zum ersten Mal in meinem Leben einen Mann kennenlernte, der einen gesunden Kern besitzt und mich um meiner selbst willen liebt, will ich alles vermeiden, um ausgerechnet diese Chance, die mir das Leben bietet, zu vermasseln.

Heute ist einer dieser Tage, an denen mir all das Geschriebene absurd erscheint. Es kann nicht sein, dass ich wirklich von mir selbst schreibe. Ich habe doch schon so viel in meinem Leben bewältigt, es kann doch nicht angehen, dass ich so tief gefallen bin. So stark ich mich heute fühle, so sehr hockt in mir auch heute die Versuchung. Leider ist die Stimme, die mich zur Versuchung drängt, meine eigene Stimme. Sie ist Teil von mir, sie kommt nicht von außerhalb, sondern aus mir selbst. Es ist, als ob mich Kokain zweigeteilt hat. Eine Hälfte besteht aus der rationalen Frau. Diese Hälfte hilft mir im besten Fall, nein zu sagen. Sie bietet mir all die Argumente, von einem Konsum abzusehen. Die Stimme der Rationalität wird immer wieder von jener der Sucht in Grund und Boden geredet. Ich habe mich schon oft gefragt, warum sich die Stimme der Sucht bis zum heutigen Tag immer wieder hat durchsetzen können. Kokain bedeutet für mich einen Notausgang. Bin ich auf Kokain, verabschiede ich mich von dieser Welt, von meinen Problemen. Dorthin, wo ich gehe, kann mich niemand begleiten. Schon gar nicht die Person, die ich am meisten liebe, nämlich mein Freund. Da er mich liebt, ist er potentiell auch die größte Bedrohung in meinem Leben. Wie niemand sonst nimmt er mich wahr, durchschaut all meine Ablenkungsmanöver und sieht direkt auf den Grund meines Ich. So schön dies ist und so sehr ich mir das ein Leben lang wünschte, so sehr beängstigt es mich.

Der Entschluss, ein Tagebuch zu schreiben, hat eine neue Entwicklung in Gang gesetzt. Ich traute mir in den letzten fünf Jahren nicht mehr zu, ohne Drogen schreiben zu können. Jetzt schreibe ich ohne Kokain und es geht.«

Sobald ich zwei Tage drogenfrei bin, sieht das Leben wieder anders aus. Ich begreife einmal mehr, wie einschneidend Kokain mein Leben drunter und drüber gebracht hat.

Meine Eltern ließen sich früh scheiden, und ich fühlte mich von niemandem unterstützt. Auch wenn ich heute nach zwei Therapien weiß, dass sowohl mein Vater als auch meine Mutter mich lieben und mich immer geliebt haben, fühle ich noch immer die Leere in mir. Als Kind spürte ich die Liebe der Eltern nicht. Ich fühlte mich total allein, verlassen von allen, nur auf mich gestellt. Dies gab mir die Stärke, mit der ich mich als erwachsene Frau immer wieder aus dem Sumpf zu ziehen vermag. Gleichzeitig sitzt in mir ein abgrundtiefes Misstrauen, eine Angst vor Verletzungen, die ich meistere, indem ich den Verletzungen zuvorzukommen versuche.

Seitdem ich wieder in die Therapie gehe, bin ich nicht drogenfrei. Doch ich habe drogenfreie Phasen. Ich schreibe ohne Drogen. Ich fühle mich wieder lebendig. Auch jetzt, nach einer schlechten Phase, fühle ich mich nicht so im Loch wie vorher. Auch wenn ich Kokain nehme, so sehe ich vermehrt das Schale daran. Es ist noch nicht genug, doch es wird hoffentlich bald wirklich genug sein.«

Diese Frau ist vom Kokain losgekommen. Es gelang ihr, den Suchtkonsum zu beenden. Doch sie weiß, dass das Suchtpotential in ihr steckt und dass sie sich ein Leben lang damit beschäftigen muss.

Dem Ende des Lebens entgegen

Wer seine Sinne hat ins Innere gebracht,
der hört, was man nicht redet, und der sieht
in der Nacht.

Angelus Silesius

Wir Menschen wissen, dass wir sterben müssen. Unsere Lebenszeit wird durch den Tod begrenzt. Obwohl jeder Mensch das weiß, scheint er es nicht zu glauben. Woran würde man merken, dass ein Mensch an den Tod glaubt? Zu wissen, dass jeder Tag der letzte sein könnte, führt zu einem intensiven Leben. Zu fragen, ob man alles tut, was man tun sollte und möchte, und sich immer wieder zu vergewissern, dass man der Mensch ist, der man sein möchte, verankert im Hier und Jetzt. Das ist das, was wir haben: den aktuellen Moment.

Natürlich können wir nicht jeden Tag an das Sterben und den Tod denken. Natürlich können wir nicht jeden Tag unsere volle Lebenskraft leben. Dies gehört zu den Beschränkungen unserer Existenz. Es geht darum, zu *akzeptieren, dass wir jederzeit sterben können*. Dann fällt viel Unnützes, viel Leerlauf von uns ab. Jetzt ist Jetzt. Und jetzt leben wir.

Beenden-Können setzt menschliche Freiheit voraus und erschafft sie gleichzeitig. Das Herz sagt immer Ja zu Leben, Wachstum, Entwicklung. Doch Sterben und der Tod sind die letzte und höchste Entwicklungsstufe.

Älterwerden zwischen Torschlusspanik und Weisheit

Wenn man nicht gelebt hat, macht das Älterwerden Mühe. Wenn man etwas verpasst hat, fällt das Loslassen schwer. Doch wer gelebt hat, kann auch älter werden, kann loslassen, kann sagen: Es ist eines Tages genug. Ich habe erfüllt gelebt. Ich bin lebenssatt.

Das Sterben beginnt mit dem Älter- und Altwerden. Ganz sachte, vielleicht kaum merklich. Die körperlichen Kräfte lassen nach. Der Körper beginnt an bestimmten Stellen – den Schwachstellen – zu schmerzen. Vorher hat es nie wehgetan. Der morgendliche Blick in den Spiegel verändert sich. Man muss sich ein paar Stunden gönnen, bis die Haut wieder straffer aussieht. Der Hals und die Hände verraten das Alter, selbst wenn frau und man im modischen jugendlichen Outfit als schlank und jung erscheinen – von hinten, von weitem. Aus der Nähe sieht es anders aus. Das ist oft irritierend. Es passt nicht mehr alles zusammen. Es gilt in dieser Zeit, neue Wege zu finden, die zu Glück und Weisheit anstiften.

Das Alter – der Herbst des Lebens. Der Frühling des Herbstes, der Sommer des Herbstes, der Herbst des Herbstes und schließlich der Winter des Herbstes: Es ist ein allmähliches Abschiednehmen von dem, was man einmal war. Das Leben ist Prozess, ist Veränderung, ist Vernetzung. Die körperliche, die geistige wie auch die emotionale und spirituelle Entwicklung verlaufen auch im Alter in einer gewissen Eigenständigkeit. Ich gehe von der Vorstellung aus, dass diese verschiedenen Entwicklungen sich nicht immer decken. Im Älterwerden ist es meistens die körperliche Entwicklung, die als Erste in der Tendenz abwärts führt. Ihr folgt mit den Jahren vielleicht – nicht unabdingbar – die geistige Entwicklung. Das Gedächtnis braucht Stützen. Dabei kann die geistige Schaffenskraft durchaus erhalten bleiben. Im emotionalen und spirituellen Bereich vermag sich ein Mensch bis zu seiner Todesstunde zu entwickeln. Der unterschiedliche Verlauf der körperlichen, geistigen, emotionalen und spirituellen Entwicklung und die Schaffung ihrer Einheit, dies alles vermag eine tiefe, umfassende Sicht auf die neue Wirklichkeit des Älterwerdens und auf die Einzigartigkeit jedes Menschen zu geben. Solange ich atmen kann, bin ich vernetzt. Solange ich fühlen kann, bin ich lebendig.

Irene erzählt: »Ich wurde ein Leben lang jünger eingeschätzt, als ich wirklich war. Das habe ich über viele Jahre, ja Jahrzehnte ausgekostet. Und dann merkte ich, dass ich in vielen Kreisen, in denen ich mich bewegte, die Älteste war. Noch immer wurde ich jünger geschätzt. Als ich um die sechzig war, veränderte sich etwas bei mir. Nun fühlte ich mich tatsächlich wie sechzig Jahre alt. Und ich war stolz darauf, so alt zu sein. Und ich verlor das Interesse, jünger zu wirken. Nun war meine Aufmerksamkeit darauf gerichtet, zu spüren und zu vermitteln, wie ich mit sechzig Jahren voll im Leben stehe, das Leben auskoste und genieße. Es gab nichts mehr vorzugeben, weil das, was nun war, genug war. Ich fühlte mich im Vollbesitz meiner Kräfte, aber im Bewusstsein, dass nun mein drittes Lebensalter begann. Nun gab es einen Horizont, der sichtbar wurde: In einigen Jahren würde ich in den beruflichen Ruhestand treten, ich würde vielleicht Großmutter werden. Das waren gewaltige Veränderungen in meiner Wahrnehmung. Die Endlichkeit kam in Sicht.

Ich betrachtete alte Familienfotos. Ich wollte wissen, wie meine Großmutter und meine Mutter mit sechzig Jahren ausgesehen hatten. Es waren alte Frauen. Ich fühlte mich anders.

Und ich war im selben Alter. Die Zeiten hatten sich geändert. Ich kaufte mir ein neues Fahrrad und genoss es, Touren zu machen und meine Kräfte zu spüren. Ich ging weiterhin im Sommer baden, und im Winter besuchte ich die öffentliche Sauna. Ich ging nach wie vor tanzen. Ich genoss es, dass das in unserer heutigen Zeit selbstverständlich geworden war. Ältere Frauen müssen sich nicht verstecken, nicht mehr. Freunde um mich starben – in meinem Alter. Das ergab ein neues Lebensgefühl. Eine neue Solidarität mit Gleichaltrigen war im Entstehen. Nichts mehr war selbstverständlich. Das Leben schmeckte anders, einzigartiger und kostbarer.«

Irene ist dabei, sich in der Kunst des allmählichen Beendens zu üben. Sie kann von der Wahrscheinlichkeit ausgehen, noch weitere zwei bis drei Jahrzehnte zu leben. Doch sie erlebt bereits ein neues Lebensgefühl. Das ist entscheidend, um die Akzeptanz das Älterwerdens leben zu können.

Zwanzig Jahre später mag es anders aussehen.

Die über achtzig Jahre alte Alice war ein Leben lang Frauenrechtlerin und als Journalistin, Frau und Mutter eine Kämpferin für eine gleichberechtigte Lebens- und Arbeitsweise von Frauen und Männern. Als sie die achtzig überschritten hat, hadert sie damit, dass sie von der journalistischen Bühne abtreten soll. Humorvoll schildert sie ihr Altwerden, das ihres Mannes und von Gleichaltrigen. Es gibt viel zu lachen bei ihren Schilderungen, wie mühsam das Zusammenleben wird. Sie entwickelt einen Galgenhumor, mit dem sie alles das schildert, was nicht mehr möglich ist: jung zu sein, sexuell aktiv zu sein, herumzureisen und zu publizieren – und gehört und gelesen zu werden. Und bei allem Humor ist unüberhörbar, dass Alice das Älterwerden einfach überhaupt nicht akzeptieren will. Als schließlich ihre Schwester langwierig und schmerzvoll stirbt, fasst sie einen Entschluss: Alice möchte bei ihrem eigenen Tod Regie führen. Wenn sie von anderen Menschen tatsächlich abhängig werden sollte, möchte sie die »Sterntaste« drücken, mit anderen Worten: sterben. Wenn schon die Sinne abnehmen im Alter, möchte sie sich ihren Eigensinn bewahren und das Recht auf ihren selbstgewählten Tod haben.

Es ist eine Geschichte mit irritierendem Ende aus einem Roman von Benoîte Groult.[55] Aber auch die Konsequenz einer energischen, lebensvollen alten Frau, die nichts dem Zufall überlassen möchte. Und als Frau, die ein Leben lang für die Emanzipation der Frauen gekämpft hat, möchte sie auch der Natur und dem Älterwerden nichts schenken.

Es ist möglicherweise ein Zukunftsszenario, ein solches eigenwilliges, selbstbestimmtes Beenden des Lebens. Letztlich, weil niemand zum Gehen bereit und die Angst vor dem Leiden groß ist. Noch ist das selbstverfügte Sterben in einem Land wie der Schweiz die Ausnahme, die unheilbar kranken Menschen vorbehalten ist. Erspart man sich mit der Sterbehilfe nur die Schmerzen, ausschließlich das Leiden – oder entgeht einem etwas anderes dabei?

Eine sehr alte, weise Frau erzählte mir, dass es ihr jetzt darum gehe, gut zu Ende zu leben. In Schweizerdeutsch: »guet fertigläbe«. Sie schaute mich dabei mit wachen, vielleicht sogar ein bisschen neugierigen Augen an. Es klang, als wolle sie ihr Bestes tun, wisse aber, dass nicht alles in ihren Händen liege. Und ich spürte, dass sie bereit war, sich dem zu öffnen, was auf sie zukommen würde.

Altwerden ist eine Kunst: die Kunst, das zu tun, was einem möglich ist, und das zu lassen, was nicht in der eigenen Regie ist. Es kann schön sein, einen Menschen beim »fertigläbe« zu begleiten, an der zunehmenden Ruhe und dem Einverständnis in jeden verbleibenden Tag teilzunehmen. Und es ist schmerzvoll, wenn sich ein Mensch dagegen sträubt oder ungemein leiden muss.

Immer mehr Menschen werden immer älter; auch das ist ein Schicksal, für einige gar ein Schicksalsschlag. Das Älterwerden erfordert ein stetig neu zu leistendes Einverständnis ins Beenden: Beenden der Berufstätigkeit, Nachlassen der psychischen und physischen Kräfte, der Spannkraft und Gesundheit, der äußeren Schönheit, Beenden von Ehen/Partnerschaften beim Tod eines Partners. Nötig wird ein Erledigen von Unbewältigtem, Unerledigtem. Positives Beenden im Sinne einer Versöhnung wird notwendig, wenn ein Mensch in Frieden altern will.

Sterben und Tod

> Wenn du lernst, wie man stirbt, dann lernst du, wie man lebt.
>
> *Morrie Schwartz*

Das Sterben als Beenden des Lebens kann auf natürliche Weise erfolgen: durch Altersschwäche – und dies langsamer oder rascher. Es kann durch eine schwere Krankheit, durch einen Unfall forciert werden. Es kann erzwungen werden durch einen Selbstmord bzw. durch das Drücken der »Sterntaste«. Es wird vermutet, dass ein Großteil der Tode durch Ertrinken und durch Unfälle auf der Straße verdeckte Selbstmorde sind.

Jeder Mensch stirbt einen anderen Tod. »Dass ich nicht im Vollbesitz aller Kräfte sterbe, ist doch eine wunderbare Einrichtung. Die Sinne können auch verinnerlicht werden. Das Sehen wird zum inneren Schauen, das Hören zum Horchen, das Tasten zum Erspüren. Die Möglichkeit, nach innen zu gehen und mehr bei sich zu sein, ist ein weiser Vorgang der Natur«, sagt Niklaus Brantschen in einem Interview.[56]

Wer älter werden kann, weil er gut gelebt hat, ist bereit zur Verinnerlichung der Sinne, die im Alter abnehmen. Es ist eine Vorbereitung darauf, ganz nach innen zu gehen. Zu sterben.

»Wird ein Zombie aus mir werden?«, fragt der tumorkranke Vater seinen Sohn. Der Vater hat soeben erfahren, dass eine Operation ihm weder das Gehör wiederherstellen noch seine Gesichtslähmung rückgängig machen kann. Und er lächelt dazu »das weltweise Lächeln eines gebrochenen Herzens, das besagt: Aber gewiss doch.«[57] Und der Sohn, Philip Roth, der seinen Vater auf allen folgenden Stationen begleitet, selbst den scham- und ekelbesetztesten, schreibt: »Du beseitigst die Scheiße deines Vaters, weil sie beseitigt werden muss, doch nachdem du sie beseitigt hast, empfindest du alles, was es zu empfinden gibt, anders als je zuvor. Es war auch nicht das erste Mal, dass ich das begriffen hatte: wenn man den Ekel beiseiteschiebt und das Abstoßende ignoriert und alle jene Phobien mit einem Schlag hinter sich lässt, die wie Tabus bewehrt sind, trifft man auf sehr viel Leben, das schätzenswert ist.«

Und dann, am Sterbebett, als dieser Sohn entscheiden muss, ob außerordentliche Maßnahmen eingeleitet werden sollen, nämlich eine Beatmungsmaschine eingesetzt werden soll, die vom Gesetz her nicht mehr abgestellt werden darf, da sitzt der Sohn eine sehr lange Zeit weinend am Bett, bis er es schließlich über sich bringt zu flüstern: »Dad, ich muss dich wohl gehen lassen«, immer wieder, erschütternd, erstaunt und weinend. »Sterben ist Arbeit, und er war ein Arbeiter. Sterben ist schrecklich, und mein Vater starb.«

Das Sterben und der Tod werden von den Überlebenden geschildert. Von den Begleitenden, von den Pflegenden, von den Trauernden, von denen, die das Loslassen üben müssen. Auch ihnen wird ein Beenden abverlangt. »Ich muss dich wohl gehen lassen.«

Es gibt todkranke und sterbende Menschen, die sich zurückziehen. Sie wollen keine Besuche mehr. Es ist ihr Recht. Dann sind auch die Überlebenden allein mit ihrem Schmerz, mit ihrer Trauer. Sie können ihr Mitgefühl nicht mehr am Sterbebett leben. Das Gehenlassen wird schwieriger – oder leichter?

Sterbebegleitung ist heute ein Beruf geworden. Man kann es erlernen, Menschen auf dem Sterbeweg zu begleiten. Es ist manchmal leichter, sich von einer fremden Person begleiten zu lassen. Oder es ist eben niemand da, der sich um eine sterbende Person sorgen könnte. Beenden will gelernt werden.

Es gibt immer wieder Menschen, die aus einem gesunden Leben heraus plötzlich sterben. Sie sterben nach einer Kränkung, nach einem schweren Verlust, nach der Aufgabe einer wichtigen Lebensaufgabe. Diese Menschen »lassen sich« sterben, sterben an gebrochenem Herzen oder sie sterben einen seelischen Tod, der dann auch den Körper mit einbezieht. Am bekanntesten ist ein solcher Tod nach dem Tod eines Partners, und es scheint, dass die Seele dann beschließen kann, dass es Zeit ist zu gehen. Ethnologen und Anthropologen kennen diesen Tod von gesunden Menschen, die fest glauben, ihr Tod sei nahe, beispielsweise weil sie gegen ein Tabu verstoßen haben. Verzweiflung, Trauer und Depression bestehen bekanntlich nicht aus Luft, sondern korrespondieren im Gehirn und im Körper mit biochemischen Prozessen, die letztlich ein Versagen des Körpers herbeiführen können.

Die Lebenden und die Toten begegnen einander

»Jeder von uns möchte den anderen nicht überleben müssen« – mit diesen Worten schließt der Sozialphilosoph André Gorz sein Buch *Brief an D. Geschichte einer Liebe*. Am 24. September 2007 wurde bekannt, dass dieser Satz wohl bereits ein Entschluss, mindestens aber ein starker Wunsch gewesen war. André Gorz und seine schwerkranke Frau Dorine, beide über achtzig Jahre alt, haben sich gemeinsam das Leben genommen. Die beiden Toten hätten Seite an Seite gelegen. Im Buch findet sich die Passage: »Nachts sehe ich manchmal die Gestalt eines Mannes, der auf einer leeren Straße in einer öden Landschaft hinter einem Leichenwagen hergeht. Dieser Mann bin ich. Und Du bist es, die der Leichenwagen wegbringt. Ich will nicht bei Deiner Einäscherung dabei sein; ich will kein Gefäß mit Deiner Asche erhalten.«[58] Es sind unmissverständliche Worte.

André Gorz hat ein Leben lang geschrieben. Er hat sich dafür stark gemacht, dass die Arbeit dem Leben und nicht das Leben der Arbeit dienen soll. Er engagierte sich für die Würde der Arbeit und für ein Grundeinkommen, ein Konsumgeld, das allen Menschen den Kauf des Lebensnotwendigen erlaubt. Und sein letztes Buch war ein Dank an seine Frau, mit der er sechzig Jahre gemeinsamen Lebens verbracht hatte.

Offenbar hatten die Schmerzen seiner kranken Frau ein unerträgliches Maß erreicht. Nach einem Leben des Einsatzes für die Würde der Arbeit und des Lebens war nun offenbar der Entschluss gereift, es gemeinsam in Würde zu beenden.

Auch der Dichter Gerhard Meier hätte seine Frau nicht überleben wollen. In seinem roten Büchlein *Ob die Granatbäume blühen* trauert er um seine Frau Dorli.[59] Es ist ein Brief, den er ihr schreibt, in der Du-Form – wie André Gorz. Er beschwört die gemeinsamen Erinnerungen, er erzählt von seinem jetzigen Leben, und er schreibt ihr von der Zeit, in der sie wieder zusammen sein werden. »Dorli, wenn wir wieder zusammen sind, gleiten du und ich in deinem Schattenboot von Walden her über die Waldenalp dahin, Richtung Lehnfluh, eskortiert von Kohlweißlingen, Distelfaltern, Abendpfauenaugen und einem Admiral.« Es sind die Schmetterlinge, die ihm seit dem Tod seiner Frau besonders »zugetan« sind. »Dorli, zuweilen stelle ich deine Gartenschuhe ein bisschen zur Seite, wische herangewehtes Laub weg, Halme, trockene Erde. Dann stelle ich sie wieder hin, deine Schuhe« … »ab und zu tanzen wir zu Walzern von Chopin, du und ich, an Sonntagnachmittagen, in der unteren Stube«. Wenn er auf den Friedhof geht, hört er dort der Ulme zu, zu deren Füßen Dorlis Leib begraben liegt. Gerhard Meier spricht vom lieben Gott, der uns alles gibt und alles nimmt. Er spricht nicht vom Tod, sondern vom Abschied. Und davon, dass jetzt Dorli eine andere Charge, eine andere Aufgabe hat.

Er beschwört auch andere, die schon gegangen sind, Proust, Nietzsche, Chopin, Tolstoj; sie alle sind in seinem Leben drin, er lebt mit ihren Erinnerungen, mit ihren Vorlieben und ihrem Erleben. Es ist alles immer da. Und seine verstorbenen Freunde, seine Nachbarn im Dorf und seine früheren Kindheitsfiguren: sie sind alle präsent, wenn er durchs Dorf geht, wenn er mit einem Freund über Leben und Tod sinniert. Immer wieder dieses »verrückte Bedürfnis, zurückzuschauen, (…) immer wieder die Fäden in den Griff zu bekommen, die einen verbinden mit dem Dahingegangenen, das doch immer wieder präsent ist. Und dabei der Gedanke, wie das in die Erde Gelegte eingeht ins Mineralische, Stoffliche, um dann in den Blumen wieder präsent zu werden und einen Duft zu verströmen.«

Der Schriftsteller John Berger spaziert in seinem Werk *Wo wir uns begegnen* durch viele Städte wie Lissabon, Krakau, andere, und er trifft verstorbene Freunde und seine verstorbene Mutter. Er sitzt mit ihnen auf Parkbänken, unterhält sich mit ihnen, geht mit ihnen auf den Markt – und plötzlich sind sie wieder entschwunden. Er bleibt damit mit den Verstorbenen im Gespräch und überschreitet die übliche Grenze zwischen den Lebenden und den Toten.[60]

Leben und Tod kontrollieren

> Das Ego wächst mit dem eigenen Einfluss, dem
> eigenen Entscheidungsspielraum. Viele stecken
> im Angstkreis des Perfektionismus.
>
> *Wolfgang Schmidbauer*

Viele Menschen heute möchten ihr Leben planen und kontrollieren und sich damit gegen Verluste, Misserfolge und Unvorhergesehenes schützen. Sie möchten glücklich sein, sich sicher fühlen können, wollen keine Schmerzen und keine Ängste haben und alles möglichst vermeiden, was nicht in die eigenen Pläne passt. Die Wissenschaft stellt die Möglichkeiten dazu bereit bzw. erzeugt das Bedürfnis, davon Gebrauch zu machen. Zur Linderung von Schmerzen aller Art gibt es entsprechende Medikamente und Therapien. Zur Erreichung der gewünschten Körperformen werden kosmetische Operationen angeboten. Um keine möglicherweise entstellende Brille tragen zu müssen, wird eine Laserbehandlung angeboten. Zur Empfängnisverhütung werden verschiedene Mittel angeboten. Für die Geburt des Wunschkindes wird ein Kaiserschnitt gewünscht und vereinbart. Und noch zuvor wird das gewünschte Geschlecht des Kindes gewählt und mithilfe von Fruchtwasserpunktionen und anderen Methoden bestimmt, welches Leben lebenswert ist und welches nicht. Die in der Schweiz legale Praxis der Sterbehilfe lässt auch den Tod planen. So viel Kontrolle von Leben und Tod. In welchem Dienste steht sie? Was soll beendet werden, wenn so viel Planung und Kontrolle vorgenommen werden? Wie mächtig und ohnmächtig ist der Mensch?

Obwohl wir so sicher leben wie nie zuvor, werden viele Menschen von Ängsten aller Art geplagt. Angststörungen nehmen zu: Panikattacken, Phobien aller Art, psychosomatische Angstleiden, Leistungs- und Prüfungsängste, Beziehungsängste, Trennungsängste. Untersuchungen zufolge leidet jeder zehnte Mensch an Ängsten, die ihn beeinträchtigen, und jeder zwanzigste bezeichnet seine Ängste als ernsthaft sein Leben einschränkend. Und das in einer Zeit, in der hierzulande Frieden, Wohlstand, Versicherungsschutz und Rechtsstaat existieren. Es sind nicht die Naturkatastrophen oder der Terrorismus – diese zwar auch –, die am meisten gefürchtet werden. Es sind die persönlichen Kränkungen, die drohenden oder die tatsächlichen, die am meisten gefürchtet werden. Es sind Ängste, die das Selbstwertgefühl betreffen.

Der Beamte Urs liegt schlaflos da und spürt sein Herz rasen. Ob er einen Herzinfarkt kriegt? Er sollte längst wieder zum Arzt gehen. Der Stress im Job hat ungemein zugenommen. Er bewältigt sein Pensum kaum mehr. Und er fühlt sich nicht mehr so geschätzt wie bisher. Sein Kollege im Nebenbüro ist ihm gegenüber so kühl geworden. Wie seine Frau auch. Keine Lust mehr auf Sex. Ob sie einen Liebhaber hat? Und die Kinder lassen auch nichts mehr von sich hören.[61]

Solche inneren Monologe verweisen auf tatsächliche oder drohende oder phantasierte Kränkungen und Überforderungen. Je größer die Sicherheit der Menschen im Laufe der Entwicklung geworden ist, desto mehr quälen sie die Sorgen um Verluste und Einschränkungen. Und je größer der Bereich wird, den der moderne Mensch durch materielle Güter, durch die soziale Position und durch Fachleute aller Ausrichtungen kontrollieren kann, desto größer werden die Ängste. Angst bewacht immer eine Grenze: die Grenze der Besitztümer in der Wohlstandsgesellschaft, die schon längst keine mehr ist: Haus, Garten und Auto. Ferienhaus und Zweitauto. Ehe und Kinder; gesunde, erfolgreiche Kinder. Potenz. Gesundheit und Wohlbefinden. Einfluss und Anerkennung. Bei einem solchen Anspruchsniveau machen mögliche Einschränkungen Angst, die jedem als lächerlich erscheinen, der ums Überleben kämpft. Angst und Kränkung sind kulturabhängig und formieren sich auf der jeweiligen Stufe von Sicherheit und Status neu.

Wie viel Kontrolle ist noch menschlich? Und wenn es dann heißt: Nur bitte kein behindertes Kind! Nur bitte keine schmerzvolle Geburt. Nur bitte kein Leiden in Krankheit und Sterben. Was dann? Es wird möglichst viel Planung und Kontrolle gewünscht, und wehe, die Pläne werden schicksalhaft verändert. Dann wird es als persönliche Kränkung erlebt. Das Erleben von Kränkungen hat mit dem Ego zu tun, das durch Wohlstand, Technik und Medizin ein sehr hohes Anspruchsniveau erstrebt. Solche Kränkungen sind, wenn man sie bedenkt, relativ weit vom vitalen, inneren Kern eines Menschen entfernt. Ich plädiere hier dafür, zwischen den heutzutage in unseren Breitengraden ganz und gar normalen Ego-Bedürfnissen nach einem guten Leben im weitesten Sinn *und* dem inneren Kern bzw. der Seele eines Menschen zu unterscheiden. Dank des medizinischen und technologischen Fortschritts wird uns immer wieder vorgegeben, dass ein Leben ohne unnötigen Schmerz, dass normale Kinder und ein würdevoller Tod möglich sind.

Das ist nicht immer der Fall. Körper und Seele eines Menschen haben möglicherweise unterschiedliche Lebensaufgaben zu erfüllen. Es gibt eine These, dass Menschen nicht nur dank des medizinischen Fortschritts älter werden als bisher. Das Älterwerden hat auch damit zu tun, dass auf der seelischen Ebene noch gewisse Dinge erledigt sein wollen. Die Tatsache, dass der medizinische Fortschritt nicht voll greift und beispielsweise immer noch behinderte Menschen geboren werden, bedeutet eine Chance zum Üben von Mitmenschlichkeit, Mitgefühl und Liebe.

Sich vom Schicksal überraschen lassen und immer wieder staunen. Am eigenen vitalen Kern dranblieben. Sich überraschen lassen vom Lauf des Lebens. Wie viel Kontrolle braucht ein glückliches Leben?

5. Beenden als Vollenden und Vollbringen

> Ich lebe mein Leben in wachsenden Ringen,
> die sich über die Dinge ziehen. Ich werde den
> letzten vielleicht nicht vollbringen, aber
> versuchen will ich ihn.
>
> *Rainer Maria Rilke*

»Die wachsenden Ringe«, von denen Rilke spricht, sind die Tages-, Monats- und Jahresringe im Leben eines Menschen – wahrnehmbar und vielleicht sogar zählbar wie bei einem Baumstamm. Es sind auch innerliche Ringe – es ist innerliches Ringen –, innerliche Spuren des Erlebten und Erlittenen, des Versuchten und des Gelassenen. Die wachsenden Ringe sind eine Abfolge von kleinen und größeren Versuchen des Neubeginnens, von Wiederholungen und von versuchtem und realisiertem Beenden.

Vollenden, vollbringen, erfüllen – das klingt schon fast paradiesisch. Es klingt nach Ernte, nach Vollendung und Erfüllung. Doch jedes noch so gelungene Leben ist gleichzeitig auch ein Fragment. Mit diesem Paradox von Leben als Fragment und mögliche Vollendung leben wir. Es soll hier nicht das Positive am Beenden beschworen werden. Es gibt keinen Zwang zum Gelingen. Etwas zu beenden kann sehr schwer fallen und sehr schwierig werden. Es kann die Kräfte scheinbar übersteigen.

Beenden im persönlichen Erleben kann ein Vollbringen sein – nämlich dessen, was einem Menschen überhaupt möglich ist: eine neue Erfahrung, ein Aufbrechen einer Gewohnheit, ein neues Wahrnehmen, ein Ja-Sagen zu seinem eigenen unverwechselbaren Leben. Beenden bedeutet Entwicklung. Ich möchte Facetten dieser Entwicklung aufzeigen.

1. *Die eigene Wirklichkeit ständigen Wandels anerkennen*
Dies umfasst das Beginnen-Können und einen Beginn bejahen im Wissen, dass auch einmal ein Ende möglich sein
wird. Nichts im Leben ist dauerhaft. Leben ist immer wieder Wahl, Entscheidung und Schicksal. Beginnen und Beenden gehören wesentlich zum Leben. Wer das bejahen
und annehmen kann, hat es leichter als ein Mensch, der
sich gegen das Leben und seine Dynamik stellt.

2. *Ungewissheit und Ausweglosigkeit aushalten*
Damit ist die Akzeptanz der offenen und damit ungewis-
sen Qualität eines jeden Augenblicks gemeint. Leiden entsteht dadurch, dass man sich dieser Offenheit nicht stellen
will. Es ist weiter das Aushalten von Ambivalenz – bis
die Zeit reif wird, etwas, das notwendig ist, zu beenden.
Bis es möglich ist, die sichere Bindung in sich selbst
und zu anderen zu spüren – das, was als Kind nicht möglich war. Das kann im Erwachsenenalter unter günstigen
Umständen erreicht werden.

3. *Die eigene Entwicklung als Zauber des Beendens erleben*
So wie jedem Beginnen ein Zauber innewohnen kann (etwas Neues beginnen, sich verlieben, reisen usw.), so kann
auch dem Beenden ein Zauber innewohnen. Es ist einmal
mehr ein seelischer Quantensprung dadurch möglich geworden, dass ein Beenden gewagt und realisiert wurde. Es
ist damit etwas Wichtiges, weil die Entwicklung Fördern-
des im eigenen Leben vollbracht worden.

4. *Sein inneres Vollenden wagen*
Hier geht es um das Wagnis, das anstehende Beenden zu
einer persönlichen Voll-Endung zu bringen: es ist genug,
es ist gut so, es hat sich erfüllt. Etwas ist vollendet und
vollbracht. Oder etwas ist nicht vollendet und kann in dieser Form angenommen werden. Dies anstreben und erreichen zu wollen, hat mit Vertrauen und Liebe zu sich selbst

zu tun. Und damit, frei zu sein von Verstrickungen und Abhängigkeiten. Immer wieder achtsam und liebevoll beginnen und beenden können und damit die Bälle auffangen, die das Leben zuspielt, und die Schritte tun, die anstehen.

Die eigene Wirklichkeit ständigen Wandels anerkennen

> Das Ende ist so unermesslich, es hat seine
> eigene Poesie. Es erfordert praktisch keine
> Rhetorik. Man muss es einfach nur benennen.
>
> *Philip Roth*

»Wenn wir uns mithilfe all unserer Gewohnheiten und Strategien von unserer Erfahrung, vom gegenwärtigen Moment entfernen, dann führt das am Ende zu Unruhe, Ungenügen und Unglücklichsein.«[62] Der gegenwärtige Moment ist ein Moment, der vergeht. Ihm mögen weitere ähnliche Momente folgen, die in der Abfolge ein Gefühl von Beständigkeit und Sicherheit zu vermitteln scheinen. Es gehört zur menschlichen Wirklichkeit, dass Beziehungen, Arbeitsverhältnisse und andere Lebenssituationen beendet werden. Behinderung, Krankheit, Schmerzen, Leiden, Alter und Sterben öffnen allesamt den Blick auf ein Beenden. Zur Anerkennung der eigenen Wirklichkeit des Wandels gehört es, zu sehen, was ist: immer wieder beenden müssen, ob es einem passt oder nicht, und gemäß den Möglichkeiten, die man hat und im besten Fall ständig weiterentwickelt.

Entscheidend für unser Lebensgefühl ist, in welcher Weise diese Wirklichkeit wahrgenommen wird: als Einschränkung, als Leiden, als Angst und Bitterkeit; oder als Ressource zu Selbsterkenntnis und Welterfahrung, als intensiver Geschmack des Lebens, als Glück und in Dankbarkeit. Es kann eine Krankheit sein, eine Lebenskrise, eine schwierige Beziehung, eine Trennung, der Verlust der Arbeit, ein Todesfall –

annehmen, was ist. Sich ins Beenden einstimmen. Ins Beenden einsteigen, ja, es steht an, ja, ich bin einverstanden. Das fällt den meisten Menschen schwer. Wir haben unsere Hoffnungen und Erwartungen. Wenn sie nicht erfüllt werden, sind wir enttäuscht, schimpfen und hadern und fühlen uns benachteiligt. Vor allem dann, wenn wir uns mit anderen, vermeintlich Begünstigten vergleichen. Vergleiche machen mit Sicherheit unglücklich. Oder im anderen Fall überheblich und schadenfroh.

Annehmen, was ist. Es gibt keine Alternative zur Trauer über Verlorenes, nie Erreichtes und Missglücktes. Es gibt nur das Einverständnis mit dem Jetzt. Das lässt sich nicht überspringen. Trauer ist das schmerzliche Innewerden von Verlusten kürzeren, längeren oder endgültigen Ausmaßes. Der Kreislauf des Lebens mit Werden und Vergehen – sei es ein Tag, eine Beziehung oder ein Leben – ist immer mit Schmerz, Wehmut, Abschied und Trauer verbunden. Selbst Freudentränen folgen aus vorangegangenen Schmerzen.

Oft kann man die Wirklichkeit aber auch nicht annehmen, weil Ungerechtigkeiten passieren, weil Menschen benachteiligt, unterdrückt und ausgebeutet werden. Weil politischer Protest notwendig ist. Weil man sich auflehnen muss gegen die Ausgrenzung von Menschen, die sich selbst nicht wehren können. Das ist notwendig und legitim. Es ist der Kampf für Menschenrechte und Menschenwürde. Er muss geführt werden.

Wenn ein Mensch am ertrinken ist, soll er sich wehren und um sein Leben kämpfen. Wenn ein Mensch ungerecht behandelt wird, soll er sich wehren. Es braucht keinen inneren Krieg, um sich für sein Leben und das anderer einzusetzen. Es kann nur in Frieden, in Mitgefühl und in Liebe geschehen. Wut und Hass schlagen wie ein Bumerang auf einen selbst zurück. Erst in der Überwindung der eigenen negativen Gefühle wird ein Mensch fähig, die Wirklichkeit anzuerkennen.

Es gibt viele Menschen, für die ein Beenden die Angst bedeutet, etwas zu verlieren, sich selbst zu verlieren – die

Angst, zu trauern und damit den Verlust anzuerkennen. Es ist eine Angst, überwältigt zu werden, zusammenzubrechen, sich zu verlieren, alles zu verlieren. Sie weigern sich, einen Verlust anzunehmen. Oder sie halten einen Menschen fest, der sterben möchte. Ein kleines, sehr krankes Mädchen hat einmal seinen Arzt gefragt, ob es sterben dürfe oder am Leben bleiben müsse, damit die Mama nicht traurig sei. Und eine andere Mutter hat viel später, nach dem Tod der Tochter, geschrieben, dass ihr das Schwerste passiert sei, das geschehen könne. Jede Faser ihres Seins habe sich dagegen gesträubt, das Unausweichliche anzunehmen. Aber sie habe es annehmen müssen. Was nun bleibe, sei die große Liebe, die sie für ihre Tochter empfinde. Diese Liebe fülle langsam die Leere, die ihr Tod hinterlassen habe. Solches Beenden wird zu einer Ressource, einer Quelle von neuen Lebenskräften.

Annehmen, was ist. Offen sein für Wandlung. Offen sein für die Liebe. Offen sein für die Erfahrung, dass Beenden eine Erleichterung, ja Freude bringen kann. Ein Mensch erlebt sich, seine Beziehungen und die Welt neu, wenn ein Partner weggeht, eine Beziehung einseitig beendet wird. Der verbleibenden Seite bleiben Enttäuschung und Trauer – und viel später die neue Ausrichtung auf das eigene Leben. Das kann mit der Zeit auch ein neuer Aufbruch werden, ein Aufblühen, eine Befreiung. Erfahrungsgemäß kann das einige Jahre nach dem Weggang oder Tod eines Partners durchaus möglich sein.

Entwicklung hat viel mit dem Verändern von sogenannten Gewohnheiten bzw. von erlerntem Verhalten in Bezug auf das Beenden zu tun. Ausharren und Weglaufen, Annahme und Verleugnung sind nur Andeutungen des breiten Spektrums.

Ein Beispiel: Claudine, eine Ärztin in der Lebensmitte, hat sechzehn Jahre lang in einer Klinik ausgeharrt, obwohl sie mit dem Chef nicht zurechtkam, immer wieder gemobbt wurde sowie mehrere depressive und suizidale Phasen erlebte. Es war ihr nicht möglich, das Arbeitsverhältnis zu beenden. Sie fühlte sich in sich so unsicher, so allein, dass sie alles in Kauf nahm, um keinen Wechsel vornehmen zu müssen. Sie wiederholte damit ihr

Kindheitstrauma: alles in Kauf zu nehmen, um sich die vermeintliche Liebe ihrer Eltern zu sichern. Das war schon damals misslungen. In der Wiederholung geschah nochmals dasselbe. Claudine erlebte mehrere schlimme Unfälle. Sie erholte sich immer.

In der Zwischenzeit hatte sie eine langjährige Gruppentherapie begonnen. In den ersten Jahren zeigte sie sich in der Gruppe misstrauisch, skeptisch und verschlossen. Sie spürte das Mitgefühl der anderen, doch sie konnte es lange nicht erwidern. Die Angst war zu groß, sich dabei zu verlieren. Sie war ausdauernd und beharrlich genug, dabeizubleiben. Sie lernte auf einer Ferienreise einen Mann kennen und lieben, der an sie glaubte. Sie fühlte auch mehr und mehr, dass die Gruppe an sie glaubte. Im Beruf spitzte sich die Situation zu. Claudine wurde ernstlich krank und musste monatelang der Arbeit fernbleiben. Krankgeschrieben. Und dann spürte sie, dass sie an diesen Arbeitsplatz niemals zurückkonnte. Nun konnte sie die Kündigung einreichen. Sie fühlte sich dabei als Versagerin.

Zu ihrem eigenen Erstaunen wagte sie, in einer anderen Stadt eine eigene Praxis zu eröffnen. Der berufliche Neubeginn gelang. Die Gruppe hielt zu ihr und gab ihr Sicherheit und Akzeptanz. Ebenso der Mann, den sie liebte und der sie liebte. Dadurch war es Claudine über lange Jahre hinweg möglich geworden, sich selbst immer mehr zu vertrauen, in sich selbst Sicherheit aufzubauen.

Beruflich hatte sie mit dem Traum abgeschlossen, in einer Klinik Karriere zu machen. Das Anerkennen der Wirklichkeit erforderte etwas anderes von ihr. Sie lebte nun ihr selbständiges Leben in der Praxis, und es wurde ihr zur Erfüllung. Claudines Gedanken über sich und die Wirklichkeit waren weit schlimmer gewesen als die Wirklichkeit. Ein Beenden ihrer unhaltbaren beruflichen Situation war deshalb nicht möglich gewesen, weil der Gedanke an ihr Kindheitstrauma – alles in Kauf nehmen und doch nicht geliebt werden – ihr den Blick auf die Wirklichkeit versperrt hatte. Sie war intelligent, traf einen Mann, eröffnete eine Praxis. Das Aufgeben ihrer Gedanken über die bisherige Wirklichkeit und das mutige Eintauchen in eine neue

Wirklichkeit gingen Hand in Hand. Claudine hat eine persönliche Entwicklung vollzogen.

Veränderungen sind im Leben meist nur in sehr kleinen Schritten möglich, zumal ein Verändern-Wollen oft erst durch einen gewissen Leidensdruck entsteht. Die meisten Menschen wollen nichts verändern. Veränderungen finden erst unter Leidensdruck statt.

Bei jahrelangen und jahrzehntelangen Gewohnheiten ist es aus psychologischer und auch aus neurobiologischer Sicht extrem schwierig, sie zu verändern. Sie haben sich neurologisch dem Zugriff durch das Bewusstsein entzogen. Man kann Gewohnheiten ausschließlich durch stete Übung eines neuen Musters verändern bzw. durch ein alternatives Muster ersetzen. Was die Veränderbarkeit erschwert, das ist durch zumeist frühkindliche Bindungserfahrungen, Traumata und Verluste bestimmt, möglicherweise auch durch genetische Faktoren.

Nachhaltige Veränderungen im Erwachsenenalter sind durch zwei Arten von Ereignissen möglich:

- Durch das Eingehen einer neuen Beziehung kann im günstigen Fall emotionale Entwicklung von Bindung und von mehr Sicherheit in sich selbst und in Bezug auf andere erreicht werden. Damit entsteht eine Heilungs- und Veränderungschance zum Guten, z. B. bei belastenden frühen Bindungserfahrungen. Eine Beziehung einzugehen ist auch über eine Psychotherapie möglich, wo wir heute wissen, dass vorwiegend die Beziehung zwischen Klientin und Therapeutin den heilenden Charakter ausmacht.
- Eine nachhaltige Veränderung im Negativen geschieht durch ein traumatisches Erlebnis, durch massive Unterdrückung, durch Folter – durch ein schlimmes Erlebnis, das die Integrität eines Menschen verletzt oder gar zerstört.

Das eine ist also eine Entwicklung durch die bewusste Würdigung und Liebe zu einem Menschen, das andere die Zerstörung durch die entwertende und brutale Aberkennung der Menschlichkeit und Einzigartigkeit einer Person.[63]

Ungewissheit und Ausweglosigkeit aushalten

> Unangenehme Gefühle sind Botschaften,
> die uns auffordern, uns auf eine Situation
> einzulassen, vor der wir eigentlich
> zurückschrecken und der wir ausweichen
> möchten.
>
> *Pema Chödron*

Ungewissheit macht Angst: Bin ich dieser Aufgabe gewachsen? Ist es der richtige Partner? Was geschieht mit mir nach der Scheidung? Wie werde ich mich nach meiner Pensionierung fühlen? Fragen über Fragen.

Unausweichlichkeit, auch Ausweglosigkeit bezeichnen eine Sackgasse: man ist gefangen. Es gibt kein Ausweichen und keinen Ausweg mehr bzw. es scheint keinen mehr zu geben: Die Krebsdiagnose ist tödlich, der verhängnisvolle Unfall ist nicht rückgängig zu machen, der Brand hat das Haus zerstört.

Die Frage ist, wie wir die Ängste, die Schuldgefühle, unsere Schwierigkeiten und Emotionen zu unserem Übungsfeld machen. Nicht indem wir uns verschließen, sondern indem wir diese Gefühle als Botschaften unserer Seele erkennen. Sie fordern uns auf, uns auf ebendiese Situation einzulassen, vor der wir zurückschrecken und der wir ausweichen möchten. Wir können bei dem schmerzlichen Gefühl bleiben, statt ihm auszuweichen. Das Standhalten verhilft uns zu neuen Erfahrungen, zu neuen Einsichten über uns selbst. Wenn wir bei unserem gebrochenen Herzen verweilen, kann sich das Gefühl verwandeln. Wenn wir die Angst annehmen, kann sie sich auflösen; auf einmal trauen wir uns den nächsten Schritt zu. Wenn wir den Durst der Rache ertragen, kann sich Mitgefühl entwickeln, mit uns selbst, mit dem anderen. Wenn wir in der Ungewissheit verweilen können und ihr standhalten, dann lernen wir nach und nach, uns zu entspannen. Es ist sinnvoll, in vermeintlichen oder realen Situationen der Ausweglosigkeit zu erkennen, was man ändern kann – und auch zu erkennen, was man nicht ändern kann und hinzunehmen hat. Und dann gilt es, weise den Unterschied wahrzunehmen und die entsprechenden Folgen zu tragen.

Wenn ein Mensch alles, was in seinen Gedanken und Gefühlen auftaucht, einfach zur Kenntnis nehmen kann, ohne es zu bewerten und zu beurteilen, dann lösen sich die Gedanken und Gefühle mit großer Wahrscheinlichkeit auf. Es wird möglich, in die Offenheit des gegenwärtigen Augenblicks zurückkehren. Annehmen, anerkennen und dann loslassen können, das wird auch in der Meditation geübt, um zum puren Hiersein zurückzukommen, um die Frische der Gegenwart und Wirklichkeit zu erleben. Im Aushalten und Ertragen von Ungewissheit und Ausweglosigkeit ist eine tiefe Weisheit enthalten, nämlich jene, dass Großzügigkeit und Dankbarkeit glücklich machen. Schmerz ist meistens ein Zeichen dafür, dass wir etwas festhalten. Im Gefühl des Unglücks und der Unzulänglichkeit halten wir fest, wollen wir halten und gehalten werden, sind wir geizig und berechnend. Und das Unglück wird immer größer.

Beenden-Können hat mit Großzügigkeit zu tun, mit der Würdigung des Geschehenen. Das lässt sich real oder in der Imagination üben. Weggeben, was wir am meisten zu lieben glauben und zu verlieren fürchten. Weggeben, was uns lieb ist. Großzügig sein, bewusst und achtsam. Und merken, wie es sich anfühlt: wenn uns ein Freund oder Partner verlässt, wenn wir ein uns liebes Haus aufgeben müssen oder eine geliebte Arbeit, wenn wir Kleider und Bücher und nicht Gebrauchtes weggeben – als ganz bewusste Übung. Wir brauchen nicht mehr so viel. Weggeben, verteilen – es wird unsere tägliche Sichtweise verändern. Die Übung des Weggebens und Aufgebens zeigt uns, wo wir noch festhalten und uns anklammern. Es sind unter anderem unsere Pläne, die uns das Leben zunichte machen: ein Freund verlässt uns, ein lieber Mensch stirbt, eine Firma macht Konkurs, eine Krankheit zwingt uns in die Knie. Das Leben fordert uns ein Beenden ab. Wenn wir diese Erkenntnis in unser Lebensgefühl einbauen, gewinnen wir langsam, aber sicher Vertrauen in alles das, was uns das Leben schenkt. Nichts ist selbstverständlich. Unausweichlichkeit, Ausweglosigkeit eröffnen den Weg in ungeahnte Weisheiten – wenn wir sie erkennen wollen.[64]

Ein Beispiel. Tina lebt in einer zehnjährigen Partnerschaft mit Georges, den sie liebt und der sie liebt. »Himmel und Hölle« nennt sie das Zusammenleben. Der Himmel ist zauberhaft. Doch die Beziehung ist auch immer wieder schwierig, belastet und angespannt, zumal wenn sich Georges in einer schwierigen persönlichen oder beruflichen Situation befindet. Dann kämpft er gegen sie, findet sie dominant und kontrollierend – und kann sie nicht so sein lassen, wie sie ist. Tina erlebt sich über Jahre in dieser Himmel-und-Hölle-Situation. Sie hält es aus, weil es immer wieder Annäherungen, gute und friedliche Zeiten, bereichernde und liebevolle Augenblicke gibt. Und weil sie nicht noch einmal in ihrem Leben eine Beziehung beenden möchte. Sie erhofft sich nichts von einer neuen Beziehung. Aber sie wünscht sich zutiefst ein Beenden-Können der ständigen Missverständnisse und Kämpfe. Manchmal denkt sie, dass Georges unbewusst neidisch auf ihre Lebenslust und ihren beruflichen Erfolg ist.

Tina strengt sich sehr an und tut, was sie kann. Sie übt sich in Gelassenheit, in klaren und ruhigen Worten, sie schreibt Georges verständnisvolle Briefe, wie sie meint. Sie versöhnt sich innerlich mit ihm, sendet ihm Licht und Wärme, versucht, selbst seinen Unmut zu lieben. Es kommt wenig Antwort. Aber er möchte mit ihr sein und möchte sie viel mehr bei sich haben. Tina glaubt zu wissen, dass seine latente und oft auch manifeste Feindseligkeit weniger mit ihr zu tun haben als mit wenig verarbeiteten Erlebnissen in seiner Kindheit, vor allem mit Vater und Mutter – demütigende, einengende Erlebnisse, die bei Georges in Situationen der Verunsicherung immer wieder aktualisiert werden. Wenn Tina ihn auf seinen rüden Tonfall ihr gegenüber anspricht, merkt sie, dass er sich dessen nicht bewusst ist und ärgerlich wird. »Darf ich überhaupt noch reden, wie ich will?«, hält er ihr dann entgegen. »Immer diese Dominanz und Kontrolle.«

Tina ist am verzweifeln. Immer wieder versucht sie ihren Ärger Georges gegenüber aufzulösen. Als Georges schließlich noch die Psychotherapie abbricht, weil sein Therapeut genauso dominant sei wie Tina, da erkennt Tina: die Situation ist für sie ausweglos und hoffnungslos. Sie kann da nichts mehr ausrichten, hat ihre Möglichkeiten ausgeschöpft, sie kann nur noch einfach da sein mit Georges, sich selbst lieb sein, gut geschützt gegen Angriffe, ruhend in sich selbst, gelassen und frei. Sie will diese Beziehung nicht beenden. Aber sie erkennt auch klar, dass Georges immer wieder in seinen eigenen Verstrickungen und Widersprüchen gefangen ist, die er ihr als der liebsten und nächsten Person aufbürdet. Kürzlich hat er sie wieder beim Namen seiner vorigen Frau genannt. Seine verletzten kindlichen und späteren Anteile hat er selbst zu bearbeiten, sie sollen nicht in der Liebesbeziehung zwischen Georges und ihr ausgelebt werden.

Diese Einsichten und vor allem die Erkenntnis der Ausweglosigkeit ihrer steten Anstrengungen und Bemühungen bringen Tina eine gewisse Entspannung. Und der Beziehung ebenfalls. Mit ihren immer wieder negativen Gefühlen muss Tina einen guten Umgang finden. Es macht sie froh, dass sie aus dem Muster der großen Anstrengung ausgestiegen ist. Sie will keine fruchtlosen Diskussionen mehr führen, sich nicht mehr so abmühen und wehren. Sie beendet das ewige Hoffen auf Besserung und den langen Kampf gegen Verletzungen. Ihr Gedanke: Sie ist unten am existentiellen »Bassinboden« angelangt und stößt sich ab. Aufwärts. Ein gutes Gefühl. Und diesmal, beim hundertsten Versuch, könnte es ihr gelingen, frei zu sein und zu bleiben und damit aus dem Unglück ein gutes Stück herauszukommen. Seit sie sich am Bassinboden abgestoßen hat, geht es ihr besser. Als dann wieder eine Attacke von Georges auf sie zukommt, erkennt sie, dass es nichts mit ihr zu tun hat. Sie bleibt frei, verwickelt sich nicht in Diskussionen, sondern hört einfach zu und versucht, gut zu sich zu sein. Am anderen Morgen entschuldigt sich Georges erstmals bei ihr und sagt, er habe gemerkt, dass er seine Vorstellungen über ihr Zusammenleben als Paar so revidieren müsse, dass beide ihren Platz haben. Tina dankt ihm und ist erleichtert. Noch ist sie vorsichtig. Dass Georges sie ab und zu an ihre Mutter erinnert, ist Tinas Anteil, für den sie selbst verantwortlich ist. Es ist ihre große Wunde.

Die Einsicht in die Ausweglosigkeit ihrer Bemühungen hat Tina und auch Georges ein Stück weit befreit. Noch ist es offen, wie es weitergehen wird. Wenn man ganz unten am Boden angekommen ist, kann es weiter- und aufwärtsgehen. Tina und Georges haben sich mit ihren jeweiligen kindlichen verletzten Selbsten ineinander verstrickt. Bei Tina ist es das bemühte, übereifrige Selbst, bei Georges das trotzige, verletzte Selbst. Die beiden lieben einander, trotz allem. Wenn eine(r) der beiden daraus auszusteigen vermag und in ein erwachsenes Selbst wechseln kann, dann hat auch die Partnerperson bzw. ihr kindliches Selbst eine neue Möglichkeit, in ein erwachsenes Selbst zu wechseln: durch Bewusstwerdung, im Erkennen der Weisheit, die in der Ausweglosigkeit liegen kann.

Wenn alle Erwartungen fallen gelassen werden, bedeutet dies, ganz im Jetzt zu sein. Annehmen, was ist, damit es sich verwandelt. Und wenn es sich nicht verwandelt, sondern ständig gleich bleibt, dann lauern Schuldgefühle, die unbewusst oder bewusst abgewehrt werden. Sie behindern das Beenden einer Situation, die als ausweglos erkannt wird.

Im Fall von Georges und Tina hat die Erkenntnis der Ausweglosigkeit einen neuen Weg gewiesen. Die beiden haben erkannt, dass es nicht um das Beenden ihrer Beziehung geht, sondern um das Beenden des destruktiven Musters ihres Zusammenlebens.

Ein weiteres Beispiel. Barbara und Anita, ein langjähriges lesbisches Paar, hoffen auf das Wunder, dass sie eines Tages nicht mehr ständig über alles und jedes streiten müssen. Die Streitigkeiten sind zu einer üblen Gewohnheit geworden. Beide erklären, dass sie nie im Leben gelernt haben, sich abzugrenzen, sich für sich selbst zu wehren, nein zu sagen. Beide gehen auf die vierzig zu. Darf man sich bis ins fortgeschrittene Alter darauf herausreden, dass man etwas früher nicht lernen konnte? Oder zwingt die Lebenssituation nicht vielmehr dazu, endlich zu lernen, sich abzugrenzen? Ja, endlich nein sagen zu dürfen? Ja, endlich dieses fürsorgliche, ängstliche Verhalten aufzugeben, weil es regelmäßig zu Explosionen führt?

Eine Weisheit in der Ausweglosigkeit von Barbara und Anita könnte sein, zu erkennen, dass ein Weiterführen des bisherigen Musters beide Seiten immer mehr entwürdigt, demütigt und schwächt. Es gibt den Ausweg, dass sich beide für die jeweils eigene Würde und für das eigene Lebensrecht bewusst und konsequent einsetzen dürfen. Ein langer Weg. Ein schmerzvoller Prozess. Eine intensive Therapie, um zu erkennen, was sie daran gehindert hat, sich für sich selbst einzusetzen. Die Therapie auch dann fortsetzen, wenn sich alle Haare sträuben, denn dann geht's ans »Eingemachte«. Den Weg freimachen. Frei von Schuldgefühlen, frei von Angst, von falschem Mitleid – in Würde für sich und die Freundin, in Mitgefühl und in Liebe – für beide eben, für sich selbst und für die Freundin. Es mag als überfordernd, zu schwierig erscheinen. Vor allem gilt es, es hundertmal zu versuchen. Vielleicht reicht es noch nicht.

Nur stetes Üben bzw. Imaginieren der wechselseitigen Anerkennung – und damit ein Eingeständnis der Ausweglosigkeit der Streitigkeiten – verändert einen Menschen emotional und damit auch seine Beziehungsfähigkeit. Inzwischen können auch die Hirnforscher beweisen, dass stete Übung, regelmäßige Imagination auch in den Hirnbahnen eine Veränderung bewirken.

Die Ambivalenz in einer schwer erträglichen Situation kann in eine hoffnungslose Ausweglosigkeit münden, die zu Angst und Panik führt. Zugleich weiß man nicht, wohin man sich wenden kann. Die Ängstigung durch erwartete Ablehnung, Rückzug oder Verletzung führt zur Blockade. Dies ist die Situation bei Menschen mit frühen Bindungsstörungen, die im späteren Leben keine neuen, stärkenden Bindungserfahrungen machen konnten. Oft lösen sie das Problem, indem sie ein zwanghaftes, übermäßiges Fürsorgeverhalten entwickeln und dadurch innerlich Halt gewinnen. Und zwar in einer Rollenumkehr dessen, was sie früher bei den primären Bezugspersonen erlebt haben: emotionale Vernachlässigung durch Depression, Krankheit und anderes.

Wenn ein Mensch in einer Freundschaft, einer Liebesbeziehung oder in einer Psychotherapie eine neue Beziehungserfahrung machen kann, ist Heilung möglich. Heilung aus einer anderen Art von Ausweglosigkeit, aus jener von Angst und Ambivalenz.

»Überlebenskünstlerinnen« – so haben Cristina Karrer und ich jene Frauen in Südafrika genannt, mit denen wir Gespräche über ihr Überleben im schwierigen Nach-Apartheid-Alltag von Armut und Entbehrung geführt haben (Ley & Karrer, 2004). Die schwarzen Frauen in den Townships sind arm, oft krank, ungebildet, alleinerziehend, in einer ausweglosen Situation, so scheint es. Sie sind benachteiligt, haben kaum materielle Ressourcen, aber sie haben menschliche Ressourcen: die Einsicht, dass sie aus dem wenigen, das sie haben, ihr Leben für sich und ihre Kinder zu bestreiten haben. Und dass sie es tatsächlich mit Humor und Intuition tun. Und dass sie nach Schicksalsschlägen aufstehen und weitermachen, was sonst? Ihre Widerstandskraft ist beeindruckend. Genährt wird sie durch die völlige Akzeptanz der ausweglosen Situation und oft durch die Verankerung in einer Religion. Es bedeutet nicht Resignation, sondern Überlebensmut, mit Lebensfreude und Humor. Und ihre Kinder sind auch so. Es gibt keine Spielsachen, die Kinder haben Hunger. Man hört ihr Lachen. Sie scheinen genauso fröhlich zu sein wie unsere Kinder.

Die eigene Entwicklung als Zauber des Beendens erleben

> »So glücklich wie ich«, rief Hans im Glück
> aus, »gibt es keinen Menschen unter der
> Sonne!«
>
> *Grimms Märchen*

Hans im Glück trug schwer an seinem Goldklumpen, den er als Lohn für sieben Jahre Arbeit erhalten hatte. Und so tauschte er ihn gegen ein Pferd ein. Nun konnte er reiten. Doch als er vom Pferd abgeworfen wurde, wünschte er sich ein pflegeleichteres Tier. Und so wechselte er zur Kuh, später zum Schwein und schließlich zur Gans. Und als er dem munter singenden Scherenschleifer begegnete, hielt ihn nichts mehr, die Gans gegen einen Schleifstein und einen gewöhnlichen Feldstein einzutauschen. Die Steine fielen ihm beim Trinken an einem Brunnen vom Brunnenrand. Zauber des Beendens. Und so sprang er leichten Herzens und frei von aller Last fort, bis er daheim bei seiner Mutter war.

Bei jedem Tausch betrachtete sich Hans als Glückspilz und ging vergnügten Herzens weiter. Wir lernen Hans im Glück als einen jungen Mann kennen, der Zufriedenheit, Lebenslust und Leichtigkeit lebt. Er erhält immer, was er braucht, und ist glücklich. Jedes seiner spielerisch erworbenen Güter hat, wie er erfährt und wie es eben ist, seine Vorteile und Nachteile. Wenn er die Nachteile erlebt, kann er beenden, weggeben, tauschen. So ist er jedes Mal froh, das Erworbene wieder los zu sein. Und immer entstehen neue Bedürfnisse. Er hat immer, was er braucht. Er ist auf dem Weg seines persönlichen Lebens, auf dem Weg zu seinem Glück.

Gut erlebtes Beenden beinhaltet, dass der Schrecken des Verlustes weniger gewichtet wird als der Prozess des Beendens. Der Verlust wird wahrgenommen, vielleicht mit Wehmut betrachtet, doch das Loslassen macht die Hände wieder frei. Hans im Glück im Grimm-Märchen erlebt immer wieder

Beenden und Loslassen als Erleichterung, als Glück, als Freiheit.

Gutes Beenden ist ein Einstimmen und Dazugehören zum Fluss des Lebens, zur Abfolge von Tag und Nacht, Leben und Tod. Das hat etwas Versöhnliches, Tröstliches. Und es verbindet mit den anderen Menschen und dem Universum. Der Fluss fließt, wir können ihn nicht anhalten. Der Tag endet, die Nacht kommt. Die Nacht endet, der Tag kommt. Dasselbe mit den Jahreszeiten. Wenn wir uns in diesen Fluss des Lebens ergeben, gehören wir zum Universum und fühlen uns zugehörig.

Der Zauber des Beendens hat für mich mit einer Lebenshaltung der Gelassenheit und Großzügigkeit zu tun – sein wie die Natur, wie die Lilien auf dem Feld. Es tut gut, gelassene und großzügige Menschen um sich zu haben. Es ist Luft da zum Atmen; es ist Raum da, um sich zu bewegen; es ist Zeit da, um sich zu finden. Gelassene und großzügige Menschen haben sich selbst gern und nehmen sich selbst in Gelassenheit und Großzügigkeit an.

Sie sind keine besseren Menschen als wir. Was sie erreicht haben, liegt auch im Bereich unserer Möglichkeiten.

Seit Jahrhunderten streben Menschen Gelassenheit an und geben ihr immer wieder andere Worte. Die stoische Gelassenheit beispielsweise ist eine Lebenskunst, eine Unerschütterlichkeit des Gemütes, eine Seelenruhe. Nach Epikur erreicht man sie, wenn man das richtige Maß des Umgangs mit sich selbst findet, und auch, wenn man sich vom Getriebe der Welt fernhält. Seneca betont die innere Festigkeit. Er erwähnt auch, dass es wichtig sei, sich aus sich selbst heraus zu freuen, denn »alle die anderen fröhlichen Anlässe füllen das Herz nicht, sie glätten nur die Stirn und sind flüchtiger Natur«. Von Horaz ist der Satz bekannt, dass durch Lust und Liebe auch schwere Arbeit leicht wird.

Im Buddhismus bedeutet Gelassenheit auch Gleichmut: Es geht um ein Loslassen von Anhaftungen, von Gewohnheiten, von destruktiven Gedanken und Gefühlen. Durch die Meditation wird eine innere Gelassenheit angestrebt und praktiziert. Diese Gelassenheit und innere Ruhe kann mit ausreichender Übung auch über die Meditation hinaus gespürt werden. Auch wenn es draußen tobt und stürmt, spürt ein Mensch in sich Gleichmut.

Es gibt kaum eine Philosophie, keine Mystik und auch keine Religiosität und Spiritualität, die nicht die Gelassenheit als erstrebenswertes Ziel betrachtet. Das ist bemerkenswert, weil wohl alle Menschen zu allen Zeiten gespürt haben und spüren, dass Gelassenheit innere Freiheit ermöglicht. Für die meisten nicht ein für alle Mal, sondern immer wieder. Gelassenheit ist eine Lebenshaltung, um die man sich zu bemühen hat. Ein Immer-wieder-Loslassen und Freiwerden von Angst und Furcht ist eine lebenslange Aufgabe. Nötig ist ein Vertrauen in sich selbst, um loslassen und lassen zu können: sich selbst, die Ängste, den Ärger, die anderen Menschen. Gelassenheit hat mit »lassen« zu tun.

Gelassenheit – das mag wie die Natur sein, die immer wieder zu neuem Blühen erwacht und sich von den furchtbarsten Verwüstungen erholt. Es mag der lächelnde Buddha sein. Vielleicht ist es ein alter Mensch, der sich vor gar nichts mehr fürchtet und gelassen dem Tod entgegenblickt.

Es mag der liebende Blick auf die Verwobenheit allen Seins sein, auf die Verbundenheit aller Menschen auf diesem Planeten und auf das Eingebundensein in ein größeres Leben und in Kräfte, die wirken und die mächtiger sind als wir.

Annette erzählt: »Im Laufe meiner bald fünfzig Jahre habe ich gelernt, gelassener zu werden. Dinge zu lassen, die ich nicht ändern kann. Ich glaubte früher, das sei nur möglich, wenn man sich von der Welt zurückziehe. Heute denke ich, dass es darauf ankommt, in meinem anspruchsvollen Alltag gelassener zu werden.

Vor einem Jahr bin ich arbeitslos geworden und bin es leider bis heute geblieben. Das hat mich in einen Abgrund gestürzt, aus dem ich nur langsam wieder heraufkrabble. Ich merke nun, wie mein Selbstwert und mein Selbstvertrauen eng, zu eng mit meiner Arbeit und meinem Freundeskreis verknüpft waren und noch sind. Beides hat sich vor einem Jahr radikal und erschreckend verändert. Ich bin daran, das Vertrauen in mich selbst, in meinen Wert als Mensch und Mitmensch, neu aufzubauen. Ich kann es nun endlich zulassen, dass ich Arbeitslosengeld beziehe. Ich kann es sein lassen, mich vor mir selbst bewähren zu müssen. Ich kann es stehen lassen, dass ich zurzeit kaum ein Lob, kaum eine Anerkennung erhalte. Ich weiß, dass ich zu mir selbst lieb sein muss. Das übe ich ganz bewusst. Und manchmal bin ich sogar dankbar dafür, dass ich mein früheres Leben ändern musste. Ich habe einiges hinter mir gelassen.«

Großzügigkeit bedeutet, ein großes Herz zu haben, Zeit und Raum zu haben, anerkennend und tolerant zu sein, sich selbst gegenüber und auch im Hinblick auf andere. Es ist das Gegenteil von Kleinlichkeit, Enge und Berechnung, letztlich das Gegenteil der Angst, zu kurz zu kommen.

Tamara erzählt von drei ihrer Freundinnen, die sie in ihrer Großzügigkeit beeindrucken. Sie habe festgestellt, dass es Frauen sind, die wenige Ängste haben, die wenig anhäufen und sichern müssen, die interessanterweise eher knapp bei Kasse seien, die mit einem Lachen Liebe verschenken würden und viel Phantasie hätten. Es sei ihr so wohl in der Nähe dieser Frauen. Deren Leichtigkeit und Großzügigkeit machten ihr einen tiefen Eindruck, weil sie bei sich die Großzügigkeit gar nicht kenne. Anfangs habe sie sich immer revanchieren wollen, dann aber festgestellt, dass keine der drei Freundinnen das erwarte. Das habe sie auf sich selbst zurückgeworfen und sie habe gemerkt, dass sie auch großzügig werden wolle. Das versuche sie jetzt immer wieder, noch immer mit der kleinen Kelle, aber zunehmend mit Lust. Und mit Freude an sich selbst. Es tue ihr im Herzen gut, wenn sie jemand gegenüber generös sein könne, in Freude eine großzügige Geste vollbringe, etwas weggebe, verschenke – liebevoll, nicht berechnend, nichts erwartend. Und übrigens habe sie ihren Hausrat samt Büchern und Kleidern um fast die Hälfte reduziert und es fehle ihr nichts.

Das Beenden alter, beengender, überholungs- und erweiterungsbedürftiger Gewohnheiten setzt menschliche Freiheit voraus und erschafft sie gleichzeitig. Das ist wohl die Quintessenz der Kunst des Beendens, um in der eigenen Entwicklung einen Schritt weiter zu gehen. Das Herz sagt immer ja; das Herz will Wachstum und Entwicklung ermöglichen – bis zum endgültigen Beenden. Der Zauber des Beendens liegt dann auch darin, dass überholte bzw. wiederkommende Phasen des Beendens – vom ersten Schrecken über Widerstand und Verleugnung, über Zorn und Wut, Abschied und Trauer, Erleichterung und Entwicklung – innerlich und äußerlich zu einer Integration kommen dürfen: immer wieder, ein Leben lang.

Es ist immer wieder ein kleines Wunder. Und danach beginnt etwas Neues.

Das innere Vollenden wagen

> Nichts war noch vollendet, eh ich es erschaut,
> ein jedes Werden stand still.
> *Rainer Maria Rilke*

Beenden hat eine äußere und eine innere Seite. Beide sind miteinander verknüpft. Wenn ein Mensch sich von einem anderen Menschen trennt bzw. trennen muss, wenn ein Arbeits- oder Besitzverhältnis beendet wird, dann erfordert das auf der Realitätsebene ein äußeres Beenden. Das kann je nach frühen und späteren Bindungs- und Trennungserfahrungen mehr oder weniger dramatisch verlaufen. Es ist in jedem Fall eine herausfordernde Aufgabe. Und jedes Beenden im Leben verändert den betreffenden Menschen und fügt zur bisherigen Bindungs- und Trennungsbiographie eine weitere Erfahrung hinzu. So wie man nicht zweimal in denselben Fluss steigt, so verlässt man eine Erfahrung des Beendens als ein anderer Mensch als zuvor. Die eigene Identität konstituiert sich nicht zuletzt auch als eine des Beginnens und Beendens. Es sind oft Jahre nötig, bis sich ein Mensch zu einem sein Leben verändernden Schritt durchringen kann.

Es sind erschwerende Umstände des Beendens, wenn es nicht aus freiem Willen, sondern unter Zeitdruck, unter äußerem Druck und Zwang und im Konflikt zu geschehen hat. Schock und Versteinerung können einen Menschen lange Zeit von einem Akt des Beendens abhalten und gar zurückschrecken lassen. Beenden hat mit der Fähigkeit zu tun, die Realität nicht aus den Augen zu verlieren und das anzuerkennen, was ist: dass ein Partner weggegangen ist, dass sich eine Freundschaft überlebt hat, dass die Kinder jetzt ihr eigenes Leben gestalten, dass die Altersgrenze zur Pension erreicht ist und dass ein großes, schönes Haus nicht mehr unterhalten und finanziert werden kann. Das sind schmerzliche Einsichten. Wer die Realität gelten lassen kann, hat es leichter, einen Abschied und eine Trennung zu verkraften. Vorwürfe bedeuten immer ein Scheitern am Anerkennen der Wirklichkeit und haben somit mit der Verleugnung der Realität zu tun. Es wird ein Sündenbock gesucht, um selbst nicht trauern zu müssen. Auch eine Depression kann als Vermeidung von Trauer betrachtet werden. Durch Trauer stimmt sich ein Mensch in die Realität ein, auch wenn Phasen des Verleugnens und Haderns durchaus zum Trauerprozess gehören. Trauer ermöglicht die Integration des Beendens ins eigene Leben, das sich dadurch verändert hat. Damit sind wir bei der inneren Dimension des Beendens.

Beenden ist größtenteils ein innerer Prozess. Es kann ein sehr leidvoller Prozess sein, muss es aber nicht. Es kann auch eine von Wehmut begleitete Erleichterung sein. Wenn ein Mensch schmerzvoll, jedoch freiwillig etwas beendet, kann er vielleicht sagen: Es ist genug, es ist gut so, es ist vollendet und vollbracht. Im nicht selbstgewählten, unfreiwilligen Fall ist der Weg zur Bejahung länger und schmerzvoller. Ein inneres Vollenden eines Prozesses hat vorab mit Liebe und Vertrauen zu sich selbst und zum Leben zu tun. Und damit, frei zu werden und frei zu sein von Verstrickungen und Abhängigkeiten. Immer wieder achtsam und liebevoll beginnen und beenden zu können. Die Schritte tun, die anstehen.

Im Begriff des Vollendens ist auch das Wort »Ende« enthalten. Zudem das der Fülle, des Vollen. Voll-enden: ein erfülltes Ende, ein volles Ende. Das Wagnis könnte sein, einen Verlust als eine Vollendung anzunehmen. Nicht sofort danach, nicht als Abschluss des Beendens. Vielleicht erst Jahre oder Jahrzehnte später. Oder dann, wenn ein Beenden dem anderen folgt und es unausweichlich wird, die innere Lebenshaltung entsprechend anzupassen. »Ja, wenn das Lebensband zerreißt«, singt ein Tenor in der Bach-Kantate BVW Nr. 16. Und der Tenor singt es in einer Schönheit, die den Text vertieft und die Schönheit von Bachs Melodie intensiviert. Der Kantatentext ist religiös; die Musik ist es nicht und will es auch nicht sein. Es kann nicht vorausgesetzt werden, dass dann, wenn das Lebensband zerreißt, ein Mensch den geliebten Jesus allein als Reichtum seiner Seele betrachtet. Es geht hier auch gar nicht um den Wortlaut, sondern um die Lebenshaltung. Sie kann immanent oder transzendent sein. Wir wissen, dass eine transzendente Ausrichtung (es gibt noch etwas, das größer ist als wir) die seelische Widerstandsfähigkeit oder Resilienz entscheidend fördert.

Wenn das Leben einen zerreißt, ist innerlicher Wandel unabdingbar, um gesund zu bleiben.

Ein Beenden als Vollenden wahrnehmen zu können, mag ein solcher innerlicher Wandel sein.

Auch wenn es schmerzt, hat sich etwas im Leben erfüllt.

Ausklang

In der Einleitung bin ich auf die vorerst schwer erklärlichen Schwierigkeiten eingegangen, die sich mir beim Beginn des Schreibens über die Kunst des Beendens ergeben haben. Sie haben mich verwirrt und entmutigt. Es ergaben sich unsinnige Phantasien, dass ich nach dem Beenden dieses Textes tot umfallen würde. Ich begann zu verstehen, dass das Beenden kein einfaches Thema ist. Beenden konfrontiert zu sehr mit Ängsten um Leben und Sterben, mit Schuld und Scham, mit Trauer. Es gibt keinen Weg daran vorbei.

»Vielleicht ist die Nacht heller als der Tag«?, habe ich mich damals gefragt. Lao Tse spricht von der Dunkelheit als Quelle aller Geheimnisse und aller Erscheinungen. Dunkelheit in der Dunkelheit sei das Tor zu allem Verständnis. Aber auch das Licht sei es. Denn beides, Licht und Dunkelheit, können von unseren Sinnen nicht durchdrungen werden. Wir kennen sie nicht. Wir sind nicht wissend.

Wir können uns in der Liebe üben, das ist das Einzige, das die Dunkelheit durchdringt und uns im Licht sehend macht. In der Liebe zu uns, zu anderen Menschen, zum Leben. In die Liebe schließen wir ein, dass im Leben alles vorläufig und im Wandel ist. Wir haben keine andere Wahl. Wenn wir sie liebend durchdringen, wird sie zum Geschenk. Jetzt ist unser Leben.

Beenden und vollenden. Leben und Tod. Geburt und Sterben. Sowohl als auch. So wie Herzeleid und Herzensfreude in ein und derselben Kantate bei Johann Sebastian Bach besungen werden. So wie eine Scheidung neben der Trauer auch Freude und Erleichterung auslöst. So wie das Leben immer auch ein Fragment bleibt.

Dank

Ich habe sehr vielen noch lebenden und lebendigen Menschen für Anregungen und für Unterstützung zu danken. Und auch einigen mir nahestehenden Menschen, die in den Jahren meiner Arbeit am Thema des Beendens gestorben sind. Manches Mal habe ich bei einem Todesfall mit leiser Wehmut gedacht, dass dieser Mensch das stete Beenden, das im Leben immer wieder ansteht, nun hinter sich hat. Beenden macht auch müde. Abschiednehmen schmerzt. Aus dieser Müdigkeit und aus dem Schmerz gilt es wieder herauszufinden, um der ureigenen Lebensspur zu folgen. In solchen Situationen habe ich die Präsenz von Freundschaften und Familie als äußerst ermutigend erlebt.

Ich danke Frau Mathilde Fischer vom Kreuz Verlag, die mir das Thema des Beendens unermüdlich nahegelegt hat. Sie hat immer daran geglaubt, dass sich aus der Beschäftigung mit diesem Thema ein Buch ergeben wird, das auch für andere Menschen hilfreich werden kann.

Ich fühle Luise Reddemann gegenüber tiefe freundschaftliche Dankbarkeit für mannigfaltigste Inspirationen. Ich danke Alfred Willener, Geri Pfister, Adriano Vasella und Marianne Fankhauser, die sich mit meinen Texten auseinandergesetzt haben und mir so geholfen haben, an diesem anspruchsvollen Thema dranzubleiben. Ich habe ihre Ideen und Inspirationen gern und dankbar entgegengenommen. Es sind viele Beispiele aus meinen Lebenserfahrungen und aus meiner psychotherapeutischen Arbeit in das Buch eingeflossen. Ich bin jeder Frau, jedem Mann und jedem Kind dankbar, dass ich von ihrer Lebenserfahrung lernen durfte. Meine vielen wunderbaren Freundinnen und Freunde, mein Partner, meine erwachsenen Kinder, meine Geschwister und sehr viele liebe Menschen auf der ganzen Welt waren und sind mir Quelle der täglichen Lebensfreude. In einem anderen hilfreichen Sinn habe ich der

Musik zu danken, die mich beim Schreiben meistens begleitet hat. Seien es die geistlichen und weltlichen Kantaten von Johann Sebastian Bach oder die Jazz-Kantaten eines Dave Douglas. Beide lehren mich, dass jeder Genuss und jedes Leiden zu Ende geht, damit ein neues Stück beginnen kann.

Anhang

Anmerkungen

1 Aus: Albom, Mitch (2002): Dienstags bei Morrie. Die Lehre eines Lebens. Goldmann, München. Es ist die höchst eindrückliche Schilderung eines Lebens, Leidens und Sterbens, getragen von Humor und Weisheit.

2 Der Begriff des Übergangsraums stammt vom Kinderpsychiater und Psychoanalytiker Donald W. Winnicott. Er nennt ihn einen intermediären Raum, der aus den illusionären Erlebnissen beim Kind entstanden ist und sich beim Erwachsenen im Spiel, in der Kreativität, in den Künsten und Wissenschaften fortsetzt. Winnicott hat auch die sehr hilfreichen Begriffe des Übergangsobjektes und der Übergangsphänomene geprägt. Beim Säugling symbolisiert das Übergangsobjekt die Mutter bzw. die mütterliche Brust. Es ist weder ein inneres noch ein äußeres Objekt, sondern zum Übergang. Über den Prozess der Symbolbildung wird beispielsweise der Teddybär zum inneren Objekt. Erwachsene haben ebenfalls Übergangsobjekte und Übergangsphänomene, die ihnen helfen, zwischen der inneren und äußeren Welt zu vermitteln.

3 *Die weiße Frau* hat ihre Erlebnisse bei den Aborigines in ihrem Werk *Der Traumfänger* aufgezeichnet. Das Zitat befindet sich auf S. 131 des Werkes von M. Morgan (1998).

4 Morgan (1998), 160f.

5 Noteboom (2006), 60.

6 Gibran (1984), 15.

7 Es ist eine Wendung von Sigmund Freud, dass wir Menschen nicht Herr in unserem Haus sind. Ich habe mir erlaubt, die »Frau« einzufügen.

8 Zurhorst, Eva-Maria (2004): Liebe dich selbst, und es ist egal, wen du heiratest. Goldmann, München.

9 Das Beispiel und die Zitate stammen von Pascal Mercier (2004).

10 Zitiert nach Zwettler-Otte (2006), 24.

11 Ebd., 12.

12 Ley (2007b), 70f.

13 Ich beziehe mich hier auf die Darstellung von Rehberger (1999), S. 33ff. Die Bindungstheorie stammt ursprünglich von John Bowlby; vgl. seine 3 Bände zu *Attachment and Loss*, erschienen 1969, 1973 und 1980 bei Hogarth Press, London. Seine Werke sind auch in deut-

scher Sprache erschienen. Im weiteren haben sich viele Autoren und Autorinnen eingehend mit der Bindungstheorie beschäftigt: Fonagy & Target, K. E. Grossmann & K. Grossmann, Brisch und andere.

14 Es handelt sich bei den erwähnten Pathologien um so genannte Früh- oder Persönlichkeitsstörungen – Borderline, schizoides Verhalten und Suizidalität. Fonagy & Target (2005) sprechen von einer gestörten Fähigkeit zur sogenannten Mentalisierung, das heißt der frühen reflexiven Funktionen, was sich, oft erst viel später, in Persönlichkeitsstörungen und Traumatisierungen äußern.

15 Dazu gehören David Stern, Beebe & Lachmann, Martin Dornes und andere.

16 Vgl. dazu das bahnbrechende Werk von André Green (2004): *Die tote Mutter.* Das Besondere an der »toten Mutter« ist, dass das Kind den Verlust der Mutter erlebt, obwohl sie physisch anwesend ist. Sie ist aber nicht dem Kind zugewandt, sondern leidet an einer schweren Sorge, Kränkung, Depression und erscheint dem Kind als »tot«. Wenn ein Kind verständnislos die Abwendung bzw. innere Abwesenheit der Mutter oder einer Bezugsperson erlebt, versucht es, den verlorenen Sinn in der Vorstellungswelt zu finden, um innerlich zu überleben. Auch das kann misslingen. Im Unbewussten entsteht an der Stelle, die bisher die Mutter oder primäre Bezugsperson einnahm, ein seelisches Loch. Die Liebesfähigkeit bleibt dadurch oft lebenslang eingeschränkt. Die »tote Mutter« entspricht einem Konflikt zwischen Bindung und Trennung und repräsentiert einen Kompromiss zwischen Liebe und »gefrorener Liebe« bei der Mutter – und als Reaktion auch beim Kind.

17 Lütz (2005), 139ff.

18 Vgl. dazu David Stern, Josef Lichtenberg und Martin Dornes u. a.

19 Kast (2000), 16ff.

20 Wichtige Inspirationen zu diesen Überlegungen über das Zeitempfinden verdanke ich Rieber-Hunscha (2005).

21 Mercier (2007), 9.

22 Ich beziehe mich hier und im Folgenden auf Stephen A. Mitchell (2003), insbes. 99–123 und 152f.

23 Die Vorgabe zu diesem Beispiel verdanke ich Mitchell (2003), 134ff.

24 Die anregende Biographie der Königin von Saba von Rolf Beyer (1987) hat mich zu diesem Abschnitt inspiriert.

25 Schnarch (2006), 46, 472. Ich habe Schnarch viel zu verdanken, und zwar im Hinblick auf ein besseres Verständnis von Liebe und Begehren als auch darauf, was in lang dauernden Paarbeziehungen und in Liebesaffären als möglich und unmöglich erscheint. Ich schätze es, dass er immer wieder den Mut anspricht, der nötig ist, um in Liebesgeschichten etwas in Bewegung zu bringen.

26 Ley (2005a), 38ff.

27 Vgl. dazu auch Anmerkung 16. Unbewusste Konflikte zwischen Bindung und Trennung, die im frühen Alter entstehen, prägen einen Menschen meist lebenslang.

28 Aus dem Gedichtzyklus »Mir zur Feier« von Rainer Maria Rilke. In: Rilke, R. M. (1986): Die Gedichte, Insel, Frankfurt a. M., 188.

29 Hier beziehe ich mich auf Hirsch (2002), 15, 128–289.

30 Was hier in Kürze beschrieben und weiter hinten im Abschnitt »Ich habe Krebs« weiter ausgeführt wird, zeigt die Arbeit mit dem »erwachten Geist«, das heißt damit, dass ein Mensch die Wirklichkeit unmittelbar wahrnehmen kann und sie nicht durch seine Gedanken *über* die Wirklichkeit wahrnimmt. Stephen Mitchell, Byrons Ehemann, der das *Tao Te Ching* von Laotse auf eine wunderbar zeitgenössische Art übersetzt hat (1988), schlägt den Bogen von Byron zu Laotse: nicht mehr glauben, dass die Dinge anders sein sollten, als sie sind. Sie sind, wie sie sind. Und das Grundgefühl jedes Menschen ist Freude. – Zu diesem Thema gibt es auch Äußerungen anderer AutorInnen und weiser Menschen: denken wir an historische Figuren wie Laotse und Buddha und an ZeitgenossInnen.
Es ist interessant, Byron bei ihrer therapeutischen Arbeit zu verfolgen. Das Prüfen der Gedanken führt zu verblüffenden und faszinierenden Einsichten bei einem Menschen. Siehe www.thework.com

31 Kast (2000), 70ff. Ich habe Verena Kast wichtige Einsichten in den Trauerprozess zu verdanken.

32 Vgl. Audrey Niffenegger (2006): Die Frau des Zeitreisenden. Fischer, Frankfurt a. M., 524.

33 Elfriede Jelinek (1986): Die Klavierspielerin. Rowohlt, Hamburg, 106.

34 Ebd., 5.

35 Annegret Mahler-Bungers hat eine vortreffliche psychoanalytische Deutung von Jelineks Buch geschrieben, der ich wesentliche Impulse verdanke: *Der Trauer auf der Spur*. In: Freiburger literaturpsychologische Gespräche, Bd. 7, 1988, Hg. von Cremerius J. et al., Königshausen & Neumann, Würzburg, 80–95

36 Mitscherlich, A. und M. (1967): Die Unfähigkeit zu trauern. Piper, München.

37 Aus Franz Schuberts *Winterreise*. Texte von Wilhelm Müller.

38 Ebd.

39 Vgl. Sogyal Rinpoche (1993); Das Tibetische Buch vom Leben und vom Sterben. Barth, München. Das folgende Zitat findet sich auf S. 372 und die Imagination auf S. 373.

40 Chrigu (2007): Ein Dokumentarfilm von Christian Ziörjen und Jan Gassmann. Filmkooperative, Zürich.

41 Ley, Katharina (2005a): Versöhnung mit den Eltern. Wege zur inneren Freiheit. Walter, Düsseldorf. Kast, Verena (2005): Wenn wir uns ver-

söhnen. Kreuz, Stuttgart. Wiederkehr, Katrin (2005): Lieben ist schöner als siegen. Verrat und Versöhnung bei Paaren. Pendo, Zürich.

42 Die folgenden zwei Beispiele stammen aus Ley (2005a), 62–66.

43 Byron & Mitchell (2007), 133f. Siehe auch Anmerkung 30.

44 Ebd., 213.

45 Gorz, André (2006): Lettre à D. Histoire d'un amour. Galilée, Paris. Auch auf deutsch erschienen: Brief an D. Geschichte einer Liebe. Rotpunktverlag, Zürich 2007.

46 Willener, Alfred (1990): A la lumière de la vitesse. Essai sur l'accélération du quotidien. Payot, Lausanne.

47 Seligman, Martin E. P. (2005): Der Glücks-Faktor. Warum Optimisten länger leben. Lübbe, Bergisch Gladbach.

48 Sennett (1998).

49 Ley, Katharina, Borer, Christine (1992).

50 Czerwinski, Rico (2006): Vreneli geht. In: Das Magazin, 44, Tages Anzeiger, Zürich, 33–41.

51 Schwager, Susanna (2008): Das volle Leben. Frauen über achtzig erzählen. Wörterseh, Gockhausen/Zürich, 232.

52 Ich danke Ruth Schweingruber für dieses Trommelbeispiel.

53 Couto, Mia (2007): Unter dem Frangipanibaum. Unionsverlag, Zürich. Vgl. auch Ley (2005a), 179–190.

54 Lier, Johanna (2007): So what. In englischer sprache ich denke, so what. Babylon, Bagdad/Zürich.

55 Groult, Benoîte (2007): Salz des Lebens. Bloomsbury, Berlin.

56 Brantschen, Niklaus (2007): Die letzte Phase ist die Schönste. In: 50plus, Beobachter kompakt, Zürich, 8–12.

57 Roth, Philip (1992): Mein Leben als Sohn. Eine wahre Geschichte. Hanser, München. Die Zitate finden sich auf den Seiten 57, 154 und 203f.

58 Vgl. Anmerkung 45. Gorz (2006), 75.

59 Meier (2005).

60 Berger, John (2007): Hier, wo wir uns begegnen. Hanser, München.

61 Wolfgang Schmidbauer in einem Gespräch. Vgl. sein Buch zum Thema *Lebensgefühl Angst* (2005).

62 Chödron (2004), 61.

63 Roth (2007).

64 Die Einsichten in die Weisheit der Ausweglosigkeit verdanke ich Pema Chödron (2001, 2004).

Literatur

Beyer, Rolf (1987): Die Königin von Saba. Der Mythos einer Frau. Lübbe, Bergisch Gladbach.

Brisch, Karl Heinz (1999): Bindungsstörungen. Von der Bindungstheorie zur Therapie. Klett-Cotta, Stuttgart.

Byron, Katie, Mitchell, Stephen (2007): Eintausend Namen für Freude. Leben in Harmonie mit dem Tao. Goldmann, München.

Chödron, Pema (2001): Wenn alles zusammenbricht. Goldmann, München.

Chödron, Pema (2004): Die Weisheit der Ausweglosigkeit. Arbor, Freiamt/Schwarzwald.

Diederichs, Peter (Hg.) (2006): Die Beendigung von Psychoanalysen und Psychotherapien. Die Achillesferse der psychoanalytischen Behandlungstechnik. Psychosozial-Verlag, Gießen.

Eiguer, Alberto, Ruffiot, André (1991): Das Paar und die Liebe. Psychoanalytische Paartherapie. Klett-Cotta, Stuttgart.

Fonagy, Peter, Target, Mary (2005): Frühe Bindung und psychische Entwicklung. Beiträge aus Psychoanalyse und Bindungsforschung. Psychosozial-Verlag, Gießen.

Freud, Sigmund (1982): Studienausgabe des Gesamtwerkes in 11 Bänden. Fischer, Frankfurt am Main.

Gibran, Khalil (1984): Der Prophet. Walter, Olten.

Green, André (2004): Die tote Mutter. Psychosozial-Verlag, Gießen.

Grossmann, Klaus E., Grossmann, Karin (2004): Bindung: Das Gefüge psychischer Sicherheit. Klett-Cotta, Stuttgart.

Groult, Benoîte (2007): Salz des Lebens. Bloomsbury, Berlin.

Hirsch, Mathias (2002): Schuld und Schuldgefühl. Zur Psychoanalyse von Trauma und Introjekt. Vandenhoeck & Ruprecht, Göttingen.

Jellouschek, Hans (2006): Ich liebe dich, weil ich dich brauche. Der Froschkönig. Kreuz, Stuttgart.

Kast, Verena (2000): Lebenskrisen werden Lebenschancen. Herder spektrum, Freiburg i. Br.

Lao-Tzu (translated 1988 by Stephen Mitchell): Tao Te Ching. The Book of the Way. Kayle Cathie, London.

Ley, Katharina (2005a): Versöhnung mit den Eltern. Wege zur inneren Freiheit. Walter bei Patmos, Düsseldorf.

Ley, Katharina (2005b): Wenn sich eine neue Familie findet. Ressourcen und Konflikte in Patchwork- und Fortsetzungsfamilien. In: Praxis Kinderpsychologie, Kinderpsychiatrie 54, 802–816, Vandenhoeck & Ruprecht, Göttingen.

Ley, Katharina (2007a): Geschwisterbande. Liebe, Hass und Solidarität (Originalausgabe 2001 bei Walter/Patmos, Düsseldorf). Neuauflage bei Kreuz, Stuttgart.

Ley, Katharina (2007b): Komm zu dir, dann kommst du weiter. Es ist nie zu spät, sich selbst zu lieben. Herder spektrum, Freiburg i. Br.

Ley, Katharina, Borer, Christine (1992): Und sie paaren sich wieder. Über Fortsetzungsfamilien. Tübingen: edition diskord.

Ley, Katharina, Karrer, Cristina (2004): Überlebenskünstlerinnen. Frauen in Südafrika. efef, Bern.

Lütz, Manfred (2005): Lebenslust. Knaur, München.

McDougall, Joyce (1988): Theater der Seele. Illusion und Wahrheit auf der Bühne der Psychoanalyse. Verlag Internationale Psychoanalyse, München, Wien.

Meier, Gerhard (2005): Ob die Granatbäume blühen. Suhrkamp, Frankfurt am Main.

Mercier, Pascal (2004): Der Nachtzug nach Lissabon. Hanser, München.

Mercier, Pascal (2007): Perlmanns Schweigen. Roman. Random House, München.

Mitchell, Stephen A. (2003): Bindung und Beziehung. Auf dem Weg zu einer relationalen Psychoanalyse. Psychosozial-Verlag, Gießen.

Morgan, Marlo (1998): Traumfänger. Goldmann, München.

Noteboom, Cees (2006): Paradies verloren. Roman. Suhrkamp Taschenbuch, Frankfurt am Main.

Petri, Horst (1994): Verlassen und verlassen werden. Kreuz, Zürich.

Reddemann, Luise (2001): Imagination als heilsame Kraft. Pfeiffer bei Klett-Cotta, Stuttgart.

Reddemann, Luise (2004): Psychodynamisch Imaginative Traumatherapie. PITT – Das Manual. Pfeiffer bei Klett-Cotta, Stuttgart.

Reddemann, Luise (2006): Überlebenskunst. Klett-Cotta, Stuttgart.

Rehberger, Rainer (1999): Verlassenheitspanik und Trennungsangst. Bindungstheorie und psychoanalytische Praxis bei Angstneurosen. Klett-Cotta, Stuttgart.

Rehberger, Rainer (2004): Angst zu trauern. Trauerabwehr in Bindungstheorie und psychotherapeutischer Praxis. Klett-Cotta, Stuttgart.

Rieber-Hunscha, Inge (2005): Das Beenden der Psychotherapie. Trennung in der Abschlussphase. Schattauer, Stuttgart.

Roth, Gerhard (2007): Persönlichkeit, Entscheidung und Verhalten. Warum es so schwierig ist, sich und andere zu ändern. Klett-Cotta, Stuttgart.

Schmidbauer, Wolfgang (2005): Lebensgefühl Angst – Jeder hat sie. Keiner will sie. Was wir gegen Angst tun können. Herder, Freiburg.

Schnarch, David (2006): Die Psychologie sexueller Leidenschaft. Klett-Cotta, Stuttgart.

Sennett, Richard (1998): Der flexible Mensch. Die Kultur des neuen Kapitalismus. Berlin Verlag, Berlin.

Winnicott, Donald W. (1988): Reifungsprozesse und fördernde Umwelt (insbes. Die Fähigkeit zum Alleinsein, S. 36–46). Fischer, Frankfurt am Main.

Zwettler-Otte, Sylvia (2006): Die Melodie des Abschieds. Eine psychoanalytische Studie zur Trennungsangst. Kohlhammer, Stuttgart.

45069877R00143

Printed in Poland
by Amazon Fulfillment
Poland Sp. z o.o., Wrocław